心構えとしきたり、諸手続がよくわかる！

最新版

親の葬儀・法要・相続の安心ガイドブック

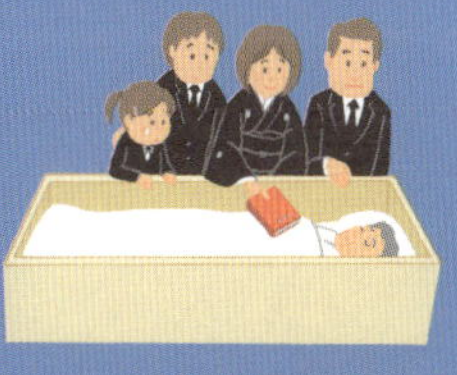

中村麻美［著］
二村祐輔［監修］

ナツメ社

危《き》篤《とく》からお葬式まで とその後の流れを知ろう

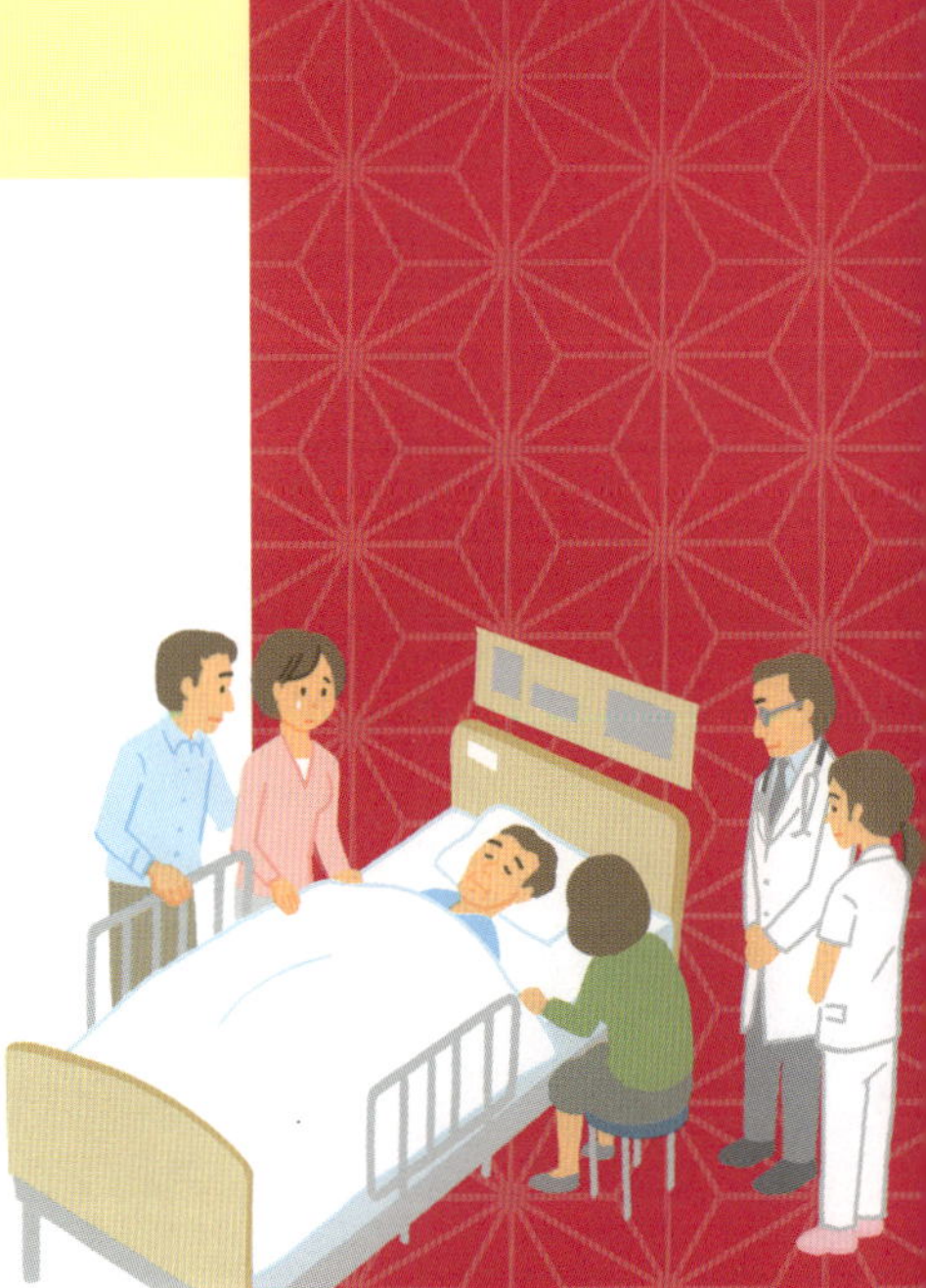

危篤

危篤の連絡をする

Q 危篤の連絡では誰に何を伝える?

▼P.90・91

臨終《りんじゅう》

死亡診断書をもらう

遺体を清拭《せいしき》し、着替えさせる

Q 臨終の際に用意しておくものは?

▼P.93

一時安置《あんち》

逝去《せいきょ》の第一報を伝える

Q 逝去の連絡では誰に何を伝える?

▼P.94・95

Q 家族葬《かぞくそう》のときはどうする?

▼P.94・95

搬送

安置

遺体の搬送を葬儀社に依頼する

末《まつ》期《ご》の水をとる、死《しに》化《げ》粧《しょう》をする

枕《まくら》飾《かざ》りを飾る

死亡届を役所へ提出（7日以内）し、火葬許可証をもらう

お葬式の案内を関係者へ出す

葬儀社と日取り、内容、支払いを決める

Q 搬送をお願いした葬儀社にお葬式もお願いする？ ▼P.96・97

Q 病院と提携する葬儀社に頼んでいい？ ▼P.97

Q 枕飾りとは？ ▼P.99

Q 長期安置したい場合は？ ▼P.100

Q 死亡届は誰が提出する？ ▼P.102

Q 家族葬のときはどうする？ ▼P.105

Q お葬式の内容はどう決める？ ▼P.108～110

Q 祭壇を選ぶときのポイントは？ ▼P.109

納《のう》棺《かん》

喪主《もしゅ》の役割を確認する

Q 喪主のあいさつはいつする？ ▼P.111

菩提寺《ぼだいじ》と打ち合わせる

戒名《かいみょう》を授かる

Q 戒名は誰にもらってもいい？ ▼P.114

お布施《ふせ》を用意する

Q お布施の金額は？ ▼P.115

死装束《しにしょうぞく》を着せる、副葬品《ふくそうひん》を棺《ひつぎ》に入れる

Q 棺に入れられないものは？ ▼P.120

通夜の準備

喪服や持ち物を用意する

Q 服装や持ち物のマナーは？ ▼P.118・119

席次《せきじ》の確認、供花《きょうか》・供物《くもつ》の確認

Q 供花・供物を並べる順番は？ ▼P.122

通夜

焼香《しょうこう》

Q 焼香の作法は？ ▼P.137

喪主あいさつ

Q どんなことをあいさつする？ ▼P.125

通《つ》夜《や》振《ぶ》る舞《ま》い

喪主あいさつ

Q どんなことをあいさつする？ ▼P.125

葬儀の準備 ◀ 葬儀・告別式 ◀ 出棺 ◀◀ 火葬 ◀◀◀◀ 繰《く》り上《あ》げ初七日《しょなのか》法要《ほうよう》 ◀ 精進《しょうじん》落《お》とし ◀ 遺骨の安置 ◀

- 席次の確認、弔電《ちょうでん》の確認
- **喪主あいさつ**
  - Q どんなことをあいさつする？ ▼P. 129
- 棺の搬出
- 火葬場へ移動する
- **火葬許可証を提出**
  - Q 火葬許可証とは？ ▼P. 101・131
- **収骨《しゅうこつ》する**
  - Q 収骨の作法は？ ▼P. 131
- **初七日法要を繰り上げて行う**
  - Q 初七日法要とは？ ▼P. 132
- **喪主あいさつ**
  - Q どんなことをあいさつする？ ▼P. 133
- **遺骨を自宅へ迎える**
  - Q 後飾《あとかざ》り祭壇とは？ ▼P. 132

初七日

忌明け法要（四《し》十《じゅう》九《く》日《にち》）

お葬式の事務を引き継ぐ

Q 誰から何を引き継ぐ？ ▼P.140

葬儀社、飲食店、僧侶・菩提寺、世話役や親族などへの支払い

Q 支払い整理のポイントは？ ▼P.140・141

Q お葬式の費用は香典《こうでん》で払っていい？ ▼P.142

Q お布施には領収書が出る？ ▼P.142

お世話になった人へのお礼・あいさつ

忌《き》明《あ》け法要・納骨を菩提寺に相談

死亡後にすべき主な手続き

- 年金給付停止手続き、未支給年金の請求
- 国民年金被保険者の年金変更手続き
- 資格確認書の返納・差し替え
- 遺族の国民健康保険の加入
- 世帯主の変更
- 準確定申告

Q いつまでにする？ 窓口は？ ▼P.145～150

銀行口座の凍結《とうけつ》、ライフライン、クレジットカードを解約する

Q 手続き先と必要なものは？ ▼P.159・160

法要の手配をする

Q 法要のお布施はいくら？ ▼P.166

納骨（納骨式）をする

Q 納骨式に持参するものは？ ▼P.170

香典《こうでん》返《がえ》し（四十九日が目安）

Q 香典返しには何を送る？ ▼P.144・169

一周《いっしゅう》忌《き》法要

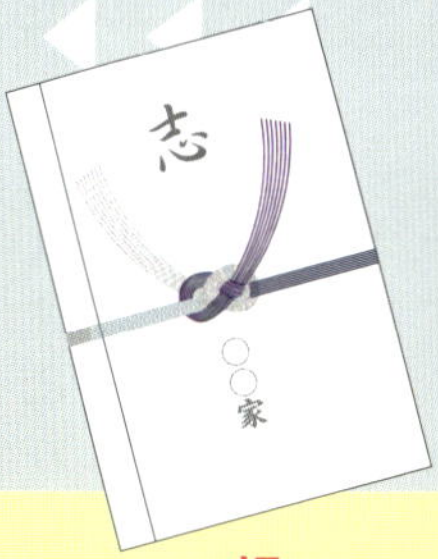

相続をするか、しないかを決める……
▼Q 誰が相続人になる？　どれくらいの遺産がもらえるの？ ▼P. 178～181
Q 相続は放棄することができる？ ▼P. 184

遺産を分割する……
▼Q 遺産分割の手続きは？ ▼P. 195

相続税の申告・納税をする……
▼Q 相続税はどのように計算する？ ▼P. 202

法要の手配をする

給付金などをもらう手続きをする……
- 遺族基礎年金、遺族厚生年金
- 死亡一時金
- 寡婦《かふ》年金

▼Q いつまでにする？　窓口は？ ▼P. 151～153

お葬式の給付金を申請する……
- 国民健康保険葬祭費
- 健康保険被保険者埋葬料
- 健康保険家族埋葬料
- 共済組合埋葬料・家族埋葬料
- 労災保険葬祭料（葬祭給付）

▼Q いつまでにする？　窓口は？ ▼P. 154～156

生命保険の支払いを請求する……
▼Q いつまでにする？　請求の際に必要な書類は？ ▼P. 157

大切な人を送り出すための心構えとしきたり、諸手続きがよくわかる

最新版 親の葬儀・法要・相続の安心ガイドブック

目次

第2章 いまから準備するお葬式とお墓のこと

第4章 通夜・葬儀・告別式を行う

第5章 お葬式が終わった後の手続き

第6章 法要・埋葬・供養をする

第7章 遺産を相続する

はじめに

「お葬式やお墓のことで、子どもに迷惑をかけたくない。」

そんな声を聞くことが増えてきました。たしかに、お葬式の費用は安いものではありません。お墓の維持も大変です。

しかし、そのことを子どもが「迷惑」だと感じているかどうかは、また別の問題なのではないでしょうか。

「大変」「困る」「何とかしたい」ということと、「迷惑」の間には大きな隔《へだ》たりがあると感じます。その隔たりを埋める行動を起こさなければ、親世代と子ども世代の気持ちはすれ違ったままになるでしょう。

画一的《かくいってき》であった「お葬式」「お墓」のかたちは、急スピードで変化しており、私たちの前には、さまざまな供養の選択肢が広がっています。

その中でなにを選択すべきか。

それは**一人ひとりが大切な人の死と向き合って話し合い、決めていくべきでしょう**。本書ではそのための情報提供を積極的に行っています。

「小さくても心のこもったお葬式」になるか、「安くあげたお葬式」になるかは、送る側の気持ちにかかっています。

「答えを教えてもらう」のではなく、「答えを考える」ための手段として本書を使っていただければ幸いです。

第 1 章

親が元気なうちに話しておきたいこと

親も子どもも、お葬式やお墓について悩んでいることがあります。
この章では、親が元気なうちに話し合っておきたいポイントをまとめています。
親と話し合う機会をつくり、兄弟姉妹とも親の希望を共有しましょう。

子どものギモン

親とお葬式の話を
したいけれど
どうすればいい?
▶P.25

お葬式には
どのくらいお金を
かける?
▶P.22

兄弟姉妹と
話しておくことは?
▶P.34

親の訃報は誰に
伝えるべき?
▶P.36

新しいお墓は
誰が
買うべき?
▶P.31

お墓の引き継ぎで
必要なことは?
▶P.32

菩提寺との関係、
どうすればいい?
▶P.28

お葬式には
お金がかかる…。
子どもに負担を
かけたくない
▶P.18

お墓がないけど、
必要なのか
わからない
▶P.20

檀家の引き継ぎを
子どもにしたい
▶P.28

友人・知人も
高齢なので、
わざわざお葬式に
来てもらうのは
申し訳ない…。
▶P.22

お葬式を
あげることに意味を
見出せない…。
▶P.18,20

親の悩み

1

親世代の不安や関心に心を寄せる

親世代はなぜ終活《しゅうかつ》をするのか

「終活」に高い関心を示す親世代

親世代が老後に不安を持つようになった背景の1つとして、核家族化《かくかぞくか》が進んだことで家族や社会とのつながりが希薄《きはく》になったことがあげられます。また、お葬式やお墓にも新しい形が登場してきており、自ら人生のエンディングに向けて準備をする、いわゆる「終活」をする高齢者が増えています。

子どもに迷惑をかけたくないと考える親世代

『シニア層（60代・70代）に聞いた「終活」に関するアンケート調査』（株式会社マクロミル調べ）によると、「終活」という言葉を知っている人の半数以上が終活の実施に意欲を示しています（左ページ上図）。

また、「終活」の内容として、「お葬式の費用」と「お墓」の準備について、特に関心が高いことがわかります（左ページ下図）。

ここには、親世代がこれまで経験してきた家族のお葬式やお墓、実家の片づけなどでの苦労が反映されているといえます。

これまでは、お葬式にしてもお墓にしても、「こうあるべき」というお手本がありました。しかし、核家族化が進むにつれて、格式張ったしきたりや田舎《いなか》のお墓を負担に思い、これまでのやり方にも無理を感じる人が増えてきているのです。

さらに、**終活を行う理由の第1位にあげられているのは「家族に迷惑をかけたくないから」**というものでした。

つまり、**これまでのやり方はもう続けられないけれど、家族に迷惑をかけるなどのトラブルになるのも困る**、というのが親世代の抱える不安の中心にあるのではないでしょうか。

先生からの大切なアドバイス

お葬式やお墓の話は、できれば避けて通りたい話ですよね。しかし、そういったことを子どもの方から意識的に聞くことで、供養のバトンタッチもスムーズにでき、親の肩の荷を下ろしてあげることができるのではないでしょうか。

「終活」を行っている人の割合 ※「終活」という言葉を知っている人のみ

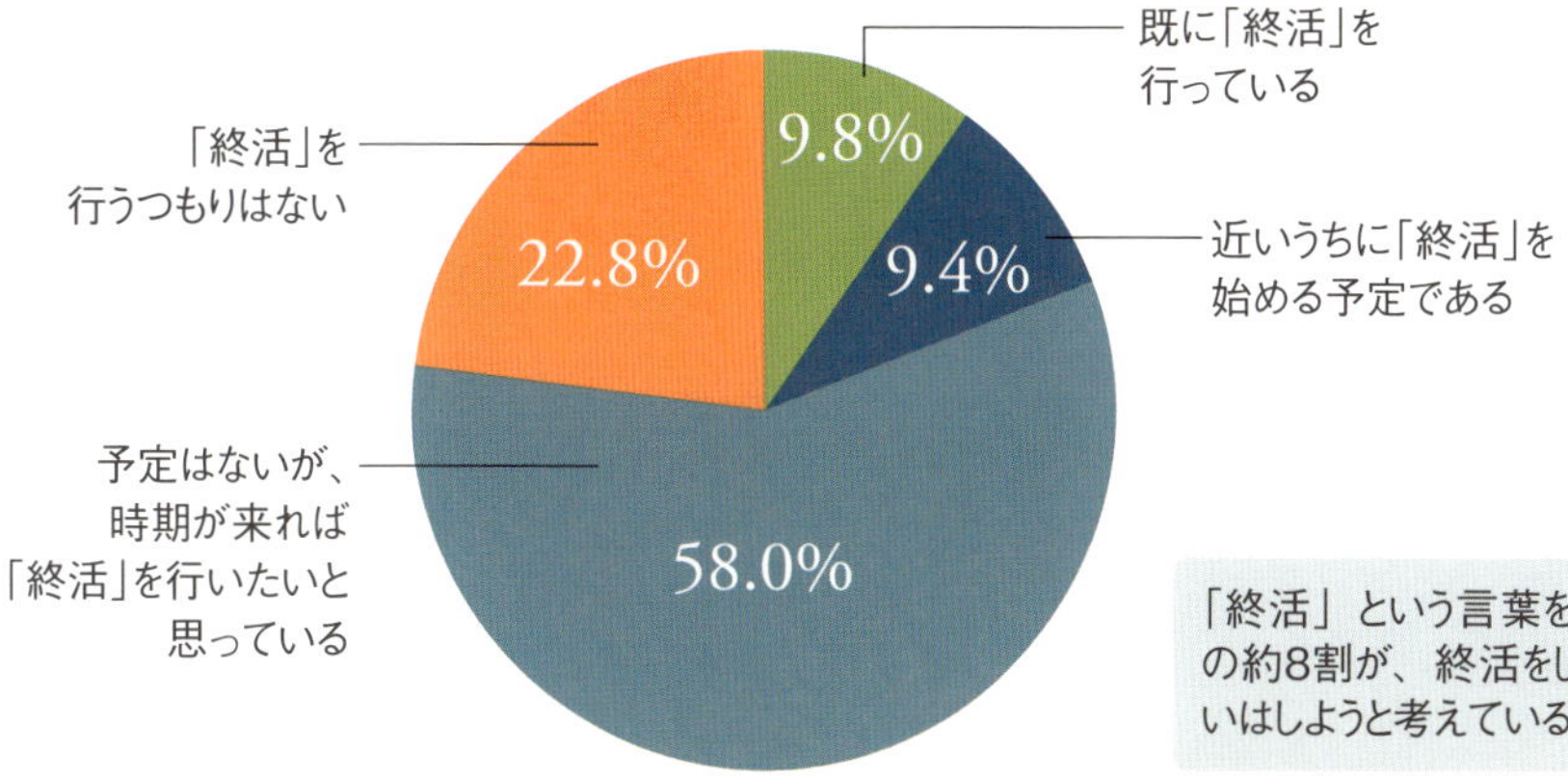

「終活」という言葉を知っている人の約8割が、終活をしている、あるいはしようと考えている。

どんな「終活」を行っているか ※「終活（にあたること）」を行っている・行おうと思っている人のみ

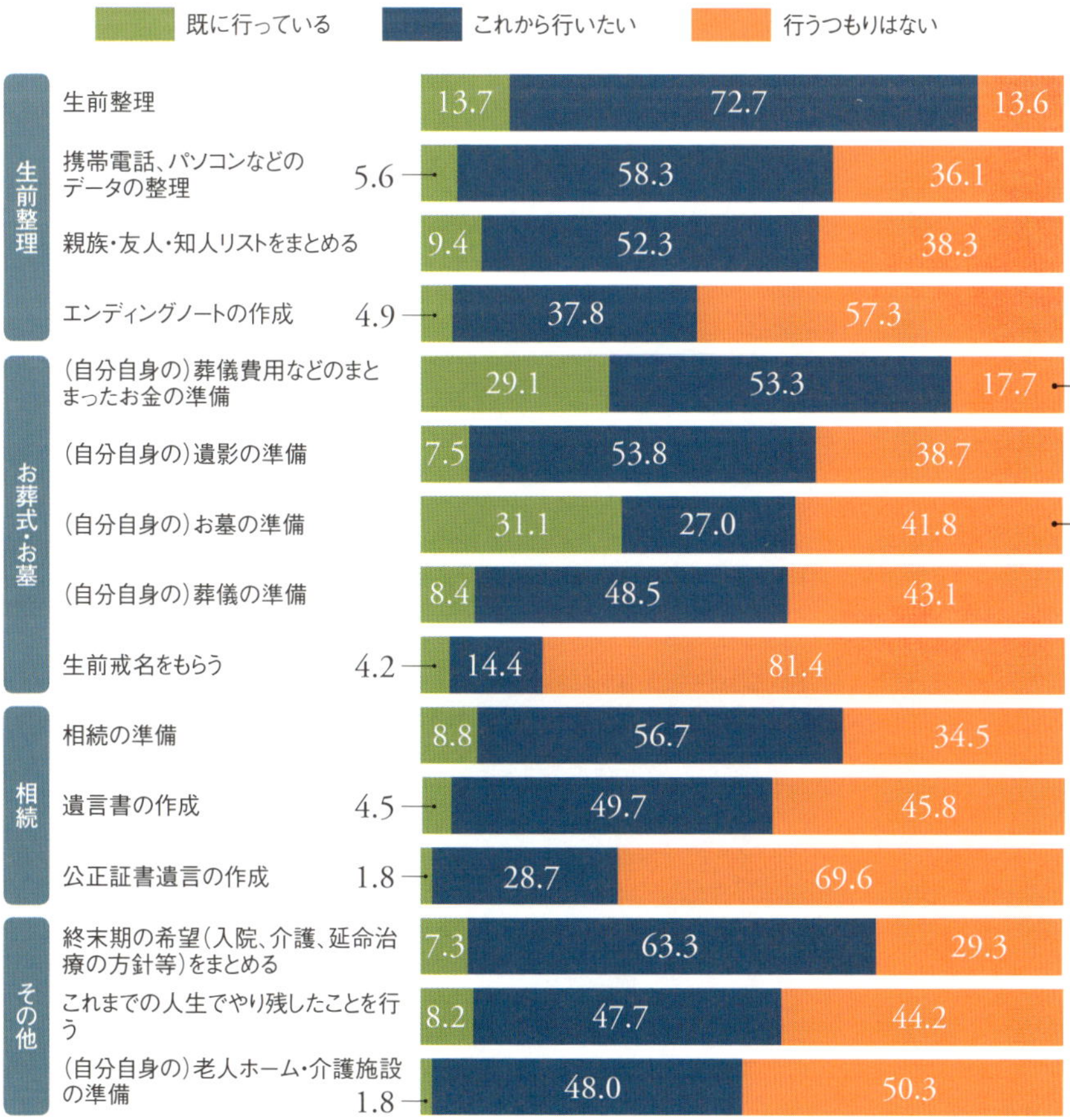

親たちの対策例

- 遺族に負担をかけないように死亡保険金を受け取れる保険に入っている。
- 葬儀費用を互助会で積み立てて、自分で用意している。
- 一般価格より割引になるため、特定の葬儀社の会員になっている。

親たちの対策例

- 継承者がいなくても入れるお墓や納骨堂を探している。
- 子どもの生活圏にお墓を引っ越すことを考えている。

※『シニア層（60代・70代）に聞いた「終活」に関する調査（2016年）』マクロミルアンケートより編集部が作成

【生前整理（せいぜんせいり）】 家族が遺品整理に苦労しないよう、生きているうちに身の回りの物を整理すること。

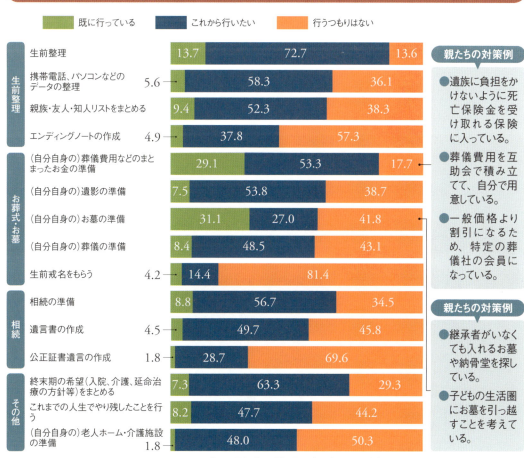

2 後の供養まで考えて選ぶことが大事
お葬式、お墓はいらない？

簡素なお葬式が人気

最近、残される家族への経済的負担を考えて、お葬式をあげなかったり、「家族葬《かぞくそう》」などの小規模なお葬式を選んだりする人が増えています。

しかし、**お葬式をあげないことは、残された人たちが身近な人が亡くなった事実を受け入れるための場を奪うことにもなります。**また、家族葬などの小規模なお葬式も友人・知人など、お世話になった人に対する配慮が欠けてしまっている一面もあります。

無用なトラブルを避けるためにも、お葬式や供養の本来の価値、意味を生前に話し合いたいものです。

「お墓はいらない」と考える人が増加

家族への経済的負担を考えて、お墓を持たなかったり、「永代供養《えいたいくよう》」や「散骨《さんこつ》」などの継承を前提としない供養を選択する人が増えています。しかし、そういった供養方法について、よいイメージだけが先行してしまっているのも事実です。

たとえば、「好きだった海に散骨」というと聞こえはいいですが、親は散骨した後の供養をどうするかまで、考えてくれているでしょうか。

正しい知識や情報がないままにイメージのよさを求めた結果、トラブルにつながる例もあります（左ページ上図）。

先生からの大切なアドバイス

供養とは、時間をかけて続けていくものです。悲しみは徐々に薄れても、仏壇やお墓に手を合わせることで、故人に思いを寄せることができます。

葬儀やお墓を選択するときは、まずそのことを大事に考えてもらいたいですね。

親の意向も大切ですが、残された人たちがその後どう供養を続けていきたいかということも、親と話し合ってみましょう。

【永代供養（えいたいくよう）】 継承者の代わりに、お寺などが供養やお墓の管理を行ってくれる契約。「永代」といっても、契約内容によって期限や内容は異なる。

こんなトラブルに気をつけよう!

ケース1 家族葬を選んだ場合

父が生前、「お葬式にはあまり人を呼ばないでほしい」と言っていたので、家族葬を行った。お葬式後、父の知人や会社のOBなどの弔問や、問い合わせが長く続き、精神的に疲れてしまった。

ここが問題! 故人の交友関係に合ったお葬式ができていない

アドバイス 故人に友人や知人が多い場合でも家族葬を選択するなら、お葬式とは別にそういった人たちが集まれる「お別れ会」を行うことを検討してみましょう(→ P.62)。

ケース2 散骨を選んだ場合

母が生前、A市の海に散骨をしてほしいと希望していたので、母の四十九日《しじゅうくにち》に散骨をした。一周忌《いっしゅうき》が近づいたとき、親戚から「どこに向けて手を合わせればいいのか」と聞かれ戸惑ってしまった。

ここが問題! 故人をしのぶ場所がない

アドバイス 親族などには散骨をすることを伝えて、理解してもらっておくことが大事です。散骨した場合は、遺骨の一部を手元に置く「手元供養《てもとくよう》」など、供養のよりどころとなるものをつくることも考えてみてください。

Q&A ココが聞きたい! お葬式をするか、しないか

Q 親がお葬式をしたくないと言うのですが…。

A **まず、火葬や埋葬は必ずやらなければいけないことで、それも「お葬式」の一部だということを話してみましょう。**
大きな祭壇や読経はいらない、友人も高齢だからわざわざ来てもらう必要もないと考える人もいますが、最近は費用も普通のものよりずっと安い簡素なお葬式もあります（→ P.58 ～）。

3 お葬式のイメージを話し合う

親にとっての葬儀、子どもにとっての葬儀

葬儀と告別式にはそれぞれ意味がある

お葬式という言葉は、「葬儀」と「告別式」という、2つの言葉を合わせたものです。

葬儀とは、葬送儀礼《そうそうぎれい》の略で、**納棺《のうかん》や火葬などの遺体への対応、また魂への習俗的《しゅうぞくてき》、宗教的な「儀礼」**を併せ持ったものです。

一方の告別式は、**故人の友人・知人、会社関係者や、遺族の世間的関係、または社会から故人にお別れを告げる「式典」**です。

火葬や埋葬などの遺体への対応は、必ず行わなければならない社会制度です。決して「お葬式は不要」というわけにはいかないのです。

お葬式について生前に確認しておきたいこと

お葬式について生前に確認しておくべきことは、次の4つです。

費用はどこにいくらかけるのか

葬儀と告別式のどちらに費用をかけるかが重要。祭壇や菩《ぼ》提《だい》寺《じ》に対してお金をかけてほしいのか（葬儀）、親族や会葬者への対応にお金をかけてほしいのか（告別式）を確認する。

お葬式はどこで行うか

田舎にある菩提寺の近くでお葬式をしてほしいのか、今の生活圏でお葬式をしてほしいのか確認する。親戚との関係、今現在の交友関係のどちらを重視するかがポイント。

会葬者の人数

会葬者の人数によって、葬祭ホールの規模や通《つ》夜《や》振《ぶる》る舞《ま》いの料理の量、葬儀社へ支払う人件費などが変わる。会葬者の人数から、お葬式の規模をイメージするとよい。

会葬者にしたいことは何か

会葬者へのもてなしは、お葬式の“質”に関わる。通夜振る舞いではどれくらい費用をかけるのか、香典返《こうでんがえ》しにはどんな品物を送りたいかを確認する。

【菩提寺（ぼだいじ）】 先祖のお墓があるお寺、または一家のお葬式やその後の法要をお願いするお寺のこと。

お葬式について確認しておきたいこと

「生前にお葬式の話をするなんて縁起でもない」と考えがちですが、親の気持ちを知り、お葬式について話し合っておくことも親孝行の一つです。

お葬式には大事な意味があり、身内の死を世間へ知らせる大事な役割もあります。そのため、親が一方的に「お葬式はいらない」と決めるのではなく、家族できちんとお葬式をどうするかについて話をすることが大切なのです。

そのために、親に確認しておくべき4つのことがあります。

①費用はどこにいくらかけるのか
②お葬式はどこで行うか
③お葬式の規模（会葬者の人数）
④会葬者にしたいことは何か

お葬式に対する希望を聞いても、「お葬式は〝普通〟のもので十分」と言う親が大半ですが、その「普通」という曖昧《あいまい》なイメージを少しずつ具体化していくことが必要です。

現在は、高齢化に伴って会葬者の数が減り、下図のように規模もお葬式の費用も縮少傾向にあります。一方で、**わざわざ足を運んでくれた会葬者へのもてなしに費用をかける**など、こだわりたい部分にお金をかける傾向にあるようです。

実際、葬儀社の見学会などでは、「会葬者に温かい食事をお出しできます」といったプランが人気を呼んでいます。

お葬式を行う上で、親がどんなことを重視したいと考えているか、この点もきちんと聞いてあげたいものです。

先生からの大切なアドバイス

「親子だから、言わなくてもわかるはず」「わざわざ聞く必要もないかな」という遠慮は、ときに大きな後悔のもとになります。

お盆や法事など、家族が集まったときが話をするチャンスです。

親任せ、子任せではなく、お互いに相手の気持ちを聞くことを大切にしましょう。

お葬式費用の変遷

高齢化に伴い会葬者の数が減り、お葬式費用も縮少傾向にあります。

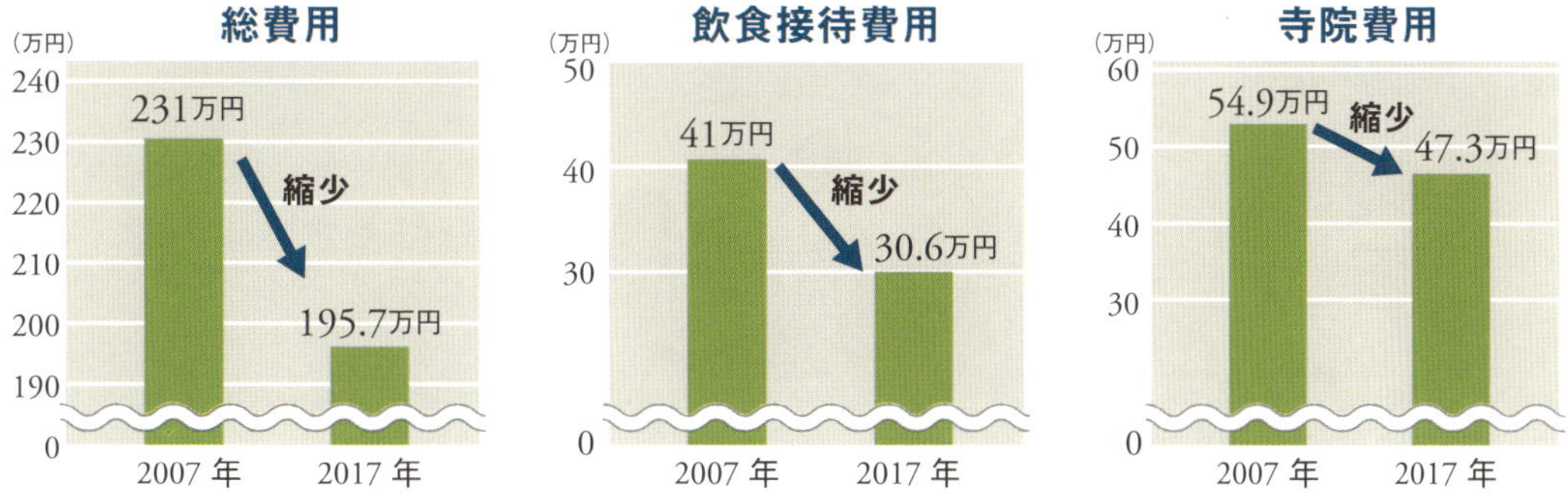

参考：財団法人日本消費者協会「葬儀についてのアンケート調査」

【通夜振る舞い（つやぶるまい）】 通夜の後に行われる僧侶、会葬者に対する慰労とお礼を兼ねた接待の場。最近では、忌中であっても食材にこだわらず、肉や魚も使われる。

Q&A ココが聞きたい！「昔」の普通と「今」の普通

Q 親の言う“普通”は、どのくらいなのでしょう？

A **親世代が何を“普通”と思っているのか聞き出しましょう。**

親世代の見てきたお葬式は祭壇などの道具類が価格の決定基準でしたが、いまや会葬者の接待部分に費用の多く振り分けられ、祭壇などの道具類は簡素化される傾向にあります。この傾向を踏まえた上で、「いるもの」「いらないもの」を1つ1つ考えるのがよいでしょう。

昔 祭壇、棺《ひつぎ》、霊柩車《れいきゅうしゃ》のランクによって価格が変わる

▲祭壇は段数が多いほど格が出る。

▶車体上に装飾がついた宮型車。現在では、あまり見かけなくなった。

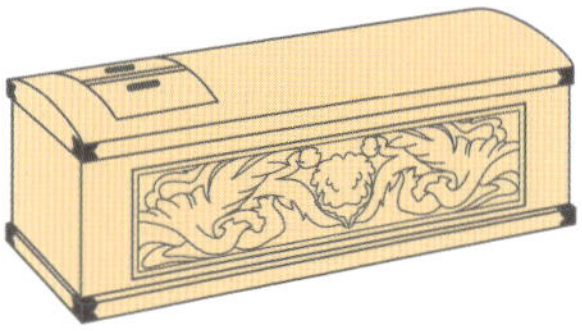

▲天然木が使用されたり彫刻が施されたりするものは高価。

豪華さや装飾にこだわり、「物」が価値基準だった。

今 会葬者や親族の人数によって価格が変わる

▲会葬者の人数や、遺族のこだわりに合わせた料理のプランが用意されている。

「自分らしさ」や「会葬者のため」といった、気持ちを大切にするようになった。

4 聞きにくいことも聞き方がわかれば安心
話をうまく聞き出すコツ

配偶者の話として尋ねてみる

お葬式の話は、ただでさえ縁起がよくないと思いがちで、なかなか切り出しづらい話題です。特に「本人のお葬式」の話だと身構えてしまい、話をすることも簡単ではありません。

そこで提案したいのは、「配偶者のお葬式の話」から徐々に広げていく方法です。たとえば、父親に本人のお葬式の話をしづらければ、母親に相談してみるということです。お盆で実家に帰省するタイミングで、下の聞き方例を参考に、話してみるのはいかがでしょうか。このとき聞いておきたいことは、**①場所、②規模、③費用、④会葬者への対応**の4つです。

使える! フレーズ　お葬式について親の意思を聞く

聞いておきたいのは、次の4点についてです。

❶場所　❷規模　❸費用　❹会葬者への対応

娘　うちは田舎にお墓があるけれど、そうするとお葬式は田舎であげることになるのかな?　❶

母　いや、もうずっとこっちに住んでいるし、あまりお金をかけずにこっちでしたいわ。

娘　どれくらいの人が来てくれると思う?　❷

母　会社を定年になってずいぶんたつから、お友達もみんなそれなりの年だし、遠くにいる人は難しいかしらね。

息子　お父さん、やっぱり祭壇とかは豪華なものがいいのかな。　❸

母　親しい人しか呼ばないと思うから、祭壇にはこだわらないんじゃないかしら。

娘　そんなに人数も多くないなら、お葬式は家族と親戚だけでする?　❹

母　そうね、お世話になった人たちに対しては、どこかのホテルでお別れ会を開くのもいいかもしれないわね。

尊厳《そんげん》死《し》や献体《けんたい》など特別な希望がある場合

お葬式が終わって一息ついたころに、遺言書《ゆいごんしょ》（↓P.190）を読み、お葬式の希望、尊厳死や献体、臓器提供《ぞうきていきょう》などの希望について遺族が知ることも少なくありません。

死後の処置について、特別な希望がある場合は、生前にはっきりと家族に伝えておくべきです。家族は、書面に残しておくことを提案してみるとよいでしょう。

特に、尊厳死については公正証書《こうせいしょうしょ》にしておくべきです。作成については、最寄りの公証役場に相談するとよいでしょう。ただし、**日本には尊厳死に関する法律がないので、すべて本人の希望通りにできるとは限りません。**実現のためには、公正証書の作成とともに医師ともよく話し合うことが大事です。

また、「献体」は、家族の同意を得た上で、事前の申し込みや登録などが

尊厳死の宣言書（例）

尊厳死の宣言書には、主に❶～❻の内容について記載します。これにより、過剰《かじょう》な延命治療《えんめいちりょう》をせず、自然な死を希望する意思を表明することができます。

尊厳死宣言公正証書

第１条　私○○○○は、私が将来病気に罹り、それが不治であり、かつ、死期が迫っている場合に備えて、私の家族及び私の医療に携わっている方々に以下の要望を宣言します。❶

１　私の疾病が現在の医学では不治の状態に陥り、既に死期が迫っていると担当医を含む２名以上の医師により診断された場合には、死期を延ばすためだけの延命措置は一切行わないでください。❷

２　しかし、私の苦痛を和らげる処置は最大限に実施してください。そのために、麻薬などの副作用により死亡時期が早まったとしてもかまいません。

第２条　この証書の作成に当たっては、あらかじめ私の家族である次の者の了承を得ております。❸

妻　○○○○　（昭和　年　月　日生）
長男　○○○○　（平成　年　月　日生）
長女　○○○○　（平成　年　月　日生）

私に前条記載の症状が発生したときは、医師も家族も私の意思に従い、私が人間として尊厳を保った安らかな死を迎えることができるよう御配慮ください。❹

第３条　私のこの宣言による要望を忠実に果たしてくださる方々に深く感謝申し上げます。そして、その方々が私の要望に従ってされた行為の一切の責任は、私自身にあります。警察、検察の関係者におかれましては、私の家族や医師が私の意思に沿った行動を執ったことにより、これらの者を犯罪捜査や訴追の対象とすることのないよう特にお願いします。❺

第４条　この宣言は、私の精神が健全な状態にあるときにしたものであります。したがって、私の精神が健全な状態にあるときに私自身が撤回しない限り、その効力を持続するものであることを明らかにしておきます。❻

令和　年　月　日
自署　（氏名）
昭和　年　月　日生
住所

❶ 尊厳死を希望すること

❷ 尊厳死を望む理由

❸ 家族の同意

❹ 痛みを和らげる以外の延命治療を拒否すること

❺ 医療関係者に対する免責について

❻ 宣言が有効であること（自分の意思で、心身が健全な状態でした宣言であること）

参考：神田公証役場「一般的な尊厳死の内容」

【公正証書（こうせいしょうしょ）】　法務大臣が指名した公証人が作成する公文書のこと。

必要です。遺体の引き渡しの時期によってお葬式をどうするかなどが決まってくるので、家族全員でよく相談する必要があります。

エンディングノートを活用する

エンディングノートとは、自身のプロフィール、介護や延命治療、お葬式、相続などについての希望を記録するノートのことです（下図）。遺言書のような厳格な書式はなく、書店や文具店で購入が可能です。最近では、インターネット上からダウンロードできる無料のものも出てきています。

ノートには、交友関係や、お葬式に呼んでほしい人・呼んでほしくない人など、具体的に希望を書く項目がありますから、これを活用して親の意思を知るということも手段の一つです。

親が亡くなってから、その意思を実行に移すのは子どもです。生前に情報を共有するツールとして大いに活用してください。

エンディングノート（例）

エンディングノートには、プロフィールや交友関係を書く欄があります。

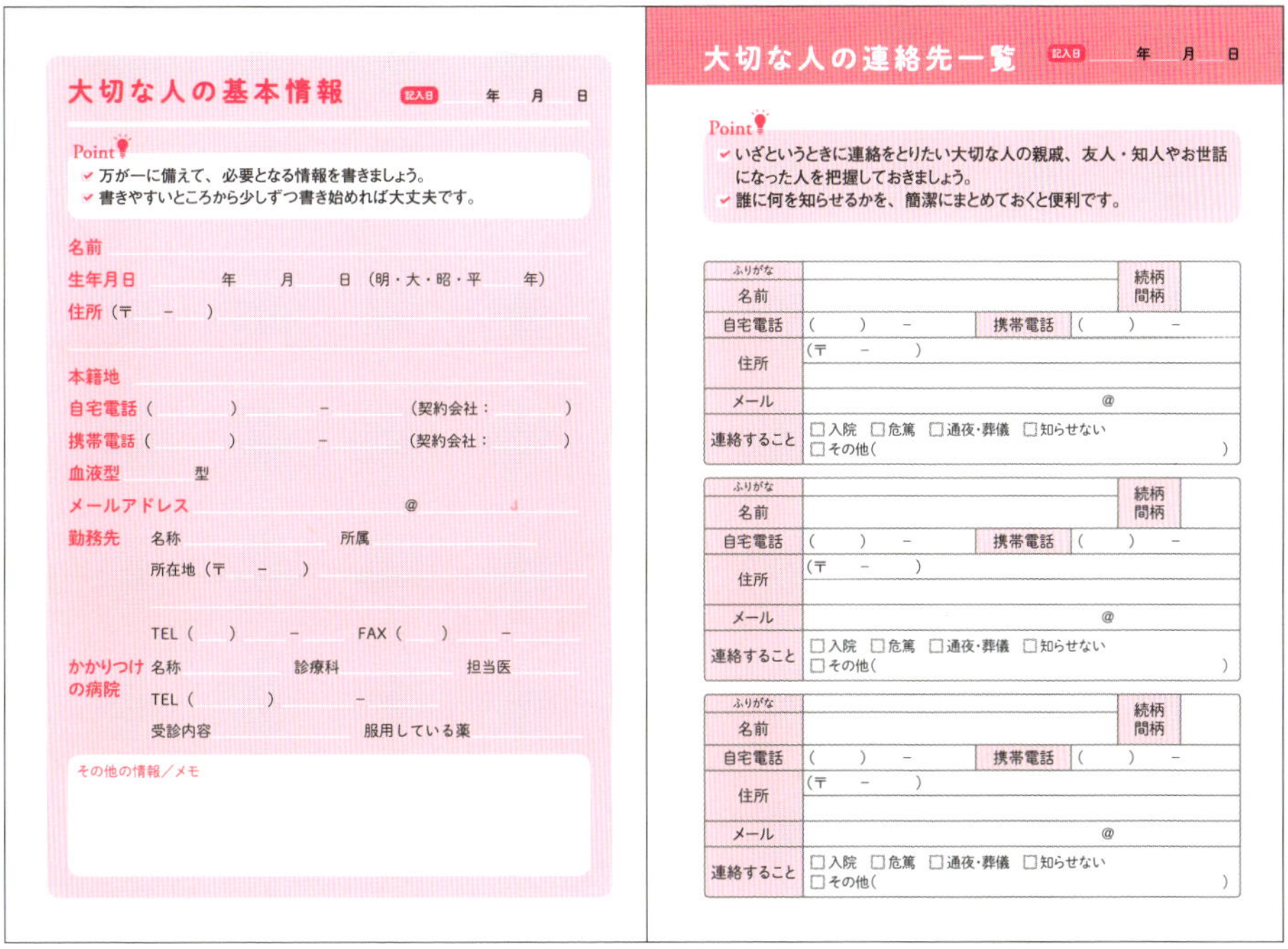

大切な人の基本情報　記入日　年　月　日

Point
- 万が一に備えて、必要となる情報を書きましょう。
- 書きやすいところから少しずつ書き始めれば大丈夫です。

名前
生年月日　年　月　日（明・大・昭・平　年）
住所（〒　－　）
本籍地
自宅電話（　）　－　（契約会社：　）
携帯電話（　）　－　（契約会社：　）
血液型　型
メールアドレス　@
勤務先　名称　所属
所在地（〒　－　）
TEL（　）　－　FAX（　）　－
かかりつけの病院　名称　診療科　担当医
TEL（　）　－
受診内容　服用している薬
その他の情報／メモ

大切な人の連絡先一覧　記入日　年　月　日

Point
- いざというときに連絡をとりたい大切な人の親戚、友人・知人やお世話になった人を把握しておきましょう。
- 誰に何を知らせるかを、簡潔にまとめておくと便利です。

ふりがな		続柄 間柄	
名前			
自宅電話	（　）　－	携帯電話	（　）　－
住所	（〒　－　）		
メール	@		
連絡すること	□入院　□危篤　□通夜・葬儀　□知らせない □その他（　）		

ふりがな		続柄 間柄	
名前			
自宅電話	（　）　－	携帯電話	（　）　－
住所	（〒　－　）		
メール	@		
連絡すること	□入院　□危篤　□通夜・葬儀　□知らせない □その他（　）		

ふりがな		続柄 間柄	
名前			
自宅電話	（　）　－	携帯電話	（　）　－
住所	（〒　－　）		
メール	@		
連絡すること	□入院　□危篤　□通夜・葬儀　□知らせない □その他（　）		

本書の別冊には、大切な人のプロフィール、お葬式やお墓に対する希望を書く欄があります。ぜひ、活用してください。

5

菩提寺との関係を話し合う

家の宗教と菩提寺を確認する

家の宗派と菩提寺を知る

お葬式のことを考えるとき、いちばん気になるのは、その費用だと思いますが、お金よりも気をつけるべきことがあります。

それは、菩提寺とその宗派です。自分の家の菩提寺、宗派を知っていますか？　特にどこかのお寺の檀家《だんか》になっている、菩提寺にお墓があるという人は、事前に確認しておかないと後々困ったことになりかねません。

なぜなら、宗教離れ、お寺離れが進んでいる現代でも、お葬式は故人や家族の好きなように何でもできるかというと、そうとはいえないからです。

たとえば、葬儀社の紹介で来た僧侶に読経を頼んだとします。

その後、菩提寺に納骨しに行った際、違う宗派の戒名《かいみょう》が付いていることを指摘され、納骨を断られたり、お葬式からやり直すように要求されたりする、ということもあるのです。

そうなった場合、気持ちの負担も費用の負担も小さくありません。

葬儀社に宗派を聞かれて、我が家は「○○宗のはず」と、思い込みで答えることのないように、宗派や菩提寺のことについてきちんと把握しておきましょう。

たとえ、菩提寺との関係が希薄になっているとしても、檀家であるということは、家として特定の宗教・宗派に属しているということです。お葬式の執り行いを、菩提寺に何の相談もなしにすることはできません。

檀家を引き継ぐための準備

核家族化が進み、先祖代々のお墓をどう守っていくかも難しい問題です。

菩提寺と檀家としての関係を親の死後も存続させていくか、またどのように付き合っていくかは子ども世代の課題となりますから、親の考えを生前にしっかりと聞いておきましょう。

菩提寺にお墓がある限り、親が亡くなれば、子どもが代替わりして檀家を継承します。お墓については、墓地の使用契約を子どもの名義に変更してもらう必要があります。ただ、法事などで代々付き合いがあるなど、菩提寺との関係が続いているうちは、契約を交

【戒名（かいみょう）】　亡くなった人の魂に付ける仏名のこと（浄土真宗は「法名（ほうみょう）」。仏名を授かるのは、檀家と菩提寺の関係である証し。戒名料としてお布《ふ》施《せ》を渡すのが通例。

わさずになんとなく代替わりがされていることも珍しくありません。日ごろの法要やお墓参りの機会に、親とともにあいさつに出向き、その家の跡取りだと覚えてもらうようにするのがよいでしょう。

墓地の使用料や、護持会費《ごじかいひ》、その他の費用については、契約書や領収書を親に用意してもらって確認します。併せて、法要のお布施《ふせ》についても確認しておけば、いざというときに慌てずにすみます。

先生からの大切なアドバイス

近年、お寺との付き合いに価値を見いだせない人が増えているようです。田舎の（遠くの）お寺までお墓参りに行くより、改葬《かいそう》して子どもの生活圏にお墓を置く人もいます。

しかし、お墓や菩提寺は自分たちだけの問題でなく、親族全体に関わることです。今後どうしていきたいか、きちんと話し合っておくことが大切です。

檀家を引き継ぐ準備として親に確認しておきたいこと

以下のような「檀家としての役割」や「お金のこと」について、親から引き継いでおきましょう。

檀家としての役割

- 菩提寺の行事について
- 任されている係や当番などがあるか　など

お金のこと

- 墓地の使用料はいくらかかるのか
- 護持会費はいくらかかるのか
- その他、檀家として負担するお金について　など

ポイント

- 親の生前から、菩提寺との関係作りをしてくとよい。
- 菩提寺によっては、継承者を長男に限るなどの慣習もあるので、不安があれば親とともに確認しておきたい。

Q&A ココが聞きたい！ 菩提寺との関係

Q

檀家と菩提寺との関係はずっと続けなければいけないのですか？

A

菩提寺との関係は解消することもできます。 これを離壇《りだん》といいます。ただし、菩提寺に意向を伝える際は、慎重な行動が求められます。また、お墓の継承者が離壇するということは、お墓を別の場所に移すということにもなりますから、他の親族とも話し合いが必要になります。

6

お墓を購入するときの大事なポイント

新しくお墓を購入するかどうか

お墓の購入は、場所選びから始まり、墓地の見学、墓石の検討・契約など、意外と時間と労力がかかります。資料を取り寄せたり、契約に同席したりするなど、できる限りサポートしてあげるとよいでしょう。

「お墓がない」という悩み

内閣府が行った世論調査（2020年）では、お墓を既に持っている人は6割、持っていない人（「わからない」を含む）が約4割であることがわかっています。お墓を持っていない人は意外と多いのです。

しかし、お墓をほしいと思う人がいる一方、お墓の供給数は減ってきています。そのため、人気の公営墓地などでは抽選倍率が10倍を超えることもあります。つまり誰もが、ほしい場所にほしいお墓を持てるわけではないのです。**「お墓がない」「お墓がほしい」ということは、親世代にとって、大きな悩みの1つといえるでしょう。**

お墓を買うとき話しておきたいこと

親がお墓の購入を考えているのならば、いまから話しておきたいのが、親が子どもやその孫に代々お墓を守ってもらいたいかどうかということです。継承を前提とするお墓であれば、お墓購入の決定権を親だけに任せておくことはできません。

なぜなら、**親からお墓を引き継いだとして、そのお墓が子ども世代にとって維持やお墓参りがしやすいものでなければ後々負担になってしまいます。**

お墓を引き継ぐ意思があるのならば、お墓の購入について、すべてを親任せにせず、継承する側の希望もきちんと伝えられるようにしておきましょう。

先生からの大切なアドバイス

その他、お墓選びで忘れてはならないのは宗派（宗教）のことです。「宗派不問」というお墓も増えてきましたが、「これまでの宗派は問わない」という意味であることも多く、墓地を購入した後には、そのお寺の宗派に改宗が必要です。お墓の広告を目にする機会が増えています。広告をきっかけに、お墓について親子で話してみるものいいでしょう。

お墓を購入するときの大事なポイント

親の希望と子どもの希望を話すときのポイントを以下に示します。

継承について

例 ●代々守っていってほしいか、継承は不要か　など

場所について

例 ●先祖代々のお墓がある菩提寺
●親の生活圏
●子どもの生活圏　など

お墓の形態について

例 ●寺院墓地
●霊園
●公営墓地　など

宗教について

例 ●信仰している宗教は何か
●無宗教の形にするか　など

Q&A ココが聞きたい! お墓は誰が用意するのか

Q

お墓は、親自身が生前に買っておくものですか?
亡くなった後に家族が買うものですか?

A

誰が、いつ購入してもかまいません。

生前に購入するか、死後に購入するか、それぞれにメリット、デメリットがあります。親が亡くなった後に購入する場合は、四十九日法要や一周忌の折に納骨を行うことを目《め》処《ど》として、家族で話し合うとよいでしょう。

生前に自分のお墓を購入する場合

メリット

●自分で好きな場所、デザインなどを選べる。
●墓地・墓石は相続税の対象にならない（墓地・墓石の購入代を現金で残すと相続税の課税対象になる）。

デメリット

●公営墓地の多くは生前に契約することができない。

死後に家族が購入する場合

メリット

●自分たちを取り巻く生活の変化が落ち着いてから、慎重に検討できる。

デメリット

●なかなかお墓が決まらない場合、気持ちの面で家族が負担に感じることもある。

7 家のお墓を継承するかどうか

お墓はこの先、誰が守るのか話しておく

お墓を継承するのは誰か

お墓を持っていても、親に悩みが無いわけではありません。たとえば、「子どもは娘が1人だけ。嫁いでしまったので、お墓を継いでくれる人がいない」と考えている親も少なくありません。

そもそも、お墓は誰が継承すべきでしょうか。慣習としてその家の長男が継ぐことが多いのですが、長男でなければならないという法律はありません。お墓を継承する人を、「祭祀承継者《さいししょうけいしゃ》」といい、家の慣習や遺言で決めることができます。赤の他人が祭祀承継者になることもできますが、現実的には家の長男や長子が継承することが多いで

Q&A ココが聞きたい! お墓のカロートが満杯のとき

Q お墓のカロートがいっぱいです。新しいお墓を用意しなければなりませんか?

A **用意する必要はありません。**
古いお骨同士を１つの骨壺にまとめることができます。通常は、三十三回忌の弔《とむら》い上《あ》げをもって、お骨の整理が行われることが多いです（→ P.164）。

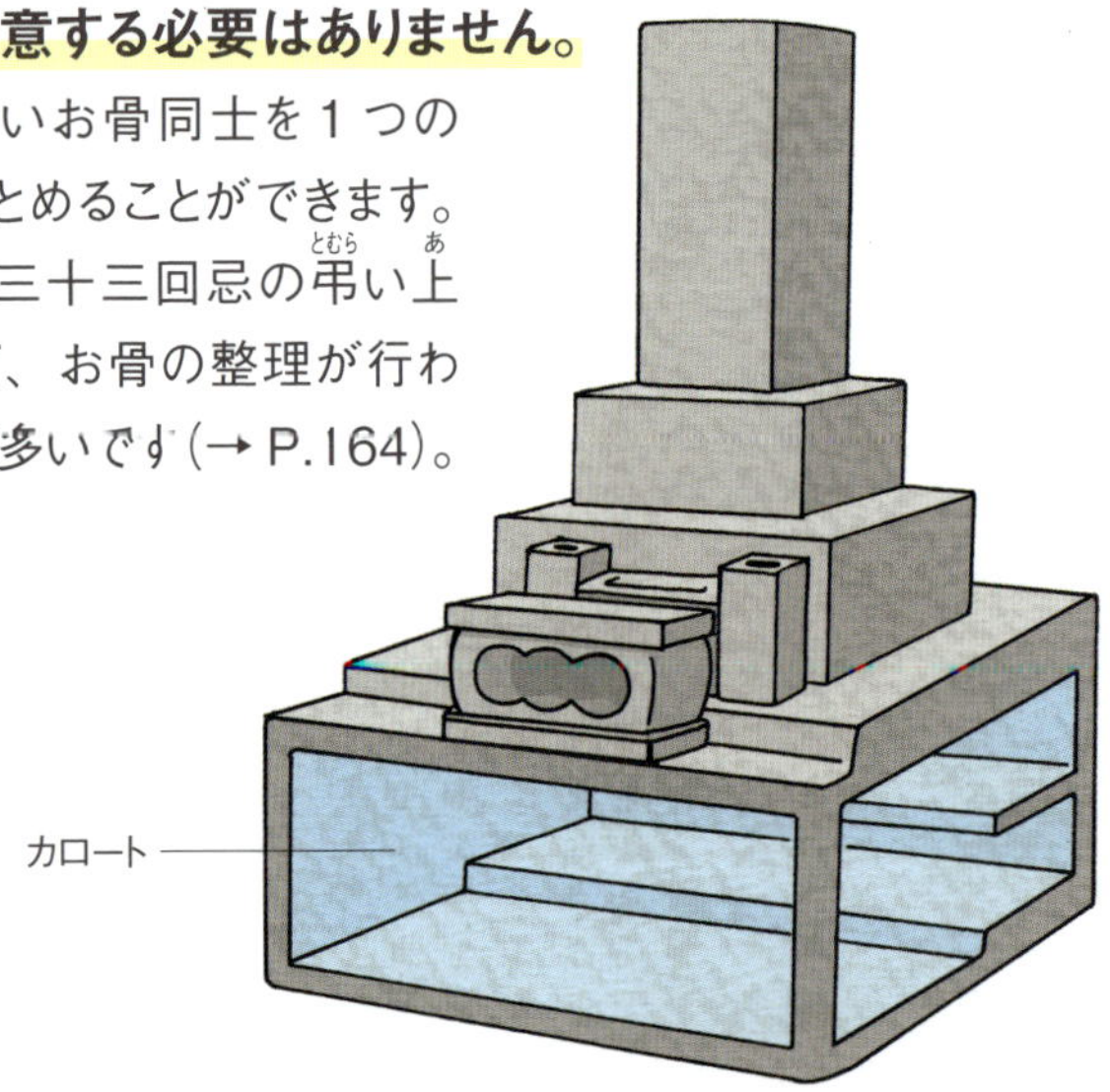

【祭祀承継者（さいししょうけいしゃ）】 祭具やお墓などを引き継ぎ、供養を主宰する人のこと。

す。

お墓を引き継ぐとき話しておきたいこと

お墓の継承は親の意向だけでどうにかなるものではありません。

お墓の維持には、長い間の管理と費用がかかります。誰がどう継承するのかということを、親の生前からよく話し合い、親と子が歩みよることが大事です。そこで、下記の5つを親の生前に確認しておきましょう。

先生からの大切なアドバイス

維持や管理をする人がいなくなってしまい、放置されたお墓のことを無縁墓《むえんばか》といいます。無縁墓が生まれてしまう原因には、子ども世代の生活圏と、お墓の場所が離れていることが第一にあげられます。

無理なくお墓を継承していけるのか、それを家族で話し合っておきましょう。

お墓について生前に確認しておきたいこと

お墓について、次の5点を親の生前に確認しておきましょう。

1. お墓はどこにあるのか
2. 改葬や、分骨《ぶんこつ》（遺骨の一部を他のお墓に移す）を考える必要があるか
3. 存続していく上で必要なコストはどのくらいか
4. 寺院墓地であれば、檀家と菩提寺との関係を今後も引き継ぐのか
5. お墓の形態はどんなものか（→ P.74）

お墓の継承を考える際の大事なポイント

お墓には、墓所の土地を持っている管理者（住職、管理事務所など）と、墓石の所有者（その継承者）の両方の許可が無ければ入れません。

必要な書類は?

例

- 墓地使用許可証
- 旧名義人と新しい名義人の戸籍
- 名義変更届　など

何にお金がかかる?

例

- 管理費
- お布施
- 永代供養代　など

寺院墓地の場合、祭祀承継者についても制限を設けていることがあるので、親の生前に確認しておきましょう。

【無縁墓（むえんばか）】継承者がいなくなった墓のこと。遺骨は他の無縁墓の遺骨とともに合葬され、墓石は撤去されて更地に戻されるのが原則。

8

いざというとき、家族で揉《も》めないために

兄弟姉妹で家のことを考える

兄弟姉妹で親の希望を共有しておく

親のお葬式を考えるにあたって、兄弟姉妹がいる場合、誰かが主導権を握って話を進めていく必要があります。多くの場合は、長男や長女といった年長者か、親と同居している、もしくは生活圏が近い人が担います。

兄弟姉妹で共有しておくべき情報はいくつかあります。まず、親がどんなお葬式を望んでいるかを確認しておきましょう。**望むお葬式をするための準備や費用負担について、親がやるべきこと、子どもがやるべきことをはっきりさせておくといいでしょう。**

またお墓がない場合は、購入についても話し合っておきましょう。子どもが用意する必要があるなら、どこに、どんなお墓を、誰が買うのかということを兄弟姉妹で話し合います。

喪《も》主《しゅ》は誰が担うのか

誰がお葬式の喪主になるかは、事前に兄弟姉妹で話をしておくべきことです。そもそも、**喪主になるということは、お葬式から始まり、お墓を継承して三十三回忌（または五十回忌）の弔い上げまで法要を取り仕切ることを意味します。**そのため、「とりあえずお葬式だけ」という気持ちで選ぶのはおすすめできません。また、喪主が高齢の場合は、その後に続く法要を誰かが代わりに支えていくことも想定しておく必要があります。

Q&A ココが聞きたい! 喪主の選定について

Q 喪主は長男、長女がやるべきですか?

A **長男、長女がやらなければならないという決まりはありません。**

たとえば、次男夫婦が両親と同居していて、家業を継いだなど、次男が喪主になることがふさわしい場合もあります。また、配偶者でもかまいません。

【弔い上げ（とむらいあげ）】 故人の供養のため、年忌法要が行われますが、三十三回忌または五十回忌を最後に、法要を行わなくなることを、弔い上げという。

田舎付き合いをどうするか

田舎付き合いは、お葬式やお墓の継承にもかかわってくる問題です。地方では、お葬式は近隣の世帯が共同して手伝うという習慣が残っていることもあり、付き合いを無視してお葬式を行えば角《かど》が立ちます。まずは親に、現在の田舎付き合いについて確認しておきましょう。

先生からの大切なアドバイス

お葬式はやり直しがききません。そのため「もっとこうしてあげたらいいのではないか」という各自の思いがぶつかって、喧嘩《けんか》やトラブルになってしまうことがあります。

そもそも感情的になりやすい場面です。トラブルの原因は、「親のため」を思ってのことですから、事前に情報共有ができていれば回避できることでしょう。

こんなトラブルに気をつけよう!

ケース1 意見がまとまらない

母が生前、祭壇は花祭壇《はなさいだん》が素敵だと言っていたので、花祭壇を提案したら、兄からあまりお金をかけたくないので、一般的な祭壇でいいと言われた。一方、父は、田舎の慣習に従って、近所の手伝いも大勢呼び、きちんとしたお葬式にしたいと言う。

ここが問題! 故人の希望を共有できていない

アドバイス まずは、きちんと故人の希望を伝え、その上でどこにお金をかけるべきかを考えましょう。故人の希望に沿って協力するのが望ましいですが、それがわからない場合は、その後の供養を主導していく人の意見に耳を傾けるのがよいでしょう。

ケース2 費用負担で揉める

父のお葬式の後、姉に葬儀費用は喪主である私がすべて支払うべきだと言われた。親戚も姉の意見に賛同していたが、「喪主だから」という理由だけで全額を負担しないといけないのだろうか。

ここが問題! お葬式の費用は喪主が負担するものと考えている

アドバイス 費用負担をする人を「施主《せしゅ》」といい、多くの場合、「喪主＝施主」ですが、全額を負担しなければいけないという決まりはありません。相続人全員の同意があれば、相続財産から葬儀費用を支出することもできます。事前に話し合いをし、「聞いていない、納得いかない」というすれ違いを避けましょう。

9伝えるべき交友範囲を確認する

訃《ふ》報《ほう》は誰に伝えるか

逝去《せいきょ》を誰に伝えるべきか

訃報を誰に伝えるかを考えるのは、「死ぬとき」と向かい合う作業でもあります。そのため、こういった具体的な話を家族ですることはなかなか難しいことかもしれません。

自分の配偶者や親の交友範囲を正確に把握している人はまれです。何も聞かないまま親や配偶者が亡くなってしまうと、故人が必ず連絡してほしかったところに訃報を伝えられているか不安になることもあるでしょう。そこで、「エンディングノート」（→P.27）などで、生前に**友人・知人・仕事の関係者の連絡先を整理することを提案してみましょう。**

親が急に亡くなってしまい、親戚以外の連絡先に全く心当たりがない場合、日常の会話を思い出してみましょう。たとえば、趣味のサークルの仲間や、よく飲みに行っていた人などの名前を、故人の携帯電話やパソコンのアドレス帳から探し出すことができるかもしれません。パスワードはまとめておいてもらうように、日ごろから伝えておきましょう。

最低限連絡が必要な範囲

逝去の連絡を最低限伝える範囲は左ページの通りです。さらに、「ここは必要ない」「この人には連絡してほしい」などの希望も聞き出しておきましょう。

訃報には、故人の死を世間に知らせるという社会的な役割があります。**たとえ故人が「連絡してほしくない」と希望していたとしても、単純に知らせないという選択をするのではなく、お葬式が終わってから葬儀を終えた旨を伝えるなどの配慮が必要**です。

先生からの大切なアドバイス

最近では、友人・知人の連絡先はすべて携帯やパソコンの中にあるということが多いようです。

携帯電話会社やプロバイダーは、故人が端末《たんまつ》にかけたロックやパスワードを解除することができません。だからこそ、事前に確認したり、エンディングノートなどを活用したりしてみましょう。

逝去の連絡を最低限伝える範囲

通常、亡くなってすぐ訃報を連絡するのは次の相手です。できる限り事前に連絡先と伝えるべきことを確認をしておき、連絡先の一覧を作っておくとよいでしょう。

身内

家族

各人の携帯番号とともに、勤務先の電話番号も確認しておく。

兄弟姉妹、おじ・おば、甥《おい》・姪《めい》

3親等までの親族が目安。

人数が多いときは、家族の代表に連絡し、他の人にも連絡を回してもらう。

それ以外

友人・知人、地域で付き合いのある人

故人との関係（友人、趣味の仲間、近所の人など）も把握しておく。

仕事の関係者

メールで連絡すると社内の情報共有がスムーズ。

会社名、部署や担当者名、故人との関係（上司、同僚、取引先など）も把握しておく。

菩提寺

菩提寺がある場合、訃報はすぐに知らせる。

お寺の名前、宗派、住職の名前を確認しておく。

葬儀社

遺体の搬送から依頼する場合は、亡くなってからすみやかに連絡する。

遺体を自宅に安置する場合、マンションの管理人にエレベーターの使用や駐車の許可をもらうことも必要です。人の出入りで迷惑をかけることもあるので、両隣へのあいさつも忘れずにしましょう。近所付き合いが盛んな地域であれば、町内会長などへのあいさつも必要となります。

第2章

いまから準備するお葬式とお墓のこと

この章では、お葬式とお墓について、
お葬式の前に準備することを紹介しています。
大切な人が息を引き取ってからお葬式まで、
短期間でさまざまなことを決定していかなければなりません。
少しでも気持ちに余裕を持ってお別れができるように、しっかりと準備しましょう。

事前準備のポイント

菩提寺について

ステップ1 お葬式をどこで行うか決める
▶P.72

ステップ2 菩提寺へ相談する
▶P.72

お葬式について

ステップ1 安心できる葬儀社を探す
▶P.40～45

ステップ2 お葬式の予算を考える
▶P.46

ステップ3 お葬式のプランを検討する
▶P.48

ステップ4 見積りを請求して費用を検討する
▶P.48

ステップ5 葬儀社の見学会へ参加する
▶P.50

ステップ6 プランを決めて、費用を準備する
▶P.70

お墓について

ステップ1 お墓について基本的なことを知る
▶P.74

ステップ2 お墓の継承を考える
▶P.74

ステップ3 今後、お墓をどうしていくかを決める
▶P.76,82～87

近年のお葬式

家族葬	▶P.53～57
一日葬	▶P.58
直葬	▶P.60
お別れ会	▶P.62
音楽葬・生前葬	▶P.64

お墓を建てない選択

納骨堂	▶P.78
散骨・樹木葬	▶P.80

1

葬儀社の広告では、うたい文句をチェックする

よいお葬式は葬儀社選びから

葬儀社は喪主のパートナー

初めて喪主になって葬儀を取り仕切る人にとって、最も心強いパートナーになってくれるのが葬儀社です。だからこそ、経験豊富で頼りになる「よい葬儀社」を選ばなければなりません。

実は、**葬儀業を行うにあたって行政機関などの許可や認可は不要で、特別な資格も必要ありません。**そのため、客観的な評価がしづらいのですが、まずは葬儀社選びの判断材料となる基本的な知識を持ちましょう。

広告のうたい文句の意味を知る

葬儀社の広告や看板、インターネットのHPでは、いろいろなうたい文句を見かけます。それらには、よい葬儀社かどうかの判断材料になるもの、ならないものが入り混じっています。

よくあるのが「優良店」「市民葬儀指定」「1級葬祭ディレクターがいる」などですが、これらがたくさん並んでいると、それだけで「よい葬儀社なのだろう」と思う人もいます。

しかしこれらは、あくまで葬儀社を選ぶ基準の一つにすぎません。大切なのは、これらが意味する内容を正しく知って、広告をうのみにしないことです。

まずは、左ページを参考に、言葉の意味を正しく知って、その葬儀社が信用できる団体なのかどうかを見極めましょう。

先生からの大切なアドバイス

葬儀社を経営するのに資格は不要ですが、霊柩車には許可が必要です。許可を得た霊柩車には緑色のナンバーがついています。白ナンバーは無許可の霊柩車です。

許可を得るには保険に入ったり、法令を学んだりする必要があるため、無許可の場合は、無知・無保険の可能性もあります。白ナンバーの霊柩車を使っている葬儀社は絶対に避けるべきでしょう。

葬儀社の広告やホームページでよく見かけるうたい文句

以下は葬儀社の広告やHPでよく見かけるうたい文句です。葬儀社選びの判断材料になるものには○、ならないものには×、どちらともいえないものに△をつけました。

優良店

×

葬儀社の組合や団体が自由に名乗っているもの。

「**自称**」なので、本当に優良かどうかには疑問がある。中には、自社のHPでどういった点が「優良」なのかPRしていることもあるので、それが本人や家族の希望と合っているかどうかを確認する。

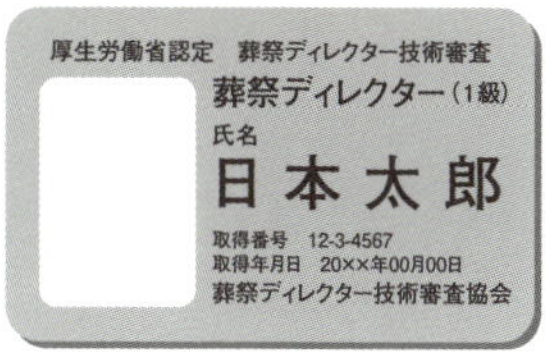

1級葬祭ディレクター

○

厚生労働省認定の技能審査に合格した個人に与えられる資格。

受験には一定の実務経験が必要なので、実務と知識、両面の実力を持った従業員と評価することができる。ただし、これは**あくまで従業員個人に与えられる資格**のため、葬儀社全体の評価に直結するものではない。

Pマーク

○

P（プライバシー）マークは、日本工業規格「JIS Q 15001 個人情報保護マネジメントシステム」に適合していると認定された団体が使用できる。

これは、**適切に個人情報保護を行っている**ことを示している。お葬式では、故人や遺族の非常に個人的な情報が扱われるので、Pマークの認定を受けた葬儀社であれば一安心といえる。

市民葬儀・区民葬儀指定

×

市（区）民葬儀とは、市（区）が統一価格を設定したプランのこと。

この**市（区）民葬儀を取り扱う葬儀社であれば、「市民葬儀・区民葬儀指定」と表現できる**ので、特別その葬儀社が優良という証明にはならない。市（区）民葬儀のプラン内容は、各自治体によって異なり、利用できる人の制限（例：故人が市民である、市内で葬儀を行うなど）を設けているところもある。

ISO9001

△

ISO9001とは、国際標準化機構（ISO）が商品の品質やサービスを国際的に標準化するために認証するシステムのこと。

この認証を受けている団体には、顧客に提供するサービスの質を向上させていくための体制があることを示している。つまり、**実際によいサービスを行っていることを認められたわけではない**。また、これに取り組んでいる葬儀社もまだまだ少数だという点においても、判断基準としては弱いといえる。

2 よくある3つのトラブルとその対処法
葬儀社とトラブルになる前に

①慌ててよく検討せずに契約してしまう

急にお葬式を執り行うことになれば、誰しも慌ててしまいます。それゆえ、思わぬトラブルにあうことがあります。中でも、葬儀社との間に起こるトラブルで多いものは、おもに3つです。

病院で最期《さいご》を迎えると、すぐに病室を空けなくてはなりません。事前に葬儀社のあてがないと、気持ちがあせってしまい、病院が紹介してくれた葬儀社に安易《あんい》にすべてを託してしまったり、言われるがままに事を進めてしまったりして、後々、金額や内容について「こんなはずではなかった」と悔やむことになります。

気持ちに余裕がないときではありますが、**ひとまず搬送だけをお願いするなど、お葬式の内容を検討する時間を積極的につくる**ようにしてください。

②見積書よりも高額に請求される

事前に葬儀社を決め、お葬式の具体的な内容を決めて見積りをとっておくことは大事です。しかし、見積書の総額だけを見ていると落とし穴があります。

見積書には、お葬式一式のセット料金（基本料金）と別途料金（オプションとなる料金）が記載されています。

しかし、**依頼したときの見積書には、必要最低限の項目しか記載されておらず、お葬式が始まってから多くの追加費用が発生するケースがあります。**

トラブルに遭わないためのコツ

トラブルを避けるためにも、以下の3つを心がけましょう。

1. お葬式の内容を検討する時間をつくる
2. 見積りに納得してから契約する
3. お葬式の内容をよく確認する

事前の準備や必要な知識があれば、トラブルの多くは防げます。不安や疑問があれば、遠慮無く葬儀社に相談しましょう。それに応えてくれるかどうかでも、よい葬儀社なのかということがわかります。

そのため、**見積書を見るポイントとして、まず追加が前提となっているプランになっていないか確認すること**です。その上で、こちらが依頼した項目がすべて見積りに入っているか、しっかりと確認しましょう。また、1つの葬儀社だけで検討するのではなく、複数の葬儀社の見積りを検討するように心がけてください。

③「格安」葬儀の内容に不満が残る

「格安」「低価格」を売りにしている葬儀社も多くありますが、その料金でどこまでやってくれるのか、という中身を必ず吟味してください。

安い基本料金に惹《ひ》かれて、安易に決めてしまい、とても粗末なお葬式をされたというケースもあります。

お葬式には最低でも20万～30万円程度かかります。後悔や不満を残さないためにも、**お葬式には、最低限どれくらいの金額がかかるものなのかを把握しておきましょう**（→P.46）。

こんなトラブルに気をつけよう!

ケース 葬儀社のいいなりになってしまう

病院の霊安室《れいあんしつ》に遺体を移すと、すぐに病院が提携している葬儀社がやってきたので、ひとまずその葬儀社の葬祭ホールまで搬出してもらうことにした。しかし、葬儀社から「その後のお葬式も取り仕切る」と、有無をいわせない調子で言われ、気が動転していたこともあって言われるがままに契約してしまった。

その後も、お葬式の日程や内容を一方的に決められてしまい、結局、自分たちの意向は少しもくんでもらえず、お葬式は慌ただしく終わってしまった。

ここが問題! お葬式の費用・内容について検討する時間をつくれていない

アドバイス このような場合は、いったん自宅に遺体を搬送してもらうまでを、その葬儀社に依頼しましょう。時間は限られていますが、家族でお葬式について話し合って、複数の葬儀社に見積りを依頼して検討しましょう。悲しみのなか大変ですが、故人を送った後に悔いが残るのは避けたいものです。

また、もしも事前に説明を受けていない費用や、覚えのない追加費用を請求されたら、支払ってしまう前に葬儀社に説明を求めましょう。納得いかなければ消費者生活センターなどに相談するのもよいでしょう。

3 無料相談や見学会のときの対応をチェックする よい葬儀社の選び方

よい葬儀社を見極めるポイント

葬儀社を探すときにまず考えるべきは、どんなお葬式にしたいかです。

「よい葬儀社」とは、葬儀を執り行う家族のことを親身になって考えてくれ、結果的に家族の希望をかなえて満足できるサービスを提供できる葬儀社だといえるでしょう。

葬儀社を評価するときに、重要なポイントは次の3つです。

①対面の相談、施設の見学ができる

相談や施設の見学に対応しているということは、遺族の希望をかなえることに積極的であるといえます。

また、自分の目で確かめれば、広告やホームページではわからない部分が

こんなトラブルに気をつけよう!

ケース　予想外に高額な料金を請求される

葬儀社の紹介サイトに問い合わせて、自宅近くの葬儀社を紹介してもらい、見積りをお願いした。

しかし、紹介サイトでは低価格をうたっていたのに、実際にはいろいろとオプションがついて割高になることがわかった。葬儀社に説明を求めると、「ケースバイケースで値段は変わる。」と言われた。紹介サイトの価格と実際の価格とに差がありすぎて、不信感が募っている。

ここが問題!　実際の金額は見積りを取ってみないとわからない

アドバイス　価格競争の中、低価格を売りにして顧客をつかもうとする葬儀社は多いでしょう。紹介サイトは、一度に複数の葬儀社を比較検討できて便利な一方、このような問題も起こりがちです。なるべく複数の会社に見積りを依頼して、納得がいくまで検討してください。このとき、単に総額が安いかどうかを比較するだけでなく、見積りに記載されていないものについても、必ず確認をとりましょう。

見えてくるでしょう。**相談や見学の際に、対応が雑だったり、プランに対する説明が曖昧であったりすれば、別の葬儀社を探すのがよいでしょう。**

②個別事情に合せた見積りを提示

お葬式に対する希望や予算を伝えたとき、こちらの意見をくんでくれるかどうかがポイントです。**パンフレットなどに掲載されている標準的なプランの金額は、実際に支払うプランの金額とは異なります。**個別事情を勘案《かんあん》した見積りを作ってもらいましょう。

③ホームページがわかりやすい

・事前相談についての案内があり、その具体的な内容が説明されているか
・問い合わせ先、その方法、対応時間帯などが見やすいところにあるか
・施設や設備などの写真が多いか
・利用者の声などが掲載されているか

など、「知りたい」「わからない」と思うことへの答えを提供しているかどうかをチェックするとよいでしょう。

葬儀社のホームページの見方

ホームページを見れば、その葬儀社が信用できるか、ある程度判断することができます。以下、4つの点に注意して、見てみましょう。

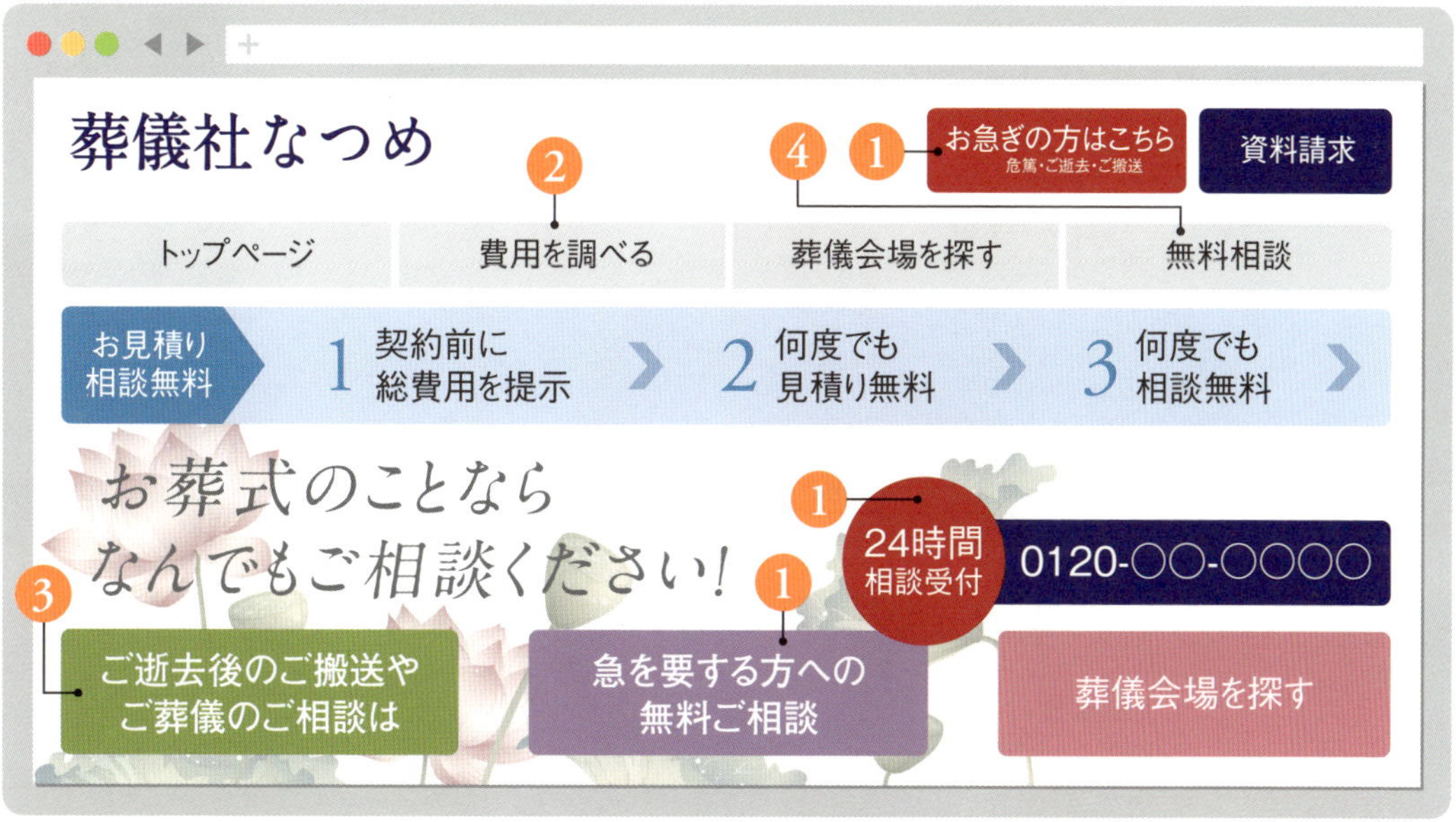

① 急ぎの連絡先や深夜でも連絡できることが明記されていて安心感がある。

② 誰もが気になる費用について、すぐに調べられるようになっている。

③ 家族を亡くしたばかりの遺族にもわかりやすい配慮がされている。

④ 見積りや相談に積極的である。

4 何に、どんな費用がかかるかを知る
お葬式の費用を検討しよう

お葬式の費用は4つに分けて考える

お葬式の費用は、

A 葬儀社に支払う費用
B 火葬に必要な費用
C 飲食接待費
D お寺・僧侶に支払うお布施

の4つに分けることができます（下図）。

また、左ページの表は、一般的なお葬式で発生する主な費用です。左の表の項目のうち、**必須となる費用は1と4の合計で、20万〜30万円程度**です。

また、通夜や告別式などは、いってみれば儀式なので、行わないという選択肢もあります。近年増えている「直葬」（→P.60）が、その儀式を省略し、火葬のみを行うお葬式にあたります。

お葬式の費用の考え方

お葬式の費用を考えるときは、A 葬儀社に支払う費用、B 火葬に必要な費用、C 飲食接待費、D お寺・僧侶に支払うお布施 の4つに分けて考えましょう。

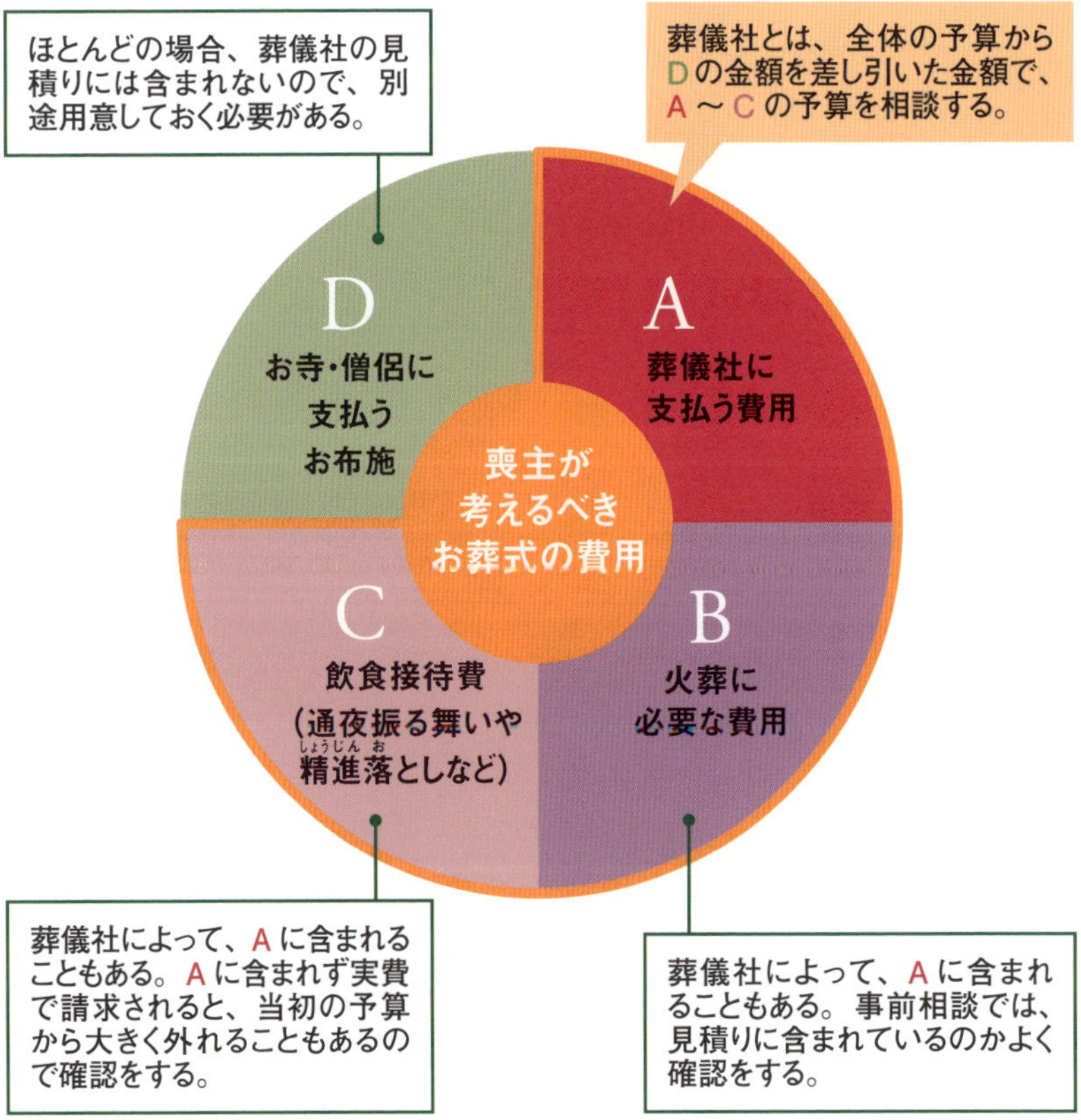

ほとんどの場合、葬儀社の見積りには含まれないので、別途用意しておく必要がある。
葬儀社とは、全体の予算からDの金額を差し引いた金額で、A〜Cの予算を相談する。
D お寺・僧侶に支払うお布施
A 葬儀社に支払う費用
喪主が考えるべきお葬式の費用
C 飲食接待費（通夜振る舞いや精進《しょうじん》落《お》としなど）
B 火葬に必要な費用
葬儀社によって、Aに含まれることもある。Aに含まれず実費で請求されると、当初の予算から大きく外れることもあるので確認をする。
葬儀社によって、Aに含まれることもある。事前相談では、見積りに含まれているのかよく確認をする。

【通夜振る舞い（つやぶるまい）】　通夜の後に行われる僧侶、会葬者に対する慰労とお礼を兼ねた接待の場。最近では、忌中であっても食材にこだわらず、肉や魚も使われる。

お葬式の主な費用（例）

何に、どれくらい費用がかかるかを大まかに掴んでおきましょう。（　）内の金額は親族 10 名、会葬者 10 名程度のお葬式の費用例です。

	何に	どれくらい	備考
1 死亡直後～安置にかかる費用（12万～15万円程度）	寝台車代金	2 万～ 3 万円程度	10km 程度の場合
	初期対応費	3 万円程度	ドライアイス 8500 円程度（1 日）、枕飾り《まくらかざ》り 1 万円程度、布団代 1 万円程度、など
	棺の代金	7 万～ 9 万円程度	桐 8 分の場合
2 通夜にかかる費用（70万円程度）※	葬祭ホール費	20 万円程度	規模により異なる
	祭壇費	白木祭壇《しらきさいだん》30 万円程度、花祭壇 50 万円程度	後飾《あとかざ》り祭壇を含む。いずれも規模により大きく価格が変わる
	供物《くもつ》・生花代	3 万～ 5 万円程度	
	通夜振る舞いの料理代金	1 人 5000 円程度	
	返礼品代金	単価 1000 円程度	
	葬儀社の人件費	司会 5 万円程度、他 1 名 2 万円程度	
3 葬儀・告別式にかかる費用（13万円程度）※	葬祭ホール費		通夜の葬祭ホール費に含む
	葬儀社の人件費		通夜の人件費に含む
	返礼品代金	単価 1000 円程度	
	会葬礼状代金	単価 200 円程度	
	精進落としの会食代金	1 人 6000 円程度	
4 火葬にかかる費用（12万円程度）	火葬代金	5 万円程度	火葬場により異なる
	火葬場休憩室使用料	2 万円程度	お茶代などを含む
	霊柩車代金	3 万円程度	普通車の場合
	骨壺代金	1 万 5000 円程度	白 7 寸の場合
5 お寺・僧侶に支払お布施	お布施	20 万～ 30 万円程度	
6 後日発生する費用（12万円程度）	香典返し	単価 2000 ～ 3000 円程度	
	初七日法要などのお布施	1 万円程度	お車代《くるまだい》、御膳料《おぜんりょう》は各 5000 円程度
7 その他（2万円程度）	位牌《いはい》	2000 ～ 3000 円程度	白木の位牌（本位牌ではない）
	遺影写真	1 万 5000 円程度	

※通夜から告別式までで 80 万円程度

5

プランの総額だけで判断しないことが大事

葬儀社が提示するプランの見方

プランをチェックする際のポイント

葬儀社によって、プランの価格に差が大きいのはなぜでしょうか。それは、提示されている金額に含まれている項目と、計算のもととなる会葬者などの人数が違うからです。プランを見る上で重要なポイントは、次の3つです。

①会葬者・親族の人数を確認

会葬者・親族の人数によって、会場の大きさ、用意する料理、返礼品、葬儀社スタッフなどの人件費が変わります。**「料理代金＋会葬礼状＋返礼品」の金額と人数を照らし合わせ、会葬者1人当たりいくらで設定されているかを計算してみるといいでしょう。**

家族でしのぶプラン
（親族10名＋会葬者10名）

基本セット一式 白木祭壇、棺、遺影写真、受付セット、案内看板
ドライアイス20kg ／ 供物 祭壇盛物、祭壇飾花、棺上花束
会葬返礼品10名 香典返し ／ 礼状10名 会葬礼状、清め塩
料理 通夜振る舞い、精進落とし ／ 車両1運行 寝台車、霊柩車
骨壺・位牌セット一式 ／ ご自宅飾り一式 後飾り祭壇
セレモニースタッフ1名

②葬祭ホール費を確認

葬祭ホール費は、2日間で約10万〜30万円かかります。会葬者の人数が決まらないと、ホールの規模も決まらないため、プランには標準的な金額が提示されていることも多々あります。費用総額が大きく変わるため、必ず確認しましょう。

③通常のサービス以外のサービスが含まれていないかを確認

たとえば、宿泊設備に遺族が宿泊できるサービスや、長期間の遺体の保存サービスなどです。必要なサービス以外は、**プランから削除できる場合もあるので、葬儀社に相談してみましょう。**

プランの総額だけを見て、高いか安いかを判断しないことが大切です。

1つ注意したいのは、**お布施はどの会社のプランでも含まれていない**ということです（葬儀社に僧侶の紹介を頼んだ場合は、お布施も費用総額に含まれることもある）。**お布施も含めてお葬式費用を考えるようにしましょう。**

総額80万円のプラン（例）

右ページに、葬儀社が出しているプランの例を示します。下の表は、P.47の「お葬式の主な費用（例）」と同じものです。これを使って、プランに含まれるもの・含まれないものを確認していきましょう。

1	寝台車代金	○
	初期対応費（ドライアイス、枕飾り、布団代など）	○
	棺の代金	○
2	葬祭ホール費	不明
	祭壇費	○
	供物・生花代	○
	通夜振る舞いの料理代金	20名
	返礼品代金	10名
	葬儀社の人件費	○
3	葬祭ホール費	不明
	葬儀社の人件費	○
	返礼品代金	10名
	会葬礼状代金	10名
	精進落としの会食代金	10名

4	火葬代金	×
	火葬場休憩室使用料（お茶代などを含む）	×
	霊柩車代金	○
	骨壺代金	○
5	お布施	×
6	香典返し	10名
	初七日法要などのお布施	×
7	位牌	○
	遺影写真	○

1つずつチェックを！

このケースは親族も会葬者も、それぞれ10名を想定しています。人数の追加の対応が可能かを確認しておきましょう。また、この広告には葬祭ホール費が含まれているのかが明記されていません。以下のように問い合わせしましょう。

使える！フレーズ

❶ 会葬者が増えた際の対応と費用について

会葬者が増える場合、精進落としの料理を追加することはできますか？
人数によって、費用がどれくらい変わるか、教えてください。

❷ 葬祭ホール費について

このプランには、葬祭ホールの費用も含まれていますか？
会葬者が増えた場合、何名までなら対応できますか？

6 どういうお葬式にしたいのかイメージしておく
葬儀社の見学会に行く

見学会に行く前の準備

最近では、見学会を行っている葬儀社が増えています。見学会は、実際に施設を見て雰囲気などを確認でき、詳細な説明を聞けるチャンスなので、積極的に参加してみましょう。見学会に行く際には、次の5つを整理しておくと、より有意義《ゆういぎ》な見学ができます。

①葬祭ホールの場所

葬祭ホールの場所が、親族が集まりやすいところにあるかを確認します。葬儀社と葬祭ホールが別の場所にある場合もあるので、確認が必要です。

②会葬者・親族の数

だいたいの会葬者・親族の数を考えておきます。人数によって、葬祭ホー

見学会の流れを知ろう

実際の見学会は、以下のような流れで行われます。

1 全体説明会

葬儀社の紹介、パンフレットといった資料の配布などがある。

2 館内見学

ホールなど、実際に使用される設備を見学する。会葬者の人数と、対応するホールの大きさを確認する。トイレや通路、バリアフリー対応かなど、気になる点はよく確認しておく。

3 個別相談会

具体的な見積りがほしいなど、個別の相談に乗ってもらうこともできる。葬儀社の会員になることなども、このときに検討するとよい。

ルの広さや料理の量が変わり、全体の費用に大きく影響するからです。

③大まかな予算

お葬式の費用は、「お葬式の費用の考え方」（→P.46）を参考に考えてみてください。

このとき、**葬儀社の提示する費用にお寺・僧侶に支払うお布施は含まれないことを忘れずに、葬儀費用の総額を考えましょう。**

④お葬式に関する希望

家族だけでお葬式を行いたい、音楽とともに送ってあげたい、自宅でお葬式を行いたいなどの家族や親の希望があれば、整理しておきましょう。**希望に沿った部分的なプランの変更など、臨機応変に対応してもらえるかも確認しましょう。**

⑤宗教に関すること（宗派）

仏式のお葬式は、どんな葬儀社でも対応が可能ですが、キリスト教式の場合は対応できる葬儀社とできない葬儀社があるので、事前に確認が必要です。

こんなトラブルに気をつけよう!

ケース1 葬儀社の執拗な勧誘

葬儀社の見学会に参加したら、会員になるようしつこくすすめられた。

ここが問題! 本当に必要なことかじっくり判断する時間がない

アドバイス 気が向かなければハッキリと断りましょう。しつこい勧誘をする葬儀社は、口コミや紹介などで集客できない評判の悪い葬儀社である可能性があります。ただ、会員になれば優待《ゆうたい》を受けられるなど、メリットもあるので、葬儀社が近隣であれば、近所の人の評判も参考に検討してみましょう。

ケース2 多くの個人情報を聞き出そうとする

見学会に参加した際、個人情報をたくさん書かされた。お墓の有無など、直接は関係がないことも聞かれた。これらの情報の使い道について説明がなかった。

ここが問題! 個人情報が悪用される可能性がある

アドバイス 説明がなければ、こちらから説明を求めましょう。おそらくこれらの情報は、葬儀社にとって後々のいい営業ツールとなる可能性が高いものです。不要なダイレクトメールが届くなど、わずらわしい思いをするかもしれません。納得できる説明がなければ、安易に個人情報を記入してはいけません。

設備だけでなく葬儀社をよく見る

最新の設備と宿泊設備を備えた、ホテルのような葬祭ホールを持つ葬儀社も登場しています。しかし、そういった豪華な設備に目を奪われることなく、葬儀社自体をよく見ることが大切です。**実際に、見学会に参加してみて気持ちのよい応対をしてくれるかどうか、これは実際のお葬式を任せるかどうかを判断する際の重要なポイントです。**

先生からの大切なアドバイス

お葬式に、決して同じものはありません。会葬者の人数など規模の差や、故人の希望による違いが出てきます。

決まった型通りのプランでなく、想定される人数や希望に沿って、プランの変更や追加・削除が可能であるかを葬儀社に確認することが大切です。

見学会でのチェックポイント

見学会に行ったら、以下の項目を参考に葬儀社の対応をチェックしてみてください。

見学会の内容

- ✔ 資料は、文章だけでなく、写真も添えられていて見やすく、わかりやすいか。
- ✔ 資料に掲載されている料金プランは、内訳が具体的か。
- ✔ 施設は清潔感があるか。
- ✔ お葬式当日に遺族が使用する控え室は、十分な広さと設備があるか。
- ✔ 入り口から出棺までの施設を見せてくれるか。
- ✔ 収容人数の異なるホールをそれぞれ見て回れるか。
- ✔ 棺や祭壇など、実際のお葬式で使用される実物を見ることができるか。

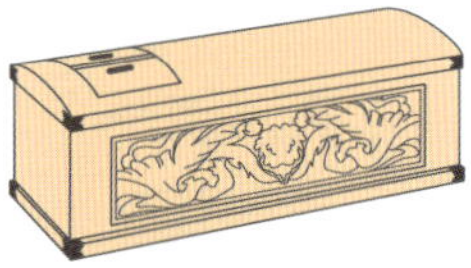

料金について

- ✔ 料金プランについて、口頭でも説明があるか。
- ✔ 変動する可能性のある費用（飲食接待費など）についての説明があるか。
- ✔ 見積りの内訳について詳しい説明があるか。
- ✔ 見積りに含まれない項目について説明があるか。
- ✔ 追加料金なしのプランがあるか。
- ✔ 追加費用がある場合、その説明があるか。

スタッフの対応

- ✔ こちらの希望をくみ取ったプランを考えてくれるか。
- ✔ 細かい質問にも、真摯《しんし》に答えてくれるか。
- ✔ 個人情報の記載を求める場合、用途や、情報の保護について説明があるか。
- ✔ こちらが納得いくまで、契約を迫らないか。
- ✔ 強引に会員になることをすすめてこないか。

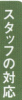

7 故人と落ち着いてお別れができる

近年のお葬式① 家族葬

家族葬が増えている理由

家族葬とは、家族・親族・ごく親しい間柄の人のみの参加を基本とした、小規模なお葬式の総称です。規模が小さいため、比較的費用が安いというのが特徴です。

近年、この家族葬を望む人が急増しています。その背景には、遺族の費用負担を軽くしたいという親世代の思いや、会葬者も高齢化しているのであまり集まらない、ということなどがあります。

近しい人のみで故人とお別れができる

家族葬の人気を受けて、ほとんどの葬儀社が家族葬を扱うようになっています。

家族葬には、決まった形があるわけではありません。会葬者が大勢集まるような従来のお葬式ではできない、家族が故人とのお別れの時間を大切にできるようなプランが家族葬の特徴です（→P.54）。また、**家族葬は故人と近しい人のみで行うため、自由な内容の葬儀を行うこともできます**（下図）。

家族葬の費用は、だいたい80万円前後といわれています。通常のお葬式と比べると安く感じますが、ただ価格が安いというだけでは「粗末なお葬式」になってしまう恐れもあります。

各社が提供するお葬式の内容をよく吟味して、望む形で故人とお別れできるプランを選びましょう。

家族葬でできること（例）

会葬者の対応に追われることなく、ゆっくりとお別れできるのが家族葬のよいところです。遺族のこだわりに応えてくれる葬儀社も増えています。

例

●斎場に故人の思い出の品を飾る

趣味の登山グッズを飾る、
故人の愛読書を飾る　など

●通夜振る舞いの席で、故人が好きだった料理を皆で囲む

故人の思い出の料理を用意してもらう
など

家族葬のプラン（例）

故人と家族のお別れの時間を大切に考えたプランの一例です。夜とぎのために宿泊設備を備えた施設を想定しています。

●プランの流れ

1日目

時刻	内容
15:00	チェックイン
16:00	納棺
18:00	通夜
19:00	お清め
21:00	夜とぎ
	宿泊

2日目

時刻	内容
11:00	葬儀・告別式
12:00	出棺
12:30	火葬
14:00	初七日法要
14:30	精進落とし
16:00	散会

1日目の夜とぎが、宿泊施設を備えた葬祭ホールで行える。家族が落ち着いて故人とお別れする時間が持てる。

ポイント

近年、自宅で安置することが難しかったり、宿泊施設の問題があったりして、夜とぎを行うことは少なくなっている。このプランは、家族の思いを大切にしたプランだといえる。

親族、少数の会葬者とともにゆっくりと故人の思い出を語り合うことができる。

【夜とぎ(よとぎ)】 通夜に、故人のかたわらで、親族が線香やろうそくの火を絶やさないようにしながら夜通し過ごすこと。

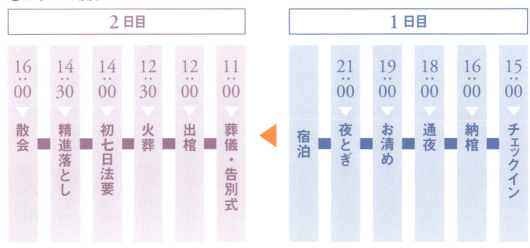

家族葬＝安いという思い込みは捨てる

広告に提示されているプランの価格は、標準の内容を反映したものです。**見積りをとる場合は、実際の費用にできるだけ近くなるよう、会葬者の人数、省《はぶ》きたい項目などを伝えます。**会葬者の人数が多く、お金をかけるポイントによっては、予想外に費用がかかることもあります。見積書には、必要な項目がすべて書かれているか確認しましょう（下図）。次ページにプラン内容や費用について確認する際の聞き方がありますので、参考にしてください。

逝去を知らせる際の注意

家族葬であっても、故人の友人、知人、仕事先への逝去の連絡は必要です。その場合、**①家族葬にすること、②会葬を遠慮していること**を必ず伝えます。

見積書の見方

見積りの出し方は、各葬儀社によって異なります。以下、3つの点に注意して、見てみましょう。

❶金額が変動する項目について基準があるか　❷プランに含まれない費用があるか
❸まとめて記載されている項目の内訳は何か

御見積書

○○○○　様

下記の通り、お見積り申し上げます。

葬儀社なつめ
○○市○○町○−○−○
0120 − 0000 − 0000

見積内容	数量	金額
基本料金（祭壇他）	一式	525,000円
搬送	10kmまで	31,500円
安置	1日	31,500円
通夜振る舞い料理	20名まで	126,000円
火葬	一式	157,500円
御見積り総合計		871,500円

❸「一式」という記載では、何が含まれているのかがわからない。

❸「基本料金」というのも同様で、葬祭ホール費は含まれるのか、会葬礼状や返礼品は含まれるのかなどを確認できなければ、事前に見積りをとる意味がなくなってしまう。

❶ 距離や人数によって金額が変わるものは、判断基準となる距離や人数が明記されているか確認をする。追加の際の料金も併せて確認しておくとよい。

❷ この見積りに記載のない心付けやお布施については、葬儀社が立て替えてくれるのか、喪主が用意しておかなければならないのかを確認をとっておく。

また、香典や供花《きょうか》も辞退する場合は、その旨も伝えます（左ページ上図）。

家族や親族には、「お葬式は近親者だけで行い、会葬をお断りしています」とはっきり伝えるようにお願いしておきましょう。また、最近では、事後報告を選ぶ人も増えています（左ページ下図）。

事前に知らせると、どうしても会葬したいという人や、「知らされたからには」と気を使う人も出てきます。そういった想定外の人が参列した場合、遺族は当然対応しなければいけませんし、返礼品や通夜振る舞いの料理なども追加で用意することになります。遺族にとって、精神的にも経済的にも負担は小さくありません。

お葬式に招かなかった故人の友人・知人のためには「お別れ会（→P.62）」など、故人とお別れできる機会を設けるとよいでしょう。故人や家族の思いだけでなく、故人がお世話になった人たちの気持ちもくんであげることが大切です。

使える! フレーズ　プランに含まれない費用があるか確認する

家族葬のプランの内容と費用の内訳について、以下４つのことを必ず確認しましょう。

❶プラン内容（通夜、葬儀・告別式の流れ）　❷プランの費用と内訳（基本料金、対象人数など）
❸プランに含まれない費用について　❹変更がある際の対応（人数の変更、故人の希望の反映など）

喪主　家族葬のプランを教えてください。――❶

葬儀社　１日目の夜に通夜を行い、２日目の昼に葬儀・告別式、火葬を行います。

喪主　費用はおくらになりますか?　また、会葬者は何人まで呼べますか?――❷

葬儀社　総額で 65 万円になります。親族・会葬者様合わせて 20 名様のプランとなりますので、ご家族以外の方にもお集りいただけます。

喪主　65 万円には、どんなものが含まれるのでしょうか?――❷

葬儀社　ご遺体の搬送から、安置、葬祭ホール使用料、祭壇料金、人件費、20 名様分のご飲食費、火葬にかかる費用が含まれます。詳しくはお見積書をお出しします。

喪主　その他に必要になる費用はありますか?――❸

葬儀社　香典返し、初七日法要の費用、お寺や僧侶へのお布施が別途必要です。

喪主　人数は全部で 12 ～ 15 人程度です。この場合、費用は変わりますか?――❹

葬儀社　人数に合わせてご飲食料金を減額することができます。

【供花（きょうか）】通夜や告別式の際に、お悔やみの気持ちをこめて贈る生花のこと。通常、祭壇の両側に備えられるので１対（２基）贈るが、近年は１基でもよい。

使える! フレーズ　家族葬を行う連絡をするとき

家族葬を行う場合、必ず伝えることは次の2つです。香典、供花も遠慮する場合は、このタイミングでその旨も伝えます。

❶家族葬にすること（家族、遺族のみでお葬式を行う）　❷会葬を遠慮すること

喪主

故人の希望により、近親者のみでの家族葬を執り行うこととなりました。 ―❶

つきましては誠に勝手ではございますがご会葬は辞退いたしたくお願い申し上げます。 ―❷

香典、供花なども、お気持ちのみいただきたいと思います。

ポイント

逝去や葬儀の情報が漏れて会葬者が増えてしまわないように、連絡した人にはきちんと「会葬はお断りしています」と周囲に伝えてもらうようにお願いする。

家族葬を行った場合の事後報告の書面（例）

事後報告の書面には、主に以下の❶～❻の内容を記載します。

❶ 父○○儀　去る○月○日　○○歳にて他界いたしました

❷ なお　葬儀につきましては故人の遺志に従い

❸ 近親者のみにて相済ませましたご連絡が遅くなりましたことを何とぞお許しください

❹ ここに謹んでご通知申し上げますとともに生前中賜りましたご厚誼に心より御礼申し上げます

❺ 尚　誠に勝手ながら香典・供花・供物等はお気持ちのみ頂戴いたします

❻ 令和○年○月○日　喪主○○　○○

❶ 故人の名前、逝去した日時、享年《きょうねん》を書く。

❷ 近親者のみでお葬式を行ったことを書く。

❸ 事後報告となったことのお詫びを書く。

❹ 故人が生前、お世話になったことへの感謝を伝える。

❺ 香典などを辞退するときは書き加える。

❻ 案内を出した日付、喪主の氏名を書く。

8

近年のお葬式②

通夜をしないのでお別れの時間を大切に

一日葬（シンプル葬）

葬儀から火葬までを一日で行う

通常のお葬式は、通夜で1日、告別式と火葬で1日かかるので、2日間で執り行われます。これを1日で行うのが一日葬（シンプル葬ともいう）です。**通夜を行わず、遺族のみで葬儀・告別式を行い、火葬します**（左ページ下図）。さらに告別式も行わず、面会のみで遺族のお別れを済ませることもあります。費用は30万円前後です。

一日葬のメリット・デメリット

1日で終わるので、遺族の移動や時間的な負担が小さく、費用が安いというメリットがあります。また、最近で

こんなトラブルに気をつけよう!

ケース 1 菩提寺に葬儀を断られる

家族のスケジュールを合わせるのが難しく、一日葬を行うことにした。菩提寺の僧侶に葬儀の導師《どうし》を頼んだところ、「一日葬は正式なお葬式ではない」と対応してくれなかった。

ここが問題! 菩提寺へ事前に相談ができていない

アドバイス 僧侶にとって、一日葬は、慣習通りに故人を弔うことができないので、受け入れがたいものがあるといえます。まず、逝去の連絡を入れる際に、きちんと一日葬を検討していることを伝え、意見を聞くようにしましょう。

ケース 2 親戚から非難される

父が生前、「お葬式はやらなくていい」と言っていたので、儀式を省略した一日葬でお葬式を行うことにした。葬儀後、叔父から「父親を軽視している」と責められてしまった。

ここが問題! 周囲の人の気持ちに配慮ができていない

アドバイス 無用なトラブルを避けるためにも、故人、家族のみならず、できれば周囲も納得がいくような形式をよく検討しておきましょう。

【導師（どうし）】お葬式や法要の際、故人の霊を弔う僧侶のこと。お葬式を取り仕切る中心的な役割を果たす。導師の補助をする脇導師がつく場合もある。

は亡くなる人も高齢、集まる人も高齢のケースが多いので、そもそも通夜をするほど人が集まらないことも多く、そんな事情にもマッチしています。

一日葬の需要が増えるにつれて、専用の安置所で告別式をして、火葬を行う葬儀社も登場しています。

しかしながら、一般のお葬式では、会葬者のほとんどが、通夜に弔問に来ます。通夜を行わないという点では、**親族以外の会葬者を招きづらいというデメリットがある**といえます。

従来のお葬式だと負担が大きいけれども、直葬《ちょくそう》（→P.60）では心苦しいという遺族にとって、一日葬は手頃なお葬式の形です。

しかし、一日葬は慣習とは異なるお葬式のため、菩提寺や親戚などとトラブルになることがあります（右ページ下図）。**菩提寺がない人や、無宗教の人には向いていますが、先祖代々のお墓があり、お寺との付き合いが深い場合、一日葬で葬儀を執り行うのは難しいかもしれません。**

一日葬の流れを知ろう

以下に、一日葬の流れを示します。

1 納棺

遺体を整え、着替えを行い、棺に納める。

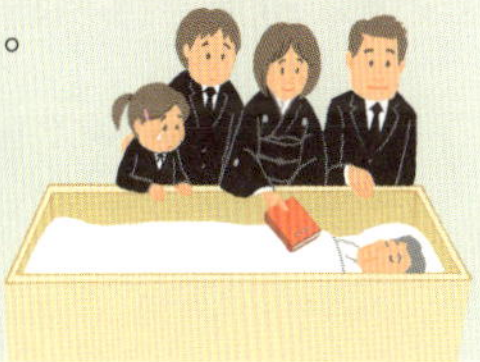

2 葬儀・告別式

宗教・宗派に沿った儀礼を行う。

3 繰《く》り上《あ》げ初七《しょなの》日《か》法要

本来は、逝去日から数えて7日目に行う法要。近年は、再度、親戚が集まるのが困難との理由から、葬儀終了後に行うことが多くなっている（地域によっては火葬後に行う場合もあり、状況によって行わないこともある）。

4 出棺

出棺の際は、位牌・骨箱・遺影写真を持っていく。火葬場に到着したら、火葬許可証を提出して、霊柩車から棺を出し、炉前に運ぶ。

火葬許可証

5 火葬

火葬場でのお骨上げの時間まで、控え室で1～2時間程待つ。係員の指示に従って、お骨上げを行う。火葬許可証に火葬場の管理者が記名・押印し、埋葬許可証として返却されるので確認して受け取る。

埋葬許可証

【繰り上げ初七日法要（くりあげしょなのかほうよう）】初七日法要は、死亡日を含め7日目に行われる法要。葬儀後2～3日のうちに7日目を迎えることが多いので、近年は葬儀の後に続けて行われることが多い。

9

近年のお葬式③

直葬（火葬式）

儀式を省いて火葬だけを行うお葬式

火葬のみを行うお葬式

直葬とは、お通夜や告別式を行わず火葬のみ行う形式のお葬式で、「火葬式」ともいいます。**遺体の搬送費用と火葬費用のみで済むので、従来のお葬式に比べて費用は非常に安価です。**

経済的な理由から「読経も、祭壇も、会葬者もいらない人」や、無宗教で儀式的なものをできるだけ排除したいので「火葬だけしてほしい人」などの要望を叶えるお葬式といえます。

直葬のメリット・デメリット

覚えておきたいのは、儀式を一切省く直葬は、一般にはまだまだ異例扱い

直葬の流れを知ろう

直葬は、通夜や告別式を行わず、火葬のみを行います。

1 遺体の搬送・安置

安置場所まで寝台車で遺体を搬送する。安置するのは、葬儀社の安置場所か自宅になる。

↓

2 葬儀社に遺体を預ける

葬儀社の安置場所に安置してもらう場合は、火葬日までの間、葬儀社が遺体を管理する。

↓

3 火葬日に遺族が火葬場に集合し、火葬する

納棺後、火葬場に遺体を搬送する。遺族は火葬場に集まるが、搬送時に遺族が付き添える葬儀社もある。炉前で僧侶に読経をしてもらう場合は、別途お布施を支払う。

されているということです。一日葬の場合と同様に、周囲から非難されるケースも考えられます。

菩提寺があるなら、事前に事情を相談して理解を得ることが必要です。菩提寺には、故人供養のためにさまざまな作法があり、その作法に則《のっと》ってお葬式を行わなければ、納骨を断られることもあります。

お葬式費用は、以前と比較してだんだん安くなってきているとはいえ、家族葬で80万円前後、一日葬でも30万円前後かかります。決して安い金額ではないので、残される家族の費用負担を心苦しく思っている親世代も少なくないでしょう。

しかし、直葬なら約20万円前後で済むので、他の形式に比べて費用負担がとても軽くなります。さらに**葬祭扶助《そうさいふじょ》の範囲内で行える場合が多いので、経済的に苦しくて最低限のお葬式もできないという心配は不要です。この点が、いちばんのメリットといえるでしょう。**

Q&A ココが聞きたい！ お金がなくてお葬式ができない

Q 経済的な理由で、お葬式をどうするか困っています。

A **日本では火葬・埋葬は必ずしなければなりません。**
ここで紹介した直葬であれば負担は少なくて済みますし、それも自費では難しいようなら、葬祭扶助を申請する方法もあります。その場合、まずは自治体窓口や社会福祉事務所で相談してみましょう。簡素でもきちんと故人を送ってあげてほしいと思います。

keyword 葬祭扶助

葬祭扶助とは、生活に困窮している人（主には生活保護を受けている人）がお葬式を行う際に、国から支給されるお金です。自治体によって多少異なりますが、大人で約20万円支給されます。故人が生活保護受給者であって、**①同居の親族等葬儀を行う人がない**、**②故人の財産でお葬式を行えない**、**③喪主が生活保護受給者等**の場合は、社会福祉事務所に申請して葬祭扶助を受けることができます。

葬祭扶助の対象となるのは、遺体の搬送、火葬、納骨のために必要となる費用の範囲に限られます。そのため、僧侶へのお布施など儀礼的なものへの支払いは自己負担になります。

10 近年のお葬式④ お別れ会

故人の友人・知人に向けたセレモニー

家族葬の後のお別れ会が増えている

家族葬でお葬式を行ったため、お別れができなかった故人の友人・知人に向けて、後日「お別れ会」を設けるケースが増えてきています。**おおむね喪主（施主）が主催者となり、葬儀後2週間〜1か月後から四十九日を目安に行います。故人の知人や友人が主催者となるお別れ会もあります。**

会食しながら故人の思い出話に花を咲かせ、特に親交のあった人には故人との生前の交流を話していただくなどして、集まった人に故人とのお別れをしてもらうのが目的です。告別式とは違って宗教的な儀式ではないので、会場や服装は自由に考えてかまいません。

お別れ会を行う場所は、ホテルの宴会場やレストランなどが代表的ですが、中には故人の好きだった居酒屋で行う人もいます。最近では、ホテル側で「お別れ会」「しのぶ会」「フューネラルパーティ」などと銘《めい》打《う》ったプランを用意しているところがあるので、会場は意外と見つけやすいです。

お別れ会にかかる費用

費用としては、会場費、飲食費、祭壇・献花《けんか》の費用、返礼品（記念品）、受付などの人件費が代表的なものになります。

ホテル（宴会場利用）では、「お1人様8000円」などといった形で会場費と飲食費が含まれるプランを提供

お別れ会の準備をする

お別れ会の検討から、お別れ会当日までに準備することを以下に示します。

1 会場を探す

ポイント
- ホテルのプランを利用するか検討する。
- 思い出の場所で行う場合、貸し切りできる場所が望ましい。
- 遺影を飾る、献花などに対応可能か確認する。

↓

2 会場と打ち合わせ

ポイント
- 受付対応や飾り付け、料理などを具体的に決める。
- オプション費用がないか確認する。

↓

3 案内状を出す

しています。ただし、祭壇や遺影の飾りを設けたり、献花をしたりする場合や、集まった人たちに返礼品（記念品）を渡したい場合などは、その分の費用は別途発生します。レストランなどで行う場合は、店の貸し切り料金がかかることもあります。

どこで行うにしても、事前にどのようなことを行うかを先方に伝えて、詳細な見積りをとっておきましょう。

香典ではなく会費制が一般的

費用については、会費制が一般的で、香典は辞退するケースが多いです。あらかじめ送付する案内状（下図）に「香典は辞退させていただきます」と明記しておくとよいでしょう。

ただし、香典は渡す側の気持ちを表すものなので、どうしてもということであればありがたく受け取ります。

お別れ会の案内状（例）

お別れ会の案内状には、主に❶〜❼の内容を記載します。

お別れ会のご案内

❶ かねてより療養中であった父○○○○（故人の名前）が去る○月○日に心筋梗塞のため永眠いたしました。享年○歳でした。

❷ 故人の希望により、近親者のみで葬儀を執り行いましたが、❸ 生前親しくしていただいた皆様には「お別れ会」にご参加いただきたく、謹んでご案内申し上げます。

多用中とは存じますが、ご来臨賜りますよう、お願い申し上げます。

記

❹
日　時　令和○○年○月○日（土）
　　　　午後1時30分より受付、午後2時開宴
会　場　○○ホテル（○○区○○町○-○-○）
　　　　代表電話（03-○○○○-○○○○）
会　費　五千円 ❺（会費制のためお香典はご辞退申し上げます）

❻ 参加・欠席を明記の上、○月○日必着でご返信願います。
当日は平服でご参席賜りますようお願い致します。

❼
○○区○○町　○-○-○
電話・FAX（03-○○○○-○○○○）
喪主　○○○○

❶ 故人の名前、逝去した日時、享年を書く。

❷ 近親者のみでお葬式を行った旨を書く。

❸ お別れ会への参加を案内を書く。

❹ 日時、場所、会費を書く。

❺ 香典などを辞退するときは書き加える。

❻ 出欠をいつまでに知らせてほしいか書く。

❼ 喪主の連絡先を書く。

ポイント

- 案内は、メール、手紙、FAX、いずれの方法でもよい。
- 生前の故人との交流を話してほしいときは、「当日、メッセージ、歌、演奏などをご披露いただける方は事前にご連絡ください」と添えるとよい。
- 「平服」「普段着で」など、服装の指定をすると親切。

11

その人の個性に合わせたお葬式

近年のお葬式⑤・⑥

音楽葬《おんがくそう》・生前葬《せいぜんそう》

「自分らしさ」を演出するお葬式

近年、「自分らしさ」つまり「個性」にこだわってお葬式を考える人が増えています。中でも、読経の代わりに音楽を演奏する「音楽葬」や、本人が生きている間に葬儀を行う「生前葬」が人気です。どちらの葬儀も、その人らしさを出して、明るくお別れしたい人に向いているといえます。

音楽で故人を見送る音楽葬

音楽葬とは、ジャンルを問わず、故人が好きだった音楽で、故人を送るお葬式です（下図）。**無宗教のお葬式で、読経に代えて音楽を流したり、従来の**

音楽葬の流れ（例）

以下、無宗教で行う場合の音楽葬の例です。

1 遺族が入場　演奏

↓

2 開式
司会者があいさつする。

↓

3 黙禱《もくとう》後、故人の思い出紹介　演奏
親族が話をしたり、映像を流したりする。

↓

4 お別れの言葉　演奏
関係者代表が弔辞を述べる。

↓

5 献花・焼香　演奏
参列者が花を祭壇に供えたり焼香《しょうこう》をしたりする。

↓

6 喪主のあいさつ

↓

7 閉式
司会者があいさつする。

↓

8 出棺　演奏

▲弦楽器（バイオリン、チェロ）、フルート、ピアノなどが主に使用される。

お葬式でも、出棺時に生演奏で送ることもあります。

故人が特に音楽が好きだったなら、音楽葬を検討してみてもいいでしょう。

生前葬なら望むままのお別れができる

生前葬とは、本人が存命中に本人の意思で行うお葬式のことです。**多くはホテルやレストランなどで、お別れ会（→P.62）形式で行います**（斎場で行うこともできる）。生前葬を行った場合、実際のお葬式は遺族のみで行い、告別式は行わないのが普通です。

生前葬のメリットは、お世話になった人たちに「感謝の言葉を自ら伝えられる」ことです。また、集まってくれた親しい友人たちと思い出話ができるうえに、自分で費用を用意できるので、家族へ経済的負担をかけずに済むのもよいところです。

儀式的なことよりも、人との関わりを大事にしたい人に向いています。

生前葬の流れ（例）

以下に、生前葬の流れを示します。

1. 開式のあいさつ — 本人も参加者と一緒に着席。司会者があいさつする。
2. 本人のあいさつ — 本人が生前葬を執り行うに思い至った経緯や、人々への感謝の気持ちを述べる。

3. 記念オブジェに献花 — 参加者が花祭壇に献花を行う。

4. 会食、乾杯、友人あいさつ — 会食をする。親しい友人にあいさつをしてもらう。
5. お礼の言葉 — 親族の代表がお礼の言葉を述べる。
6. 記念撮影 — 本人を真ん中に記念撮影をする。
7. 閉式のあいさつ — 司会者があいさつする。

12

余裕を持ってお葬式を行うために

遺体のホテルを利用する

「遺体のホテル」とは

「遺体のホテル」とは、遺体の安置（保存）を目的とした葬儀施設です。「遺体のホテル」「遺体安置施設」「遺体保管施設」「フューネラルアパートメント」など、さまざまな呼び方あります。

中にはお葬式までできる施設もありますが、基本的には遺体を預かるだけの施設です（左ページ上図）。

お葬式について考える時間がつくれる

現在、日本では8割近くの人が病院で亡くなっています。大抵の場合、一時的に遺体は病院内の安置所に移動されますが、すぐに自宅か契約している葬儀社への移動を求められます。

自宅に安置する場所があればよいのですが、住宅事情からそれが難しい場合も少なくありません。そうなると、事前に葬儀社を決めておかなければ、どこにも安置できる場所がないことになります。

慌てて病院が提携している葬儀社と契約し、お葬式のすべてを丸投げしてしまうと、後々、トラブルになりかねません。

そこで頼れるのが遺体のホテルです。ひとまず、「遺体のホテル」までの搬送を葬儀社にお願いし、遺体をホテルに預けている間に、落ち着いてお葬式のことなどを遺族で話し合いましょう。**大事なのは考えるための時間を作ることです。**

また、火葬場が空くのを待たなければならないなど、通常よりも遺体の長期保存が必要とされる場合は、葬儀社が決まっていたとしても、遺体のホテルの利用を検討したほうがよいでしょう。

遺体のホテルのメリット・デメリット

遺体のホテルに預ければ、数日間とはいえ、**故人との別れをゆっくりと行えるよい機会となる**かもしれません。

しかし、**何日も預けるとかなりの出費になるのがデメリットといえます。**費用は1泊5000～3万円程度と、価格の幅が大きいので、事前に料金やサービスを比較検討しておくことが大事です。

遺体のホテルのサービス（例）

遺体のホテルは、基本的に遺体を預けるだけの施設です。遺体との面会が有料である場合もあるので、面会時間とともに必ず確認しましょう。

サービス	料金
遺体の安置	1日5千円〜1万円前後
ドライアイス	1日分（10kg程度）1万円前後
面会	無料〜5000円程度

＋

●オプションのサービス
遺体の安置などの基本のサービスに追加して、お葬式や数人でのお別れ会ができる施設もある。

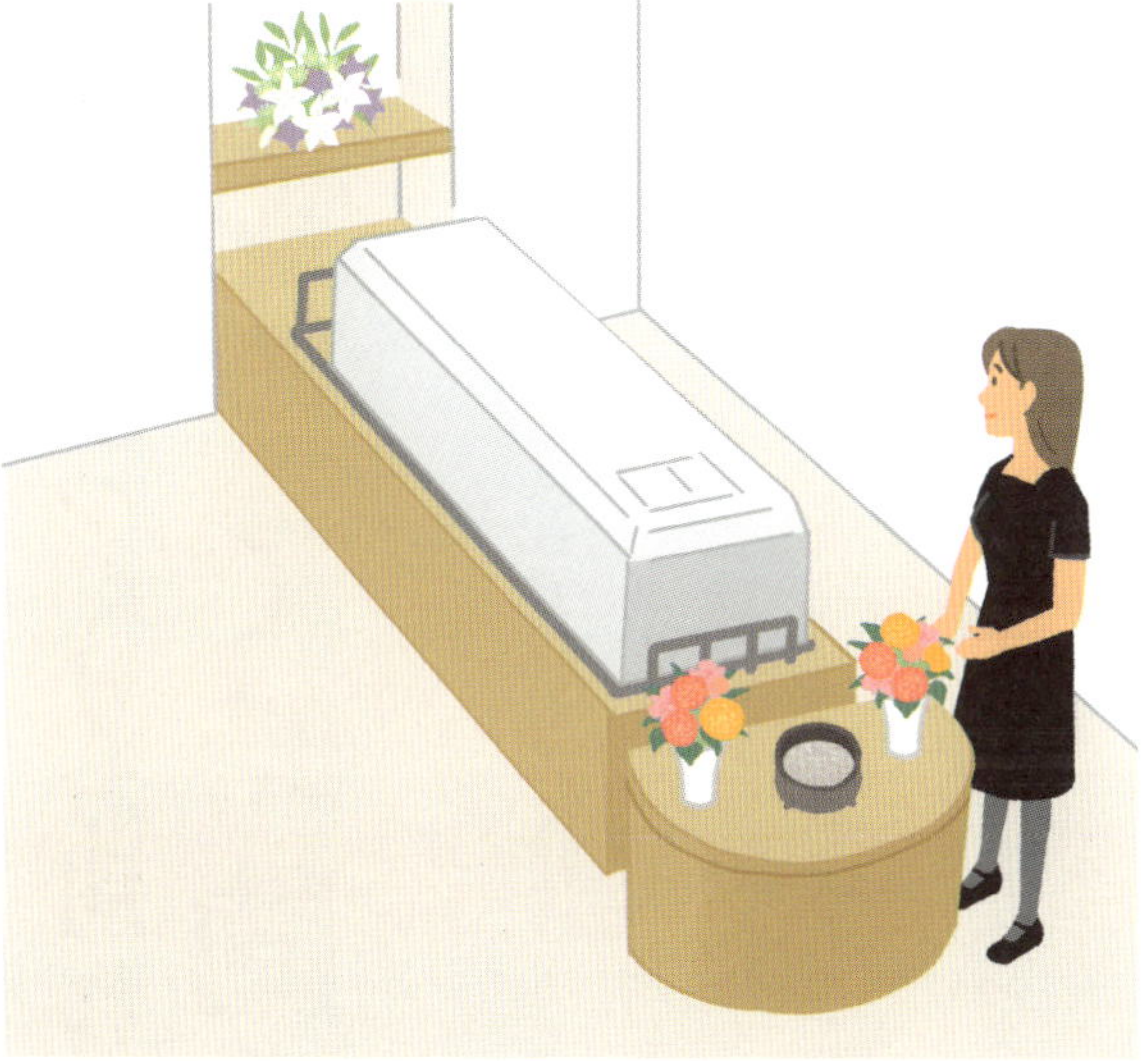

遺体の搬送に別途料金がかかることがあるので、確認しましょう。面会は、24時間いつでも対応できる施設と、時間制限のある施設があります。

先生からの大切なアドバイス

近年、人口の密集している大都市では亡くなる人の数に対して火葬場の数が不足しており、火葬場の順番待ちが発生しています。中には、火葬まで1週間〜10日も待つこともあります。特に冬場や年末など、亡くなる人が多い時期は要注意です。そんなときに「遺体のホテル」に預けることができれば、順番が来るまで、安心して待てるのではないでしょうか。

13 生前に近い姿の故人とゆっくりお別れができる エンバーミングで時間の余裕を

「エンバーミング」とは

エンバーミングとは、**遺体に科学的・医学的な処置をして長期間衛生保存する方法です。**皮膚を小さく切開して防腐液を注入し、同時に体内から血液を抜きます。そして、化粧を施して、故人のお気に入りだった洋服などを着せます。

これによって、生前の面影に近づけることができ、ドライアイスで保存するのとは異なり、まるで眠っているかのような安らかな姿を長期間とどめることができるのです。

エンバーミングを希望する場合、エンバーミングを扱っている葬儀社に依頼するのが一般的です。しかし、エンバーミングを扱っている葬儀社は増えてきているとはいえ、まだ大都市圏に偏っています。葬儀社が対応していない場合、エンバーミングだけを行ってくれる施設を利用しましょう。

それらの施設を探すには、日本遺体衛生保全協会（ＩＦＳＡ）のホームページが参考になるでしょう。

エンバーミングの費用は、おおよそ15万～25万円程度かかります。いわゆるお葬式費用とは別途でかかるものなので、事前に見積りをとって、確認をしましょう。

アメリカでは、90％以上の遺体にエンバーミングを施しますが、日本ではまだほとんど普及していません。日本では、亡くなってから日を置かずに火葬するため、遺体を長期にわたって保

keyword 日本遺体衛生保全協会（IFSA）

日本遺体衛生保全協会（IFSA）は、日本におけるエンバーミングの実施・普及を目的としてつくられた団体です。IFSA のホームページ（http://www.embalming.jp/）では、エンバーミングを行う施設を全国約70か所あげています。最寄りの施設でエンバーミングを行っているか知りたい場合などに活用するとよいでしょう。

存する必要があまりなかったためです。加えて、遺体を多少でも傷つけることに対する嫌悪感があることも理由としてあげられます。**遺体に手を加えることを嫌う遺族もいるので、エンバーミングを施す場合は、事前にしっかりと話し合う必要があります。**

時間に縛られないお別れのために

エンバーミングを行うことで、火葬のスケジュールを気にせず、ゆっくりお別れできるというメリットがあります。家族が海外などの遠方にいて、お葬式に来るのに時間がかかる場合などにもおすすめです。

また、防腐処理されているので安心して遺体に触れることができ、棺に納めずに布団に寝かせた、より自然な状態でお葬式を行うこともできます。エンバーミングによって、時間だけでなく、遺族の気持ちにも余裕ができるでしょう。

Q&A ココが聞きたい！ エンバーミングで保存できる期間

Q エンバーミングを施《ほどこ》すと、遺体はどれくらい保存できますか？

A 一般的には10日～2週間程度保存して、火葬を行います。

実際にはそれ以上の長期保存も可能です。ただし、エンバーミングを行っている機関※の自主基準に基づき、50日以内に火葬を行うことがエンバーミングの条件になっていることもあります。

エンバーミングをしていても、乾燥などで徐々に安らかな姿を保てなくなります。故人のためにも、そうなる前に、お別れをしてあげましょう。

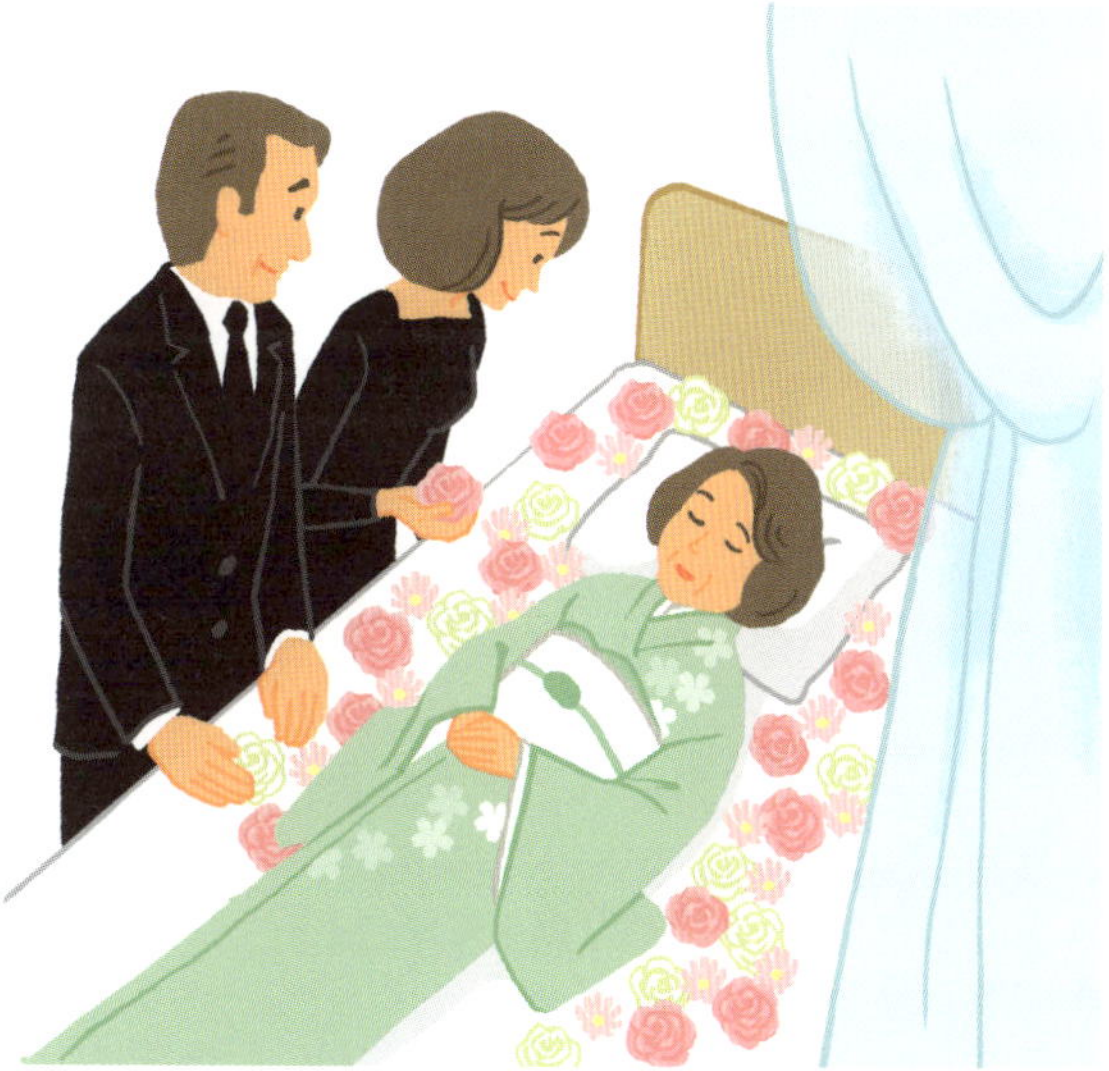

※日本遺体衛生保全協会（IFSA）

14

事前にお葬式の費用を準備する

互助会、葬儀社の会員制度、葬儀保険を利用する

親と一緒にお葬式の費用を考える

親世代の中には、子どもに負担をかけたくないと考え、自分でお葬式の費用を準備しようとする人も増えています。準備の方法を一緒に考え、不安を取り除いてあげましょう。できれば契約する際にも同席し、サポートしてあげるとよいでしょう。

お葬式の費用は現金で用意する他に、次の3つを利用して確保することもできます。それぞれのメリットとデメリットを理解した上で自分たちに合った方法を選ぶことが大切です（下図）。

①互助会

「互助会」とは、**月々積み立てをし、お葬式の際に積立金が葬儀費用の一部**

●葬儀保険

月々の支払いが一定、保険金額が一定という２つのタイプがある。

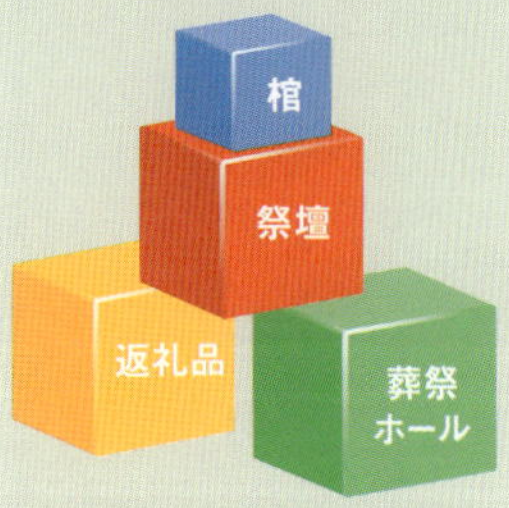

○メリット

- 高齢（80歳など）でも加入が可能。
- 少額から始められる。
- 月々の保険料（保険会社、年齢、性別によって異なる）を支払うことで、保険金額が数十万～300万円程度と充実している。
- 生命保険より早く受け取れ、葬祭費用に充当しやすい。

×デメリット

- 満期金《まんききん》、解約返戻金《かいやくへんれいきん》はないので、途中解約すると損をする。
- 生命保険や損害保険《そんがいほけん》と比べると、商品の数が少ない。

高齢になると心配が先行して、内容を理解しないまま互助会や保険商品を一人で契約してしまうこともあります。一時期、互助会の解約トラブルが大きく取り上げられたこともありました。メリット・デメリットを見きわめるには、子ども世代の協力も必要です。できれば一緒に説明を聞いてあげて、納得の上で入会するようにしましょう。

に充当されるシステムです。

互助会に入りたいときは、会社や団体の福利厚生担当や近隣の葬儀社に問い合わせましょう。

②葬儀社の会員制度

多くの葬儀社で会員制度を設けています。**会員になると、葬儀費用の割引などの特典があります。**

最近は、葬儀社の生前契約プランを利用して支払いまで済ませておく人もいます。前払いをした場合は、「プラン変更の場合はどうするか」「他社で葬儀を行ったとき、解約料は戻るのか」などを明確にしておかないと、お葬式のときにトラブルになる恐れがありますので注意してください。

③葬儀保険

「葬儀保険」とは、**高齢でも入れる少額短期保険の商品の一つ**で、月々保険料を支払います。

親がせっかく保険に入っていたのに、家族が知らずに請求できないということもあります。生前に加入の有無を確認しておきましょう。

互助会、葬儀社の会員制度、葬儀保険のメリット、デメリット

以下に、「互助会」「葬儀社の会員制度」「葬儀保険」のメリット・デメリットを示します。

●互助会

月々の積み立てが必要。葬儀費用の一部を積立金で充当できる。

○メリット

- 葬儀費用の割引などの特典がある。
- 葬儀費用以外にも、仏壇の購入費や、冠婚葬祭《かんこんそうさい》に関して広く使える。
- 加入者以外、家族にも特典がある。
- 設備が整った葬祭ホールを持っていることが多い。

×デメリット

- 積み立てしたお金は、あくまで葬儀費用の「一部」（全額はまかなえない）。足りない分は追加の支払いが必要。
- 解約手数料がかかる（中には積立金の半分しか戻ってこないこともある）。
- 決まった葬儀プラン、葬祭ホールしか選択できないことが多い。

●葬儀社の会員制度

各葬儀社が自由に設けている制度。会員になることで葬儀費用の割引などの特典がある。

○メリット

- 気に入った葬儀社の会員になれる。
- 入会金（500～1万円程度）を払えば、葬儀費用が割引される。
- 気が変わったら別の葬儀社の会員になるのは自由。

×デメリット

- 入会を強引にすすめられて困惑することがある。
- 葬儀費用の割引があるが、割引の根拠が不明な点がある（もともとの価格設定が高すぎるのではないかという不安もある）。
- 葬儀社に個人情報が把握されることになる。

15

お葬式の前に必ず連絡をする

菩提寺について考えておくこと

「菩提寺」とは

「菩提寺」とは、**一家のお葬式や、その後の法要をお願いするお寺のこと**をいいます。家のお墓が、お寺の境内にあれば、そのお寺が菩提寺です。また、家のお墓は公営墓地にあるけれど、先祖代々の墓がお寺にある場合、先祖代々のお墓のあるお寺が菩提寺となります。

そして、菩提寺に所属する家のことを、「檀家」といいます。菩提寺と檀家との関係は、原則として、お墓を継承する人がいる限り続きます。

お葬式は、菩提寺の宗派の作法に則って行い、法要も菩提寺の僧侶によって行うのが基本です。

Q&A ココが聞きたい! 菩提寺へのあいさつ

Q 両親が高齢なので、今後の相談も含めて菩提寺にあいさつに行こうと思います。長男が行くべきですか?

A **長男に限る必要はありません。**

あいさつには、お墓を継承する予定の人が行くのが望ましいです。その方が今後、菩提寺との関係もうまくいくはずです。年始や年末のあいさつの際に少額の現金を包む、また手土産を渡すなどの習慣があれば、それに倣《なら》います。これは両親に確認してみましょう。

お墓参りの際にお寺にも寄って、日頃の供養のお礼を伝えるなど、日頃から顔を合わせるようにしておくと、お墓に継承もスムーズにいくでしょう。

菩提寺にお葬式をお願いする

菩提寺にお葬式をお願いする場合、なるべく早く連絡をします。その際、**故人の名前、生年月日、享年、死亡時間などを伝えます。**

通夜や葬儀の日程を決める際には、菩提寺の予定、火葬場のスケジュール、葬祭ホールの空きなどの調整が必要です。そのため、できるだけ早く連絡することが大事です。

故人の生前の人柄などを伝え、戒名をさずかります。戒名は、宗派によっては法名・法号ともいいます。

お布施の金額は、家族や親族に聞いてみましょう。もしわからなければ、僧侶に直接聞いてみましょう。「他の檀家さんはおいくらくらい包まれていますか？」と尋ねれば教えてくれることもあります。

また、遠方から出向いてもらう場合、交通費などは喪家《そうけ》が負担することになります。

菩提寺以外の僧侶にお葬式を頼む場合

本来であれば、菩提寺の僧侶に導師をお願いすることが望ましいのですが、現実的には、アクセスや予算、本人の意思などのさまざまな理由で、菩提寺にお願いしないことも多いものです。

菩提寺へは、お葬式を行う前に必ず連絡をして、呼ばない事情を説明しましょう。その際には、**お葬式には来ていただかないけれども、今後の供養はお願いしたい**ということをきちんと伝えるようにしましょう（下図）。

たとえ形だけのものでも、この連絡を欠いてしまうと、後日トラブルになってしまうことがあります。

菩提寺の僧侶を呼ばない場合、**菩提寺からお葬式をあげる葬祭ホールの近くで、同じ宗派の僧侶を紹介してもらってお葬式を済ませる**ことが多いです。

あるいは、葬儀社に頼んで同じ宗派の僧侶を派遣してもらうこともできます。

使える! フレーズ　菩提寺の僧侶に来てもらわない場合

遠方にある菩提寺に対して、自分の生活圏でお葬式をする旨を連絡するときは、次の2点を伝えます。

❶葬儀を近所で行うこと　❷納骨以降は菩提寺にお願いすること

喪主

いつも○○家の供養を賜り、ありがとうございます。
この度父○○が亡くなりました。
葬儀は父の住まいの近くで執り行う予定です。―――❶

本来であれば、ご住職にお越しいただきたいところではありますが、遠方となりますため、
納骨の際に改めてご住職にもお経をあげていただきたいと思います。―――❷

【喪家(そうけ)】お葬式を行う家・家族のこと。

16

お墓の基本知識をおさえる
自分たちに合ったお墓のかたち

お墓は〝買えない〟？

よく「お墓を買う」といいますが、実際にはお墓は買えません。というのも、お墓は、墓地を所有している経営者（管理者）に土地の「使用許可」をもらい、「墓石」を買ってお墓を建てる、という二重の構造になっているからです。要するに**実際に買えるのは「墓石」だけで、土地はあくまでも借りもの。継承されるのは、お墓を使用する権利です。**

経営者によっては、墓石のタイプやデザインに制限があります。

お寺にお墓がある場合は、お寺に使用料を支払います。その原則として檀家になるため、お寺への寄付や活動の

お墓の経営者（管理者）

お墓の経営者（管理者）は、3つに分けられます。お墓の経営者によっては、墓石のタイプやデザインに制限があります。

宗教法人（寺院墓地）

仏教の場合は寺院墓地と呼ばれる。お寺の境内にある墓地を利用するには、原則そのお寺の檀家となることが必要。継承者がいることを前提とするお墓なので、後々までお墓を継いで守ってくれる人がいないと、無縁墓として処分されてしまうこともある。

公益法人（霊園）

霊園と呼ばれる（一部の宗派を問わない宗教法人が経営する墓地も霊園と呼ばれる）。宗派を問わないので、仏教・神道・キリスト教・無宗教いずれの人も利用できる。墓石の形も自由でよいことが多く、使用期間を決めることで、継承を前提としない墓地も多数ある。

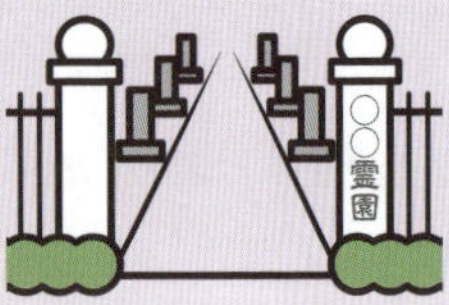

地方自治体（公営墓地）

公営墓地や公営霊園と呼ばれる。宗派を問わず、経営が安定していること、比較的安価であることが魅力。しかし、「その自治体に一定期間居住していること」や「既に遺骨が手元にあること」など、資格制限が設けられている。数も少ないので、人気の公営墓地は20倍もの抽選倍率になることもある。

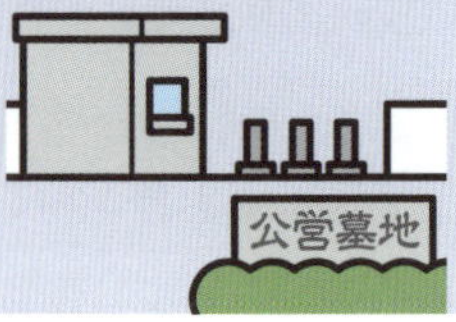

支援（掃除など）にも協力することになります。経営者が地方自治体などの場合は、そういった義務は発生しません。

継承が必要なお墓と継承が不要なお墓

お墓は、継承者がいることが前提の「家墓《いえはか》」が一般的でしたが、近年は少子化や核家族化を反映して、いろいろなお墓があります。

お墓のタイプは、「継承が必要なお墓」と「継承が不要なお墓」とに大きく分かれます（下図）。名前だけではどんなお墓か判断が難しいものもあるので、内容をしっかり確認しましょう。

また、**お墓を決めるまでは本人ができても、お墓を維持して守っていくのは残された家族です。**本人の希望だけで決めると後で家族が困ることになるかもしれないので、永代供養墓《えいたいくようぼ》やいずれ合葬されるお墓を選択する場合は、よく相談することが大切です。

お墓のタイプと関係性

お墓には、継承を前提とするお墓と継承を前提としないお墓があります。

継承が必要なお墓

●家墓
家墓先祖代々受け継がれてきたお墓。「□○家代々之墓」と墓碑銘《ぼひめい》が刻まれていることが多い。子孫が継承する。

●両家墓《りょうけばか》
２つの家が入るお墓。一人っ子同士の結婚などで、夫婦がそれぞれの家墓を管理する負担を減らすことができる。

継承が不要なお墓

●個人墓《こじんばか》
１人（個人）で入るお墓。夫婦墓と同様に、継承を前提にせず、永代供養墓にすることが多い。

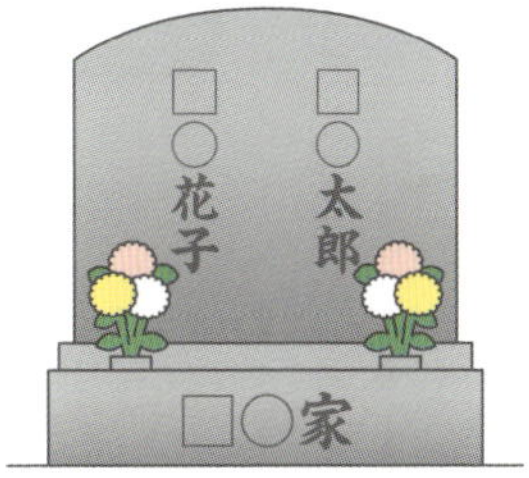

●夫婦墓《ふうふばか》
家のお墓ではなく、夫婦２人のお墓。墓碑銘も自由に決められ、夫婦２人の名前や好きな言葉を刻むことが多い。

●永代供養墓（合葬墓《がっそうぼ》）
継承者がいなくても、墓所の管理者が供養と管理を行ってくれるお墓。個人でも夫婦でも入れる。

●共同墓《きょうどうぼ》
共通の思想や宗教、目的を持った個人が集まって入るお墓。合葬されるという点で永代供養墓と似ている。

17 自分に合うお墓を選ぶ チャートでわかるお墓選び

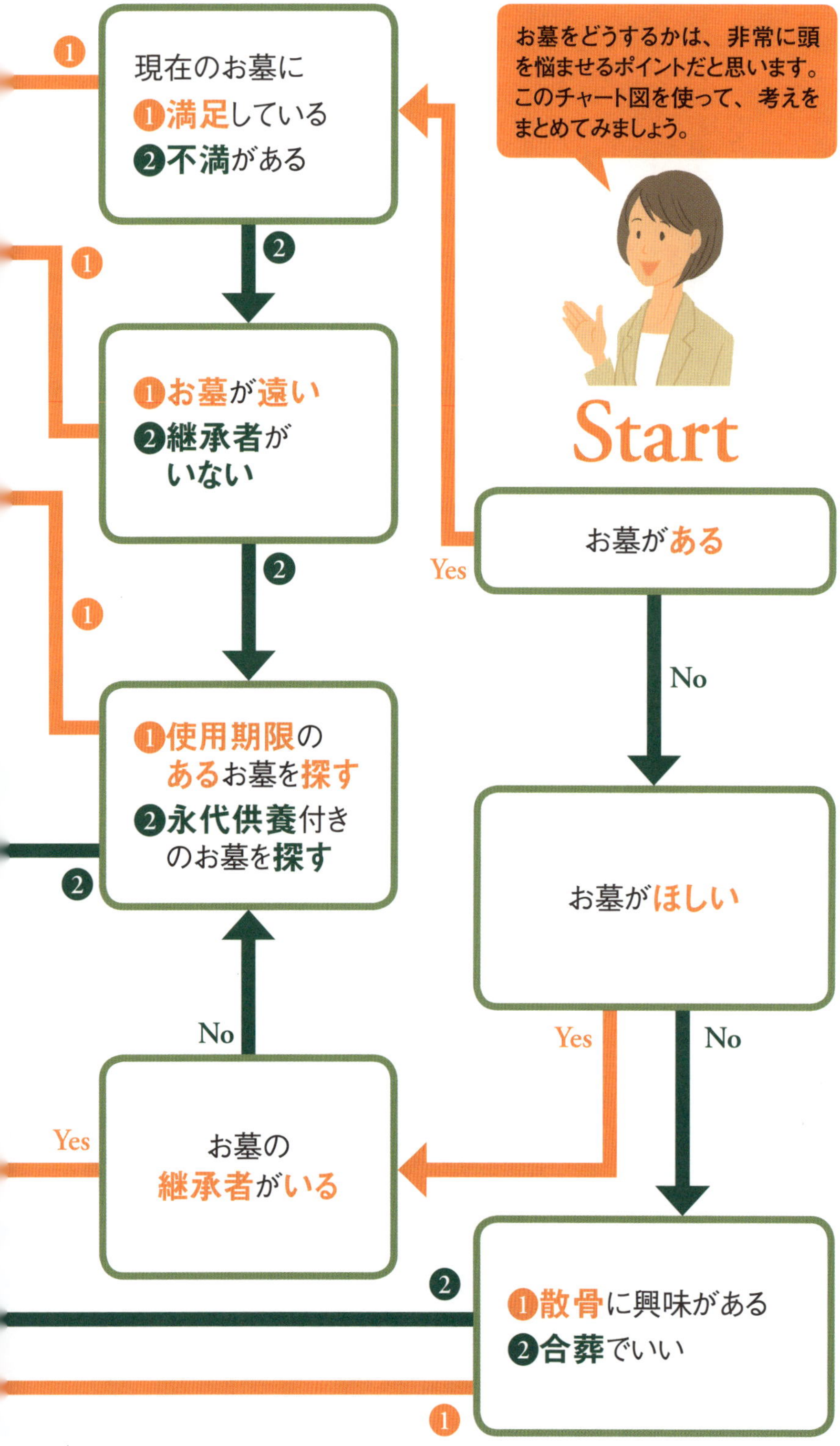

お墓があり、満足しているようなら、問題ありません。親と子で今一度、**引き継ぎ**についての確認をしてみましょう。

現在の生活圏にお墓を移すことが考えられます。**改葬**や**分骨**といった手続きを考えてみましょう。

改葬▶P.82　分骨▶P.86

寺院墓地ではなく、自由なお墓を選択できる**公営墓地**、**霊園**がおすすめです。**継承者が不要**でもよいお墓を選択しましょう。

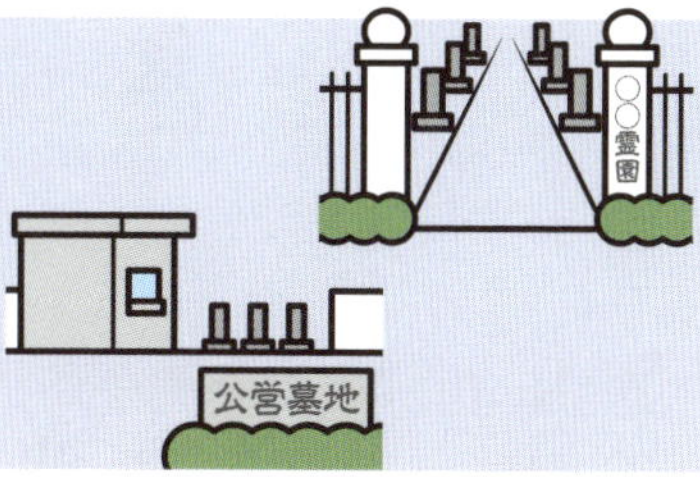

最終的に**合葬**を望むなら、**納骨堂**や**共同墓**がおすすめです。

納骨堂▶P.78

寺院墓地の中には、**永代供養**付きのものがあります。菩提寺に相談してみるか、あるいは新たに購入を考える場合はお寺に問い合わせてみましょう。

お墓の継承者がいて、守っていくことを前提にしているならば、**寺院墓地**がよいでしょう。

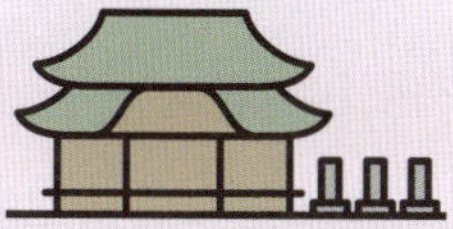

仏教以外を考えるのであれば、**公営墓地**や**霊園**を考えてみましょう。

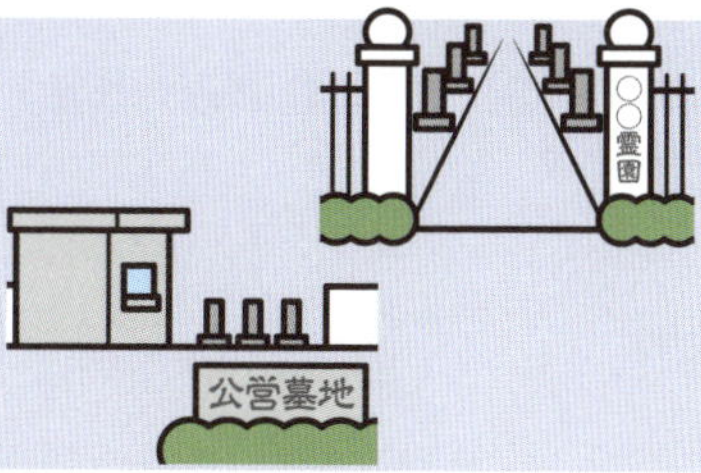

最近では、**散骨**や**樹木葬**を選択する人も増えています。

散骨・樹木葬▶P.80

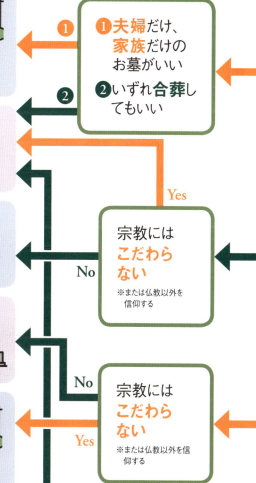

❶**夫婦**だけ、**家族**だけのお墓がいい

❷いずれ**合葬**してもいい

1 → 公営墓地、霊園
2 → 納骨堂や共同墓

宗教には**こだわらない**
※または仏教以外を信仰する

Yes → 納骨堂や共同墓
No → 寺院墓地（永代供養）

宗教には**こだわらない**
※または仏教以外を信仰する

No → 寺院墓地
Yes → 公営墓地や霊園

18

継承者問題や利便性から選択する人が増加

お墓を建てない選択①

納骨堂

一代限りでも利用できる「納骨堂」

「納骨堂」とは、遺骨だけを収蔵する施設です。経営母体は、宗教法人、地方自治体、公益法人などがあります。

一般的なお墓は代々継承されることが前提で作られていますが、**近年、お墓の継承者がいないなどの問題から、一代限りで利用できる納骨堂を選択する人が増えてきました。**

納骨堂のタイプには、仏壇タイプ、墓石タイプ、ロッカータイプ、位牌タイプ、機械式タイプなどがあります（左ページ）。墓石はありません。

都心部や比較的駅に近い場所にあるため、アクセスの良さを求める人に人気です。

納骨堂を選ぶときに考えたいこと

ほとんどの納骨堂が「夫婦のみ」「夫婦と子どものみ」など、一代か二代の使用期限を設けています。**継承を目的としない永代供養を前提としているので、いずれは他の遺骨と合葬することになります。**

合葬された遺骨は、納骨堂の管理者が契約に従って責任を持って供養を続けてくれます。合葬の時期は、十三回忌だったり、20年後だったりと、施設によりまちまちです。ただ、一度合葬されれば後で遺骨を引き取ることは難しいので、家族とよく相談して決めましょう。

納骨堂にかかる費用（例）

納骨堂にかかる費用には、❶使用料と❷年間管理料の2種類あります。ただし、経営母体によって費用は大きく異なります。

❶使用料

納骨堂を使用する人数（納骨される人数）、使用期間によって異なる。永代使用料といういい方をすることもある。

❷年間管理料

使用料とは別に発生する費用。

●公営納骨堂（多摩霊園みたま堂）の費用例

1 使用料	2人用▶24万3000円 4人用▶32万4000円 6人用▶40万5000円
2 年間管理料	2人用▶3010円 4人用▶4020円 6人用▶5030円

資料：東京都の公営墓地使用料（2017）

納骨堂のタイプ

納骨堂の代表的なものは、以下の５種類です。

●仏壇タイプ

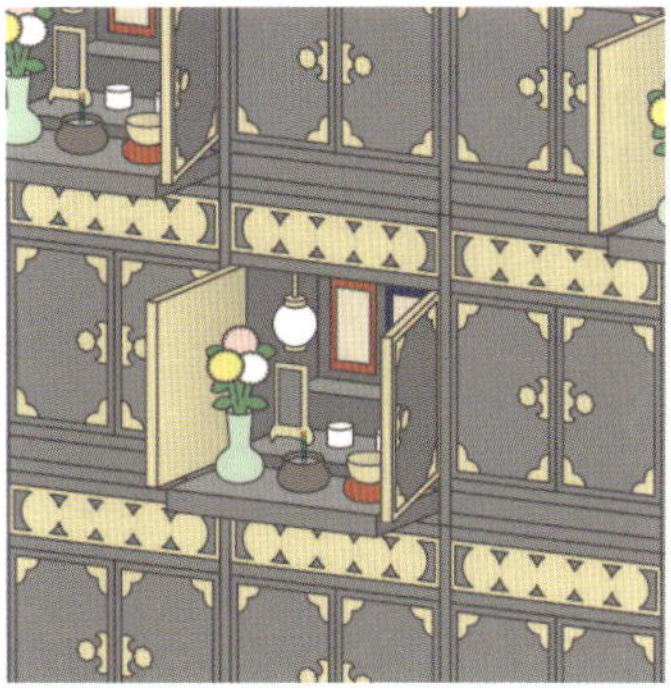

仏壇と納骨のスペースがセットになっている。他のタイプに比べ独立性が高い分、料金も高め。

●位牌タイプ

並んだ位牌にお参りをするが、実際の遺骨は別の場所に保管されているところもある。

●ロッカータイプ

ロッカーの様な設備に遺骨が納められている。比較的安価なのが特徴。

●お墓タイプ

お墓のミニチュア版のような仕様。生花や線香を供えることができるところもある。

●機械式タイプ

機械式駐車場のように、呼び出すことで、お参りスペースに遺骨が自動的に移動してくる。

納骨堂は、一般的な墓地に比べて費用が安いのが特徴です。お墓はいらないけれども、故人をしのぶよりどころはほしい、という人に向いているといえます。施設によっては、お花や線香などが禁止されていることもあるので、契約の前に管理者の説明をよく聞きましょう。

19

近年人気の自然葬

お墓を建てない選択②・③

散骨・樹木葬

海や山に遺灰を還《かえ》す「散骨」

「散骨」とは、**遺骨を粉砕して海などにまく**ことです。海に散骨することを「海洋葬《かいようそう》」ともいいます。

墓標《ぼひょう》となる樹木の根元に散骨する方法もありますが、樹木葬と違い、遺骨は埋めません（下図）。

なお、粉骨から散骨までの一連の流れを事業者に依頼するか、粉骨のみを依頼して、自分たちで散骨する場所を選ぶかによって費用は変わってきます。

また、**遺骨のすべてを散骨してしまうと、法要などの際に故人のよりどころとなるものがなくなってしまいます。**遺骨の一部を小さな骨壺やペンダント型のケースに入れ、供養する「手元供養」も考えてみてください。

散骨にはマナーがある

散骨は許可制ではないため、中にはマナーを守らない事業者も存在します。過去には、そういった事業者とのトラブルや近隣住民からの苦情も少なくありませんでした。いいかげんな事業者を選ばないように次の2つに注意してください。

①遺骨はパウダー状に粉砕する

②海水浴場や漁場区域、私有地、人家の近くでの散骨はしない

自分たちで散骨する場合も同様です。

散骨と樹木葬の違い

散骨と樹木葬の違いを以下に示します。

●散骨

散骨は、遺骨を粉砕し、樹木の根元にまく。

●樹木葬

樹木葬は、遺骨を樹木の根元に埋める。

自然の中に遺骨を埋葬する「樹木葬」

「樹木葬」とは、**墓標として植えた樹木の根元に遺骨を埋葬する**ことです。

散骨と似ていますが、遺骨をまくのではなく「埋葬する（埋める）」ところ、またその埋葬場所は許可された寺院や霊園の中、という点で異なります。

さらに、一般的なお墓と同様に、使用料や管理料の費用がかかります。

ただし、墓石がないこと、使用する区画が通常のお墓より小さいことなどのため、費用総額はおさえられます。

自然回帰《しぜんかいき》の思想から人気に

1人に対し1本の樹木を植える場合もあれば、家族ごとや夫婦ごとに1本の樹木を植える場合もあります。また、他の人と合葬され、中央にシンボルとなる樹木を植える場合もあります。

一般的に、**遺骨はカロートには入れないので、いずれ土に還ります。**

自然に還ることができるという自然回帰の思想から人気が出てきていて、たとえば都営の樹木葬施設は、抽選倍率が例年10倍前後になるほど人気です。

散骨（海洋葬）のイメージ

遺骨と共に花びらを撒いて献花することもあります。

樹木葬のタイプ

樹木葬のタイプは、以下の2つが代表的です。

●合同型

◀樹木の下に合葬されるタイプ。

●区画型

◀区画されて、石のプレートを置くタイプ。カロートはないので遺骨は土に還る。

20 お墓の維持が難しくなったときの対応①
改葬をする

お墓の引っ越し「改葬」

改葬とはお墓を移すことで、いわば「お墓の引っ越し」といえます。

改葬をする理由は人それぞれですが、「お墓が遠方にあるため、お墓参りや維持・管理が難しくなったこと」を理由に改葬する人が多いです。

改葬の方法は、墓石ごと別の場所に移すやり方や、遺骨だけを移動するやり方があります。遺骨だけを移動する場合は、別の墓地に新しい墓石を用意し、古い墓石は撤去し、更地にして、管理者へ返します。

親族や菩提寺と相談のうえ、改葬の手続きを進めましょう（左ページ）。

改葬にかかる費用

既存のお墓に改葬する、または墓石ごと改葬する場合を除き、改葬は、お墓を1つ新しく用意する上に閉眼《へいげん》供《く》養《よう》・開眼《かいげん》供養《くよう》なども行うため、多額の費用がかかります。また、菩提寺から離壇することになると、いわゆる「離壇料」を要求されることがあります。

「離壇料」は、これまでの菩提寺へのお礼の気持ちを表すお布施と考えれば、本来的には「気持ち」を表す程度の金額でよいといえます。また、閉眼供養などのお布施や、石工事の手配に対するお礼を包んでいれば、あらためて「離檀料」を払う必要はないともいえます。

改葬にかかる費用の内訳

改葬には、高額な費用がかかります。事前に親族など周囲の人と十分に話し合い、菩提寺へも相談してから、新たな移転先のお墓の購入などに取りかかりましょう。

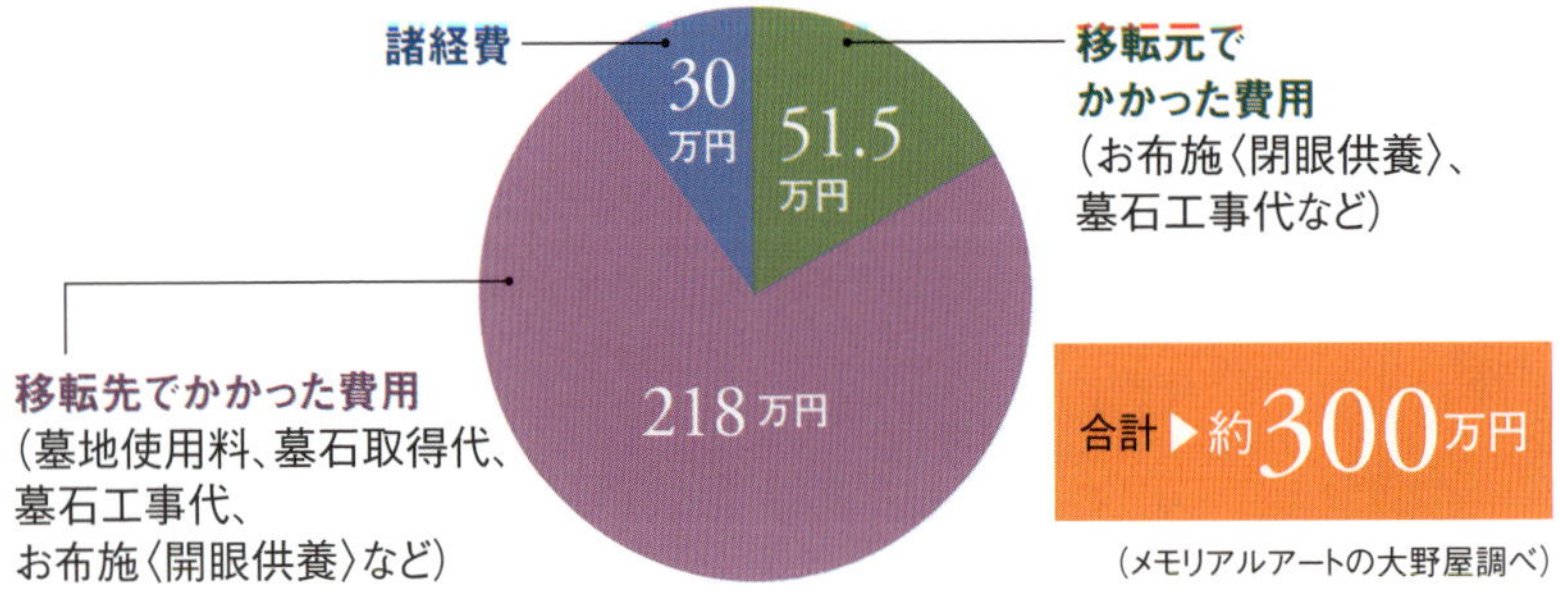

（メモリアルアートの大野屋調べ）

【閉眼供養（へいげんくよう）】 墓石を動かしたりする前に、礼拝対象としてのお墓から魂を抜き、ただの墓石に戻すための儀式。僧侶にお経をあげていただく。

改葬の流れを知ろう

改葬の手続きと流れは以下のようになります。

1 親族や菩提寺に相談、了承を得る

↓

2 新しいお墓を用意する

「使用許可書」「受入証明書」など、新しいお墓が使用できることがわかる書類をもらっておく。

↓

3 現在のお墓がある市区町村役場で**改葬許可申請書**をもらう

申請書は自治体のホームページからダウンロードできるところもある。

↓

4 現在のお墓の管理者に**埋葬・埋蔵証明**をしてもらう

寺院墓地の場合、住職が管理者。

↓

5 4の証明がついた**改葬許可申請書**を現在のお墓がある**市区町村役場**に提出。**改葬許可証**を発行してもらう

改葬許可申請の手数料は、400円前後。

↓

6 遺骨を取り出す

業者に依頼して墓石を撤去。すべての遺骨を移す場合は、閉眼供養を行う。更地にして管理者に永代使用権を返納する。

↓

7 新しいお墓の管理者に**改葬許可証**を提出し、**納骨**する

新しいお墓に納骨する場合は、開眼供養を行う。

【開眼供養(かいげんくよう)】墓石を礼拝の対象とするための儀式で、納骨式と併せて行われることが多い。僧侶にお経をあげていただく。

21 お墓の維持が難しくなったときの対応②
墓じまいをする

お墓を手放す「墓じまい」

「墓じまい」とは、お墓を撤去し、その後もお墓を持たないことをいいます。近年、継承者がいないためにお墓の維持・管理ができなくなり、墓じまいをする人が増えています。

　墓じまいをした後、遺骨は多くの場合、永代供養をしてくれる納骨堂や合葬墓に預けられます。納骨堂もいずれ合葬されるので、最終的には個別のお墓や墓標はなくなります。また、散骨して一切を手元に残さない選択をする人もいます。

　お墓から遺骨を出すには、**改葬許可が必要で、基本的な手続きは改葬と同様です。**

改葬・墓じまいで気をつけたいこと

改葬や墓じまいをする場合、菩提寺の住職への相談の仕方を誤るとトラブルになることもあります。先に述べた「離壇料」として多額の金銭を要求され、それに応じないと埋蔵証明書に署名をしてくれないなど、お墓を人質に取られて大変な苦労をすることもあるようです。

　菩提寺とのトラブルを避けるには、コミュニケーションが大事です。せめて、年忌法要やお彼岸などの際には、お墓の継承者があいさつをし、事前にお墓を守る人がいなくなることやその不安を伝えておくとよいでしょう。

　守る人がいなくなれば、お墓が荒廃《こうはい》

墓じまいの流れと遺骨の主な行き先

墓じまいをするには、次の 1 ～ 4 の手続きをする必要があります。

1. **菩提寺から埋蔵証明書をもらう**
2. **埋蔵証明書と改葬許可申請書を市町村役場に提出**
3. **市町村役場から改葬許可証をもらう**
4. **遺骨を取り出し、閉眼供養をする**

↓

手元供養 ／ 散骨 ／ 永代供養墓 ／ 納骨堂

します。それは、お寺にとっても望ましいことではありません。双方にとって必要な手続きであることをわかってもらえるよう、配慮しましょう。

また、お寺がらみのものだけでなく、親族とのトラブルも多いものです。

事前に、改葬・墓じまいを考えていること、その遺骨の行き場などを、親族にきちんと説明しておきましょう。もし、親戚がお墓を継承したいというなら、任せられるようにお墓の管理者とも相談が必要です。

先生からの大切なアドバイス

離壇料をめぐるトラブルは、菩提寺側の意向やそれまでの菩提寺との関係などもからんで、単純に金額が高い、安いと判断できません。

トラブルになりそうな場合は、第三者である行政書士などの専門家に、間に入ってもらうのも一つの手です。もしくは、お寺と良好な関係の親戚に同席してもらうなど、落ち着いて話ができる環境を作りましょう。

使える! フレーズ　改葬・墓じまいを相談する

菩提寺や親戚にきちんと改葬や墓じまいの必要性を説明して、納得してもらいましょう。菩提寺への相談は、電話ではなく直接出向きましょう。伝えるポイントは次の3つです。

❶継承者がいない、地理的な理由で供養が難しいなど、
改葬は仕方のないことだと納得してもらえるような理由を伝える
❷あくまで相談というかたちで、決定事項として伝えない
❸遺骨の行き先も考えていることを伝える

●菩提寺に改葬を相談する

檀家

日頃は、先祖の供養を賜り、誠にありがとうございます。

実は今度、家を処分して夫婦で老人ホームに入居することにしました。年をとって健康にも不安がありますし、独立した子どもたちの世話になるよりは、夫婦でのんびり余生を過ごそうと考えております。――❶

そこで、大変心苦しいのですが、改葬をご相談したいと思い、お伺いさせていただきました。――❷

老人ホームの近くに霊園があり、いつでもお墓参りができるその場所に、御先祖様の遺骨を移したいと考えています。――❸

●親戚に墓じまいを相談する

墓守り

お墓を継いでくれる子どもがいないので、○○家の墓を墓じまいしようと思っています。――❶

遺骨は、自宅から近い納骨堂に永代供養をお願いしようと思っていますが、――❸

ご意見やご希望を頂戴できればと思います。――❷

22 誤って納骨できなくなることもあるので慎重に 分骨をする

分骨をして身近な場所で供養する

「分骨」とは、遺骨を分けて別々の場所で管理・供養することです。

兄弟姉妹が、それぞれのお墓に親の遺骨を納めたいときなどに分骨することがあります。

分骨のタイミングと手続き

分骨には、2つの方法があります。**①納骨の前に分骨する場合**と、**②納骨した後に分骨する場合**です。

どちらの場合も「分骨証明書」が必要で、これがないと、その後にどこにも納骨できなくなってしまうことがあります。

①納骨の前に分骨する場合

納骨する前に分骨することが決まっている場合、火葬場で「分骨証明書」を発行してもらいます。分骨証明書は、新しく別のお墓に納骨する際に必要になります。改葬と違って、市区町村役場の許可はいりません。

火葬の際には遺骨を納める骨壺を2つ以上用意して、その場で遺骨を分けます。

②納骨した後に分骨する場合

既に納骨してある遺骨を分骨するには、お墓の管理者（菩提寺の住職など）に「分骨証明書」を発行してもらいます。

公営墓地の場合は分骨証明書をもらえば手続きは終了ですが、寺院墓地では、分骨式と呼ばれる儀式を行うこと

先生からの大切なアドバイス

手元供養は、お墓などに納骨するわけではないので、分骨証明書を提出する必要はありません。しかし、いつか納骨したくなったときに、分骨証明書がなければ納骨できません。簡単に再発行してもらえるものではないので、きちんと管理しておきましょう。

◀分骨証明書

もあります。

いずれの場合も、遺骨を取り出すにはカロートを開けるため、事業者に依頼が必要です。事前にお墓の管理者と段取りを確認しておきましょう。

分骨の費用

分骨にかかる費用は、分骨証明書の手数料、事業者に支払う料金、お寺に支払うお布施（年忌法要の金額が目安）、分骨後に納めるお墓や納骨堂の費用などです。分骨証明書の手数料は、公営墓地の場合は数百円です。その他のお墓の場合は、管理者によって異なります。

寺院墓地の場合、分骨式を併せて行うこともあります。その場合、証明書手数料というよりは、お布施として法要と同じくらいかかると考えておいたほうがよいでしょう。

分骨した遺骨を納めるお墓や納骨堂を新しく求める場合、その分の費用がかかります。一方、手元供養であれば、それほど費用はかかりません。

納骨した後に分骨をする場合の手続きの流れ

以下は、納骨後に分骨をする場合の手続きの流れです。

1 お墓の管理者に分骨証明書を発行してもらう

分骨証明書に決まった様式はない。記入内容は主に、故人（対象の遺骨）の氏名、死亡時の住所・本籍、生年月日、申請者の住所など。

分骨証明書

2 分骨する

僧侶に分骨式などを執り行ってもらう場合もある。

3 移転先のお墓などに納骨する

移転先に「分骨証明書」を提出する。納骨する際には法要を行ってもらう。

【カロート（かろーと）】 墓石の下にある、遺骨を納めるところ。カロートの底は、遺骨を土に還すため土にしているもの、骨壺のまま納めるための石やコンクリートにしているものとがある。

第 3 章

危篤から通夜までの対応

この章では、危篤から葬式までにすることを時系列で紹介しています。
臨終後、いちばん迅速さを求められるのは「病院からの遺体の搬出」です。
事前にお葬式の準備ができなかったとしても焦らず、
「遺体をどこに運ぶのか」「お葬式をどこで行うか」など、
1つ1つ決めていきましょう。

危篤から通夜までにすること

危篤

▼ 危篤を知らせる ▶P.90

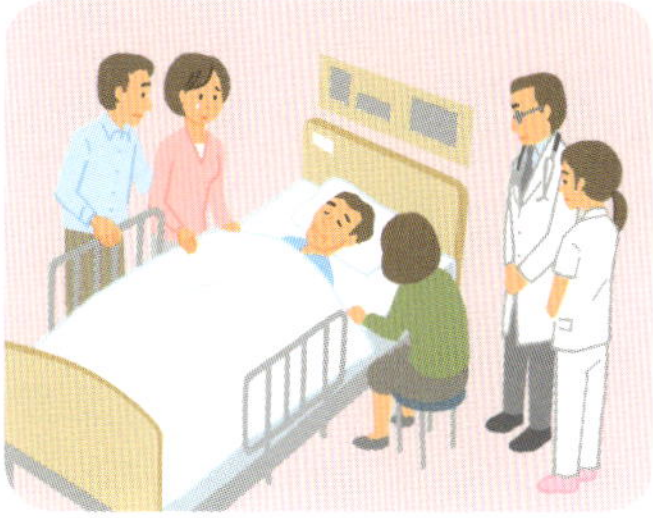

臨終

▼ 臨終時に準備しておくこと ▶P.92

一時安置

▼ 逝去を知らせる ▶P.94

搬送

▼ 葬儀社へ連絡をする ▶P.96

安置

▼ 末期の水をとる、死化粧をする ▶P.99

▼ 枕飾りを飾る ▶P.99

▼ 死亡届を市区町村役場へ提出する ▶P.101

▼ お葬式の案内を出す ▶P.104

通夜

▼ ▶4章へ

1

落ち着いて行動するために心構えが大切

危篤の連絡をする

心づもりと危篤を知らせる準備

現代では、約8割の人が病院や施設で亡くなります。

そのため、家族は医師から余命《よめい》について事前に説明を受けることもでき、ある程度の心づもりをしておくことができます。しかし、いざ身近な人の死に接してみて、パニックに陥ってしまうことも十分に考えられます。事前に危篤を連絡すべき人を把握し、優先順位をつけて、いざというときに備えておきましょう。

危篤を知らせる範囲は、一般的に3親等以内の親族といわれています。

しかし、**血縁《けつえん》の近さよりも実際の付き合いの深さを考慮《こうりょ》して「最後にひと目会わせてあげたい人」「看取《みと》りに立ち会ってもらいたい人」に優先的に連絡するのがよいでしょう。**

危篤を知らせる際のマナー

危篤の連絡は急を要することなので、電話で行います。

伝える内容は次の4つです。

①容体、状況
②駆《か》けつけてほしいのか、待機してほしいのか
③病院名、病院の住所
④連絡先（自身の連絡先と病院の代表番号）

たとえ早朝や深夜であっても、電話で連絡します。

連絡する場合は、状況を伝えるとともにすぐに駆けつけてほしいのか、それとも改めてお葬式の連絡をするまで待機していてほしいのかを、ハッキリと伝えるのがマナーです。そのうえで、駆けつけてくれるというなら相手の判断にまかせましょう。

先生からの大切なアドバイス

もし、自宅で危篤になった場合は、まず、かかりつけの病院に連絡してください。かかりつけの病院がない場合は、119番で救急車を呼びます。蘇生《そせい》を試みてもらい、その上で死亡が確定したら死亡診断書を書いてもらいます。いずれも、医師や救急隊員の指示に従うことが大事です。

危篤は誰に知らせるべき?

危篤を知らせる範囲は、本人の家族構成や交友関係に従います。優先順位が高いのは、❶と❷の親族です。

3親等以内の親族

❶家族 ※直系の血族。同居している、していないにかかわらない。

❷兄弟姉妹・おじ・おば・甥・姪

それ以外

❸友人・知人・地域で付き合いのある人
❹仕事の関係者

使える! フレーズ　危篤の連絡で知らせること

連絡をするときは、次の4つを必ず伝えましょう。

❶容体、状況　❷駆けつけてほしいのか、待機してほしいのか
❸病院名、病院の住所　❹連絡先（自身の連絡先と病院の代表番号）

●時間的に余裕がある場合

医師からここ 1 週間が山場だろうと話がありました。高齢なので急に容体が悪化することも考えられます。――❶
都合のつくときにでも、一度病院にお越しくだされば、本人も喜ぶと思います。――❷
病院は、○○病院、住所は○○、電話番号は○○です。――❸
私の電話番号は○○です。――❹

●急を要する場合

○○が危篤状態になりました。医師は今夜が山場と言っています。――❶
急いで来ていただいても、おそらく臨終《りんじゅう》には間に合わないと思いますので、お葬式の際にお越しいただきたいと思います。――❷
お葬式に関しては改めてご連絡いたします。
急ぎのご連絡は病院の呼び出し電話にお願いします。
病院は、○○病院、住所は○○、電話番号は○○です。――❸、❹

2

臨終後、遺体のケアを行う

臨終に立ち会う

臨終後の流れ

臨終を迎えると、まず医師によって死亡の判定が行われます。その後、清《せい》拭《しき》・着替えを行い、遺体は病院内で一時的に安置《あんち》されます。基本的に遺体は霊安室に安置されますが、霊安室がない病院もあります。その場合は、病室を一時的に貸し切り、安置します。

病院内で、最期のお別れを済ませたら、遺体を葬祭ホールあるいは自宅に搬送します。その後、末期《まつご》の水をとり、死化粧《しにげしょう》を施すなどの遺体のケア（→P.99）を行います。

大切な人の臨終に立ち会うのは、気持ちが動転してしまうものですが、この時点で、既にお葬式の準備が始まっ

臨終後の流れを知ろう

臨終後の流れは、次のようになります。

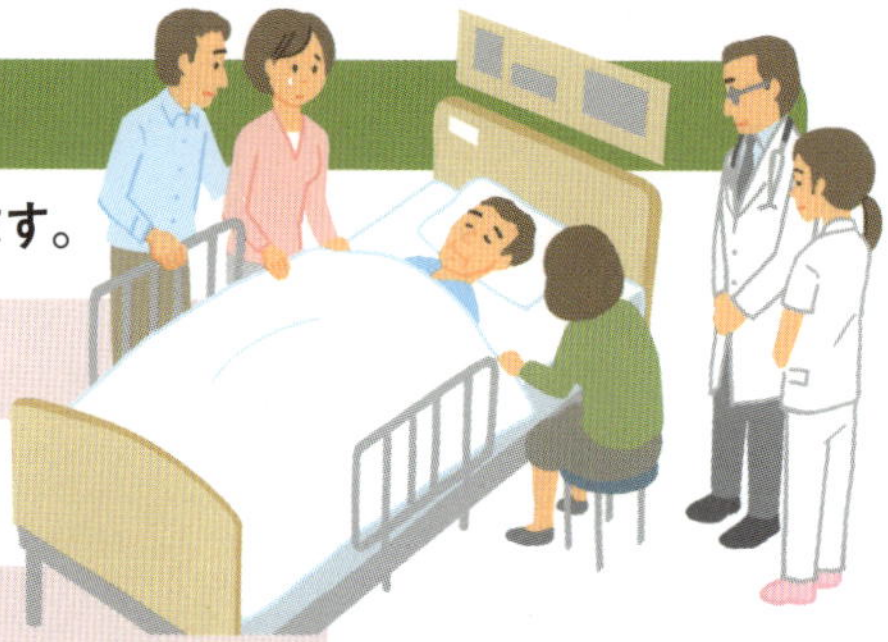

1 臨終

↓

2 医師の死亡判定

死亡診断書（死体検案書）を受け取る。

↓

3 遺体の清拭・着替え

↓

4 遺体を一時安置（病院の霊安室）

故人とのお別れの時間になる。この後はお葬式に向けて慌ただしくなるので、この時間を大切に。

↓

5 遺体を搬送

↓

6 遺体を安置（葬祭ホール、自宅など）

↓

7 遺体のケア（末期の水・清拭・死化粧）

病院で遺族と看護師が共同で行うこともある。

ています。

　葬儀社の手配や各所への連絡など、次々にやるべきことや考えることが出てくるので、しっかりと見送るための準備をして臨みましょう。

遺体を清拭し、着替えさせる

　死亡が確認されたら、遺体を清拭し、きれいな衣装に着替えさせます。病院で亡くなった場合は、看護師が手伝ってくれます。

　衣装は、故人が生前愛用していたもの、あるいは清潔な衣装などを着せます。大きな病院であれば、肌着や浴衣を購入できる場合もあります。

　末期の水をとり、死化粧をするといった遺体のケアは、かつて医師や看護師に手伝われて病院で行っていました。しかし近年は、病室をすみやかに空けたいという病院側の意向から病院で行うことは少なくなり、搬出先の葬祭ホールや自宅などで行うことが多くなっています。

Q&A ココが聞きたい! 臨終時に用意しておくもの

Q 臨終に立ち会う際、何を用意すればいいですか?

A 現金と着替えのための清潔な衣装を準備しておきます。

●十分な現金

入院費の精算、遺体搬送のための費用、タクシー代など、何かと現金が必要になります。亡くなる前に、本人の口座から入院費や葬儀費用を引き出しておく場合は、後々、相続人とトラブルにならないように事前に同意を得ておくのがよいでしょう。

●清潔な衣装

臨終後、着替えさせるための衣装を用意します。生前愛用していたものがあれば、きれいにして持参します。あとで死装束《しにしょうぞく》(→P.120)に着替えさせるなら、浴衣などの脱着がしやすいものを用意しておきましょう。

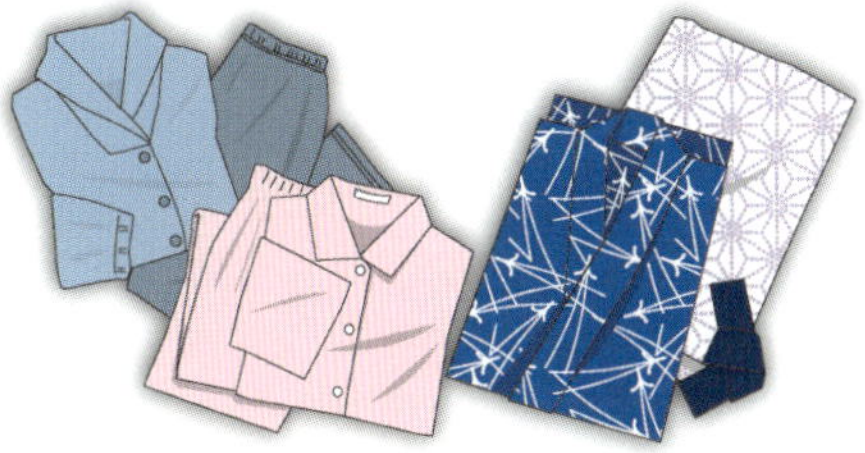

3

連絡先のリストを作り、落ち着いて連絡を

逝去の第一報を知らせる

誰に訃報を伝えるか

逝去の第一報を伝える人は、大きく3つの範囲に分けられます。

①親族
②友人・知人・仕事の関係者
③菩提寺

①と②に関しては、危篤を知らせる範囲とほぼ同じと考えてよいでしょう。**すぐに駆けつけてほしい人を除き、連絡は遺体が病院で一時安置されてからなど、落ち着いてからでかまいません。**

①親族には、お葬式のスケジュールなど、先のことが決まっていなくても、亡くなったことを報告します。お葬式の日取りは、決定次第、改めて連絡します。

②友人・知人・仕事関係の人のうち、関係が深かった人以外は、葬儀の日取りが決まってから連絡をしてもかまいません。

③菩提寺にも、遺体が一時安置された時点で連絡します。お葬式をお願いしない場合でも、逝去の報告だけはしておきましょう。最近は枕経《まくらぎょう》（死後すぐに故人の枕元であげるお経）を省略することも多いのですが、お願いする場合は、遺体の安置場所などの案内が必要です（宗派によっては枕経を行わない場合もある）。

逝去は電話で伝えるのが基本

逝去の第一報は、危篤の連絡と同様に電話で伝えるのが確実です。最近では、メールの利用も増えてきましたが、電話でもあわせて連絡すれば行き違いを防げて安心です。

訃報の連絡は、相手もショックを受けるものです。次ページを参考に、簡潔に伝えるようにしましょう。

先生からの大切なアドバイス

身内のみで行う家族葬を予定している場合、どの範囲まで逝去の連絡をするか迷うかもしれません。会葬案内をしない相手であっても、逝去の一報は伝えるのがマナーです。その際は、家族葬なので会葬者向けの通夜・告別式を行わないこと、香典や供物も辞退することを伝えましょう。

使える! フレーズ　逝去の第一報で知らせること

連絡するときは、以下の5点を必ず伝えます。

❶亡くなった日時
❷亡くなった人の名前
❸死因（簡単に）
❹お葬式の日取りが決定している場合：お葬式の日程・場所
　お葬式の日取りが決定していない場合：改めて連絡するという旨
❺自分の（もしくは他の責任者の）連絡先

●親族への連絡

今朝方、――❶
父○○が――❷
心不全で亡くなりました。――❸
葬儀の日程はまだ決まっておりませんので、決まり次第、改めて連絡します。――❹
電話番号は○○です。――❺
遺体は○○にある葬儀社の葬祭ホールに安置します。面会なさりたいときは、電話でご連絡ください。

すぐに駆けつけてほしい人には、入れ違いなどのトラブルを避けるために、病院での待ち合わせか、遺体を病院から搬送して安置する場所での待ち合わせかを必ず伝えます。

●友人・知人・仕事の関係者への連絡

お世話になっております。○○の息子の○○です。
○月○日の早朝、――❶
父○○が――❷
心不全のため亡くなりました。――❸
生前は大変お世話になりました。
つきましては、通夜は明日夜○時から上野の○○で、告別式は明後日○時より同じ場所で行います。――❹
ご連絡いただく際は、私の携帯電話にお願いいたします。――❺

家族葬のため、会葬を断る場合は、この時点でその旨を伝えましょう。

4

葬儀社と連絡を取って遺体を搬送する

病院から遺体を搬送する

遺体の搬送を葬儀社に依頼する

遺体が一時安置されたら、すみやかに搬送するための手はずを整えましょう。病院からは、通常その日のうちに、夜中に亡くなった場合は翌朝には遺体を搬出するよう求められます。

葬儀社が決まっている場合は、すぐに連絡をし、搬送の依頼をします。ほとんどの葬儀社は24時間連絡を受け付けていますからすぐに連絡します。

搬送先は、葬儀社の所有している葬祭ホールか自宅、もしくは遺体安置の専用施設となります。

慌ててよく考えずに葬儀社を決め、お葬式すべてを依頼してしまうと、お葬式の内容に納得がいかずに後悔した

一時安置をしてから、お葬式を依頼するまでの流れ

次のフローチャートを行動する際の参考にしてみてください。

お葬式を依頼する葬儀社が決まっている

Yes → 搬送・お葬式を依頼・打ち合わせ

No ↓

❶搬送だけしたい
❷葬儀まですべて頼みたい

❶ → ❶自宅に安置する。もしくは、自宅ではないが安置する場所が決まっている
❷安置する場所が決まっていない

❶ ↓ 病院提携の葬儀社に搬送だけを依頼するか、インターネットなどを利用して、搬送のみ行ってくれる葬儀社を探す

❷ → 安置設備を持ち、搬送・安置のみを行ってくれる葬儀社を探す

❷ ↓ 葬儀社を探す → 搬送・お葬式を依頼・打ち合わせ

安置する

お葬式を依頼する葬儀社を探す

搬送・お葬式を依頼・打ち合わせ

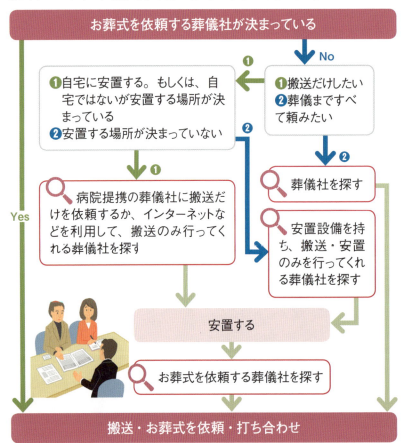

り、料金トラブルにつながったりする可能性があります。

下の図の要領で、まずは搬送を依頼できる葬儀社を探してみてください。

病院提携の葬儀社に依頼するときの注意点

事前に特定の葬儀社を決めていない場合は、時間のない中で葬儀社を探すことになります。病院が提携している葬儀社を紹介してくれた場合、P.42でも紹介したようなトラブルになる例もありますから、十分注意が必要です。

注意しなければならないことの一つは、安置する場所がその葬儀社が持っている葬祭ホールであれば、お葬式もそのままその葬儀社に頼むという暗黙のしきたりがあることです。もし搬送だけを頼みたければ、「取り急ぎ搬送だけ頼みたい」とはっきりと断っておきましょう。

もう一つは、料金です。搬送後の高額請求のトラブルを避けるためには、時間がなくとも見積りを出してもらい、料金を必ず確認しましょう。目安として、病院から自宅への搬送のみで10万円を超えたら、高額といえます。

自宅に搬送する際に気をつけたいこと

いったん自宅に遺体を搬送し、お葬式まで安置することもあります。故人が長く病院で過ごした人の場合、「自宅に帰らせてあげたい」と考える遺族も多いでしょう。

遺体を自宅に搬送することを考えている場合は、手伝ってくれる葬儀社ともよく打ち合わせしましょう。

少し前までは、自宅でお葬式を行うことも少なくありませんでした。しかし、近年では自宅でのお葬式は珍しくなり、遺体は病院から葬儀ホールに直行することが多くなっています。

そのため、自宅への遺体の搬送はめずらしいことですので、慣れていない近隣住民に対して配慮が必要になってきています。

駆けつけてくる親族や知人には、共

Q&A ココが聞きたい! 搬送・安置だけを頼みたいとき

Q 搬送・安置のみを請け負ってくれる葬儀社は、どのように探せばいいですか?

A まずは、病院と提携している葬儀社に、搬送と安置だけを請け負ってくれるか相談してみましょう。

インターネットで探すこともできます。病院から自宅、病院から葬儀社の安置施設など、搬送先が選択できるところを探しましょう。その他、料金や面会の可否、安置施設の場所や安置可能な期間もチェックします。遺体安置専用の施設を持っている葬儀社であれば、1週間程度は安置が可能です。

有部分では大声で話さないこと、駐車のルールなどを事前に伝えておきましょう。

　また、マンションなどの集合住宅の場合、搬送してきた遺体がエレベーターに入るかなど、物理的な問題も考慮する必要があります。

　さらに、葬儀社の人や親族など、不特定多数の人が出入りし、迷惑をかけることもあるので、管理人や管理会社とも事前に相談しておく必要があります。

先生からの大切なアドバイス

　自宅に遺体を搬送する場合、葬儀社や遺族の出入りで、近隣住民が「あ、誰か亡くなったのかな」と気づきます。

　家族葬を予定しているなら、あいさつの際に会葬を断る旨を伝えておくとよいでしょう。人の出入りが激しくなることも、一言断りを入れておくとよいですね。

自宅に遺体を搬送するときに気をつけたいポイント

自宅に遺体を搬送するときは、以下の２点に注意が必要です。

近隣への配慮

- 隣近所の住民に、自宅に遺体を安置することを説明する。
  ※人の出入りや線香のにおいなどで、迷惑をかけることもあるため。
- マンションの管理人などに自宅に遺体を安置することを説明する。

建物・周辺施設の確認

- エレベーターに棺が入るか。
- 階段で運ぶ場合、棺が通れるスペースがあるか。
- 霊柩車を駐車できるスペースはあるか。

Q&A ココが聞きたい！ 遺体を自宅に迎える準備

Q 自宅に搬送するとしたら、どんな準備が必要ですか？

A 寝具や空調を準備します。

　ドライアイスや枕飾り（→ P.99）などは葬儀社が手配してくれますが、遺体を迎える部屋の準備は遺族が行います。遺体を寝かせる寝具（布団やベッド、シーツ）を用意し、空調はできるだけ涼しくします。遺体に直接エアコンの風が当たらないよう注意してください。室温が上がらないよう、カーテンを閉め、閉め切れる部屋が望ましいです。

5

作法や枕飾りの意味を知り、心をこめて行う

遺体を安置する

枕飾りと安置の作法

遺体を安置する際には、遺体の枕元に枕飾りを施します。

自宅で安置する場合は、葬儀社に頼んで枕飾りの道具一式を自宅に用意してもらうようにします。

仏式の場合、遺体を北向きに寝かせて枕飾りを施します（地域によっては西向きに寝かせる）。枕飾りには、1つ1つに意味があります（次ページ）。ほとんど葬儀社が手配してくれますが、遺族もその意味を理解して、ともに施すのがよいでしょう。心をこめて1つ1つの準備をすることも、大切な人を失ったことを受け入れていく過程で大事なことです。

故人を寝かせる布団は、生前愛用していたもので構いません。ドライアイスや防水シートは、安置する期間に合わせて葬儀社が手配してくれるので、頼んでおきましょう。

末期の水をとり死化粧を施す

遺体が安置されたら、次のような処置を行います。

・末期の水をとる

あの世でのどが渇かないようにという願いを込めて、口に人生最後の水を含ませます。ガーゼにくるんだ脱脂綿に水を含ませ、口元を湿らせます。

・死化粧

故人の顔や髪を整え、男性の場合は髭《ひげ》をそり、女性の場合は口紅《くちべに》などを用いて薄化粧をします。

これらは、病院で看護師の手伝いとともに行われることもありますが、最近では病院に長居できないため搬送先で行われることが多くなっています。看護師や葬儀社にやり方を確認しながら、できるだけ遺族が行いましょう。

僧侶に枕経を読んでもらう

枕飾りを施したら、僧侶に枕経を読んでもらいます。これを「枕勤《まくらづと》め」といい、お葬式における最初の儀式になります。最近では、枕経を省略することが多くなっています。**どのタイミングで行うか、行わないかは、あらかじめ菩提寺の僧侶と相談しておくとよいでしょう。**

枕飾りの意味と安置の作法

枕飾りには、それぞれ意味があります。

花立て

その形状から天上世界の優雅さを表す。冥界のシンボルで、祈りには不可欠。

枕団子

枕飯とほぼ同じ。死者があの世で飢えないように、という意味もある。

香炉

仏の食事。遺体の除臭の役目もする。

しょく台

魂を導くための灯となる。けがれを払う。

枕飯

葬儀における俗習。肉体から抜け出たばかりの魂を引き留めておくための寄《よ》り代《しろ》。箸が刺さっているのは、あの世との橋渡しを行う柱を意味している。

●安置の作法

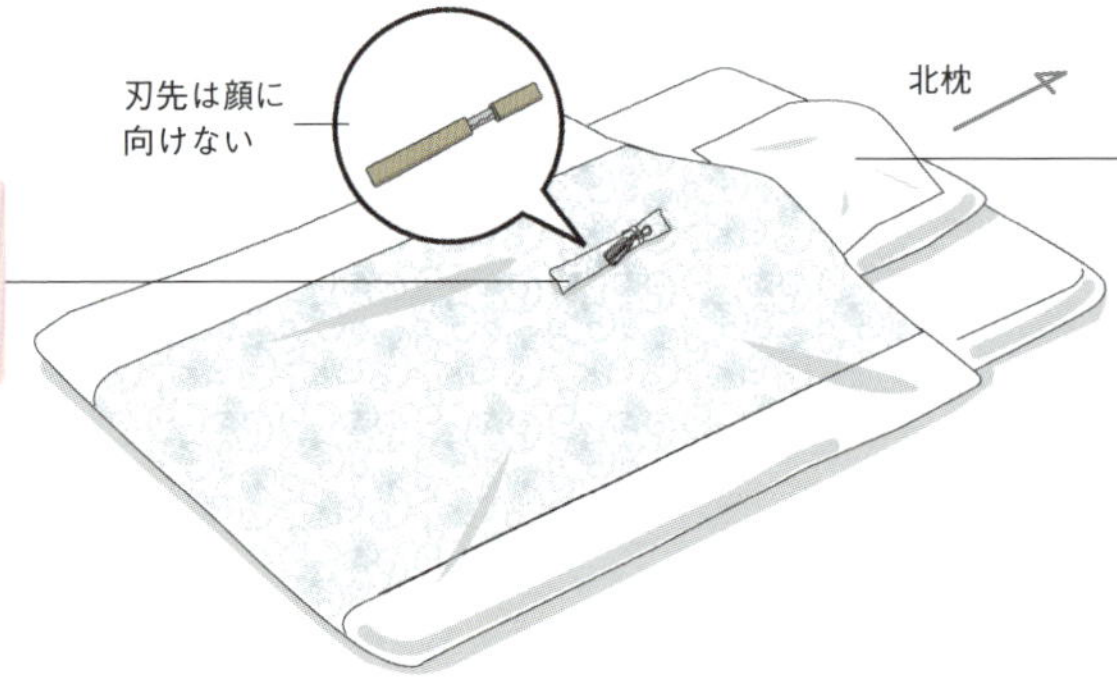

守り刀という魔除けの刃物を故人の胸上、または枕元に配置する。

遺体の顔にかける白い布には、他の悪霊が入り込めまないようにするための封印の意味がある。

Q&A ココが聞きたい! 自宅に安置できる期間

Q どれくらいの期間であれば、自宅で安置できますか?

A **季節にもよりますが、3日程度ならドライアイスを使って安置できます。**

4日以上になるなら、保存専用の施設に安置することも考える必要があります。また、現在では、エンバーミング（→ P.68）という遺体を長期保存できる技術もあります。これにより、ゆっくりと故人を送ることができますので、検討してみてください。

6 お葬式から納骨までを行うための公的な手続き
お葬式の前に死亡届を提出する

病院で死亡診断書を受け取る

病院で亡くなると、死亡診断書（死《し》体検案書《たいけんあんしょ》）が発行されます。自宅や旅先などで死亡した場合は、必ず医師を呼んで死亡診断書を書いてもらわなければなりません。死体検案書は、事故や事件による死亡の場合、検死などを経て発行されます。

この死亡診断書がないと、後々の火葬と埋葬（納骨）が行えません。

死亡届を提出する

死亡診断書の左側が死亡届になっています。死亡届に必要事項を記入し（記入例は→P.103）、死後7日以内に亡くなった人の本籍地、または死亡地、もしくは届出人の住所地の市区町村役場に提出します。以降の手続きのために、**提出前に必ずコピーを2〜3部とっておくようにしましょう。**たとえば生命保険の支払い申請の際、死亡診断書のコピーの提出が求められます。

火葬許可証を受け取る

死亡届を提出するときに、火葬許可申請書も提出します。火葬許可申請書は、市区町村役場で入手できます。これにより「火葬許可証」が発行され、火葬ができるようになります（申請書は不要で、死亡届と引き換えに火葬許可証を受け取れる自治体もある）。火葬許可証がなければ、火葬することができません。慌ただしい準備の中で火葬許可証を紛失しないよう、葬儀社に預けておくとよいでしょう。

納骨のための手続き

火葬が済むと、火葬許可証に火葬場の責任者が署名捺印し、「埋葬許可証《まいそうきょかしょう》」が発行されます。この書類がないと、遺骨を埋葬（納骨）できません。死亡診断書の受け取りからここまでの手続きの流れは次ページにまとめています。

もし、分骨することが決まっていれば、この時点で「分骨証明書」をもらいます。分骨証明書は、火葬場の責任者が発行してくれます（→P.86）。

死亡診断書を受け取ってから納骨までの流れ

死亡届から納骨まで、段階を追って様々な書類が必要になります。

死亡から7日以内

1. 医師に死亡診断書を書いてもらう
2. 火葬場を決める

火葬許可申請には、火葬場の記入が必要なため、葬儀社と相談をして先に決める。

3. 死亡届・火葬許可申請書を提出する

火葬許可申請書は、死亡届を提出する市町村役場で入手し、死亡届と同時に提出する。

4. 火葬許可証が発行される
5. 火葬をする

火葬は死後24時間経過していないとできない。

6. 埋葬許可証が発行される

火葬場で発行される。分骨する場合は、分骨証明書をもらう。

納骨

死亡届の提出について

期限	亡くなってから7日以内
提出先	故人の本籍地、もしくは死亡地、あるいは届出人の住所地の市区町村役場
届出者	①同居の親族、②親族以外の同居者、 ③家主、地主または家屋もしくは土地の管理者、④同居の親族以外の親族 ⑤後見人、保佐人、補助人および任意後見人 ※実務上、葬儀社が提出を代行することが多い。
注意すること	・印鑑を持参する（死亡届に押印したもの）。 ・死亡診断書のコピーを2～3通とっておく（生命保険の請求時などに必要）。 ・国外で亡くなった場合、死亡から3か月以内に提出する。

【後見人・保佐人・補助人（こうけんにん・ほさにん・ほじょにん）】 判断力が不十分な人を保護し、権利を守る成年後見制度において、その人をサポートする立場として家庭裁判所から選任された人。

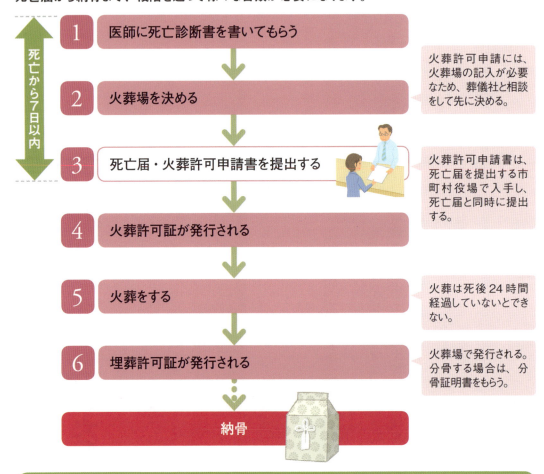

死亡届（例）

死亡届には、死亡者の氏名・生年月日、死亡日時、死亡場所（病院の住所など）、死亡者の住民票上の住所、死亡者の本籍などを記入します。

死　亡　届

平成21年1月9日届出

東京都千代田区長 殿

受理　平成　年　月　日 第　号				発送　平成　年　月　日		
送付　平成　年　月　日 第　号				長印		
書類調査	戸籍記載	記載調査	調査票	附票	住民票	通知

(1)	（よみかた）	みん じ　いち ろう
(2)	氏名	氏 民事　名 一郎　☑男 □女
(3)	生年月日	昭和23年12月14日（生まれてから30日以内に死亡したときは生まれた時刻も書いてください）□午前 □午後　時　分
(4)	死亡したとき	平成21年1月9日 ☑午前 □午後 4時10分
(5)	死亡したところ	東京都港区虎ノ門1丁目1　~~番地~~ 番 1号
(6)	住所（住民登録をしているところ）	東京都千代田区霞が関1丁目1　~~番地~~ 番 1号 世帯主の氏名　民事一郎
(7)	本籍（外国人のときは国籍だけを書いてください）	東京都千代田区丸の内1丁目1　番地 ~~番~~ 筆頭者の氏名　民事一郎
(8)(9)	死亡した人の夫または妻	☑いる（満60歳）　いない（□未婚　□死別　□離別）
(10)	死亡したときの世帯のおもな仕事と	□1.農業だけまたは農業とその他の仕事を持っている世帯 □2.自由業・商工業・サービス業等を個人で経営している世帯 ☑3.企業・個人商店等（官公庁は除く）の常用勤労者世帯で勤め先の従業者数が1人から99人までの世帯（日々または1年未満の契約の雇用者は5） □4.3にあてはまらない常用勤労者世帯及び会社団体の役員の世帯（日々または1年未満の契約の雇用者は5） □5.1から4にあてはまらないその他の仕事をしている者のいる世帯 □6.仕事をしている者のいない世帯
(11)	死亡した人の職業・産業	（国勢調査の年…　年…の4月1日から翌年3月31日までに死亡したときだけ書いてください） 職業　　産業
	その他	
	届出人	☑1.同居の親族 □2.同居していない親族 □3.同居者 □4.家主 □5.地主 □6.家屋管理人 □7.土地管理人 □8.公設所の長 □9.後見人 □10.保佐人 □11.補助人 □12.任意後見人
		住所　東京都千代田区霞が関1丁目1　~~番地~~ 番 1号
		本籍　東京都千代田区丸の内1丁目1　番地 ~~番~~　筆頭者の氏名 民事太郎
		署名　民事太郎　印　昭和51年12月28日生
	事件簿番号	

記入の注意

鉛筆や消えやすいインキで書かないでください。

死亡したことを知った日からかぞえて7日以内に出してください。

届書は、1通でさしつかえありません。

「筆頭者の氏名」には、戸籍のはじめに記載されている人の氏名を書いてください。

内縁のものはふくまれません。

□には、あてはまるものに☑のようにしるしをつけてください。

死亡者について書いてください。

届け出られた事項は、人口動態調査（統計法に基づく指定統計第5号、厚生労働省所管）にも用いられます。

記入要領が書かれているので、よく読んでから記入する。

死亡診断書（死体検案書）を見ながら書く。

自宅、病院など死亡した場所の住所を書く。

本籍が不明な場合は、住民票（住民票の除票）を本籍記載の指定をして請求し、確認することができる。

※法務省HPより

7

お葬式の案内をする

通夜と葬儀・告別式の案内はすみやかに行う

通夜と葬儀・告別式の案内をする

役所から火葬許可証を受け取ったら、お葬式に参列してほしい人に通夜と告別式の案内を出します。これを会《かい》葬案内《そうあんない》といい、基本的な文面は葬儀社が用意してくれます（下図）。お葬式まで日程的に余裕があればはがきで、余裕がなければ電話やFAXで連絡します。

会葬案内を出す範囲は、一般的には、家族・親族の他、友人や知人、会社や取引先、所属する団体（士業の団体、町内会など）です。さらに、生前聞いていた故人の希望があればそれに従います。

昔の友人や、既に退職している会社

会葬案内状（例）

会葬案内状には、以下❶〜❹の内容を記載します。

故人○○　○○　通夜・告別式の儀

❶
父○○　はかねてより療養中でしたが、○月○日早朝に心不全のため永眠いたしました。享年○○歳でした。

生前のご厚誼に深く感謝いたしますとともに、謹んで通知申し上げます。通夜・告別式は左記の通り執り行います。

記

❷
一、日時　通夜　○月○日　午後六時〜七時
　　　　　告別式　○月○日　午前十一時〜十二時

一、場所　セレモニーホール○○（住所　○○○○○○
　　　　　電話番号　○○○○○○○）

❸
なお、お供えや御香典につきましてはお心のみ頂戴させていただき、ここにご辞退させていただきたくお願い申し上げます。

❹
令和○○年○月○日
喪主　○○　○○
外　親戚一同

❶故人の名前、逝去した日時、享年を書く。

❷通夜・告別式の日時、場所、連絡先を書く。

❸香典、供物を辞退するときは、その旨を記載をする。

❹案内を出した日付、喪主の氏名を書く。

への会葬案内に悩んだら、案内を出しておき、参列する・しないの判断を先方に任せるのもよいでしょう。

家族葬の場合、基本的に会葬案内をしません。しかし、故人の友人や知人には、お葬式後に逝去とお葬式終了の通知状を出すのがよいでしょう（下図）。

会葬案内の内容は簡潔に

会葬案内では、逝去したこと、通夜と告別式の日時と場所、連絡先、喪主の氏名を簡潔に伝えます。

また、仏式ではなく、神式やキリスト教式でお葬式を行う場合は、会葬者にそれとわかるように案内に記載するのが親切です。神式の場合は「神葬祭を相営みます」、キリスト教式の場合は「キリスト教式の通夜・告別式を相営みます」と案内状に記載しましょう。事前に案内がないと、当日会場で会葬者を戸惑わせてしまいますので注意が必要です。

お葬式の事後通知（例）

お葬式の事後通知には、以下①～⑤の内容を記載します。

謹啓　①父　○○　病気療養中のところ去る令和○○年○月○日逝去致しました。生前のご厚誼を深く感謝申し上げるとともに、ここに謹んで通知致します。

②早速お知らせ申し上げるところではございましたが、ご通知が遅れました事を深くお詫び申し上げます。

③葬儀は、去る令和○○年○月○日に故人の強い希望によりごく内輪で執り行いました。

④尚、お供えや御香典につきましてはお心のみ頂戴させていただき、ここにご辞退させていただきたくお願い申し上げます。何卒ご容赦くださいますようお願い申し上げます。

敬白

⑤令和○○年○月○日
○○市○○町○丁目
電話　○○○（○○○）○○○○
喪主　○○　○○

①故人の名前、逝去した日時を書く。

②逝去の連絡が遅くなったことのお詫びをする。

③故人の意思により身内のみでお葬式を行ったことを伝える。

④香典を辞退する旨を伝える。

⑤通知状を出した日付、差出人の住所、氏名を書く。

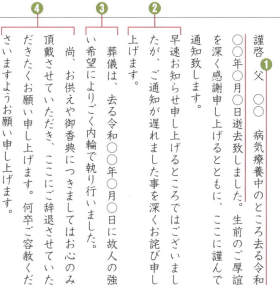

第4章

通夜・葬儀・告別式を行う

この章では、通夜・葬儀から火葬までの流れをまとめています。
お葬式の間、喪主は、葬儀社や菩提寺、
会葬者への対応に追われることになります。
通夜や葬儀の段取りを把握し、
スムーズにお葬式を行うための手引きとしてください。

通夜・葬儀から火葬までの流れ

葬儀社と打ち合わせ

▼ 日程、内容、規模、支払いについて決める ▶P.108～110
▼ 喪主の役割を確認する ▶P.111
▼ 供花・供物の確認をする ▶P.112
▼

菩提寺と打ち合わせ

▼ 戒名を授かる ▶P.114　お布施の用意をする ▶P.115
▼

持ちものの準備

▼ 喪服・小物を準備する ▶P.118～119
▼ 心付けを用意する ▶P.117
▼

納棺

▼ 死装束を着せる ▶P.120
▼

通夜

▼ 通夜の流れを確認する ▶P.123・124
▼ 喪主のあいさつ ▶P.125
▼

葬儀・告別式

▼ 葬儀・告別式の流れを確認する ▶P.126
▼ 弔辞・弔電の確認をする ▶P.126
▼

出棺

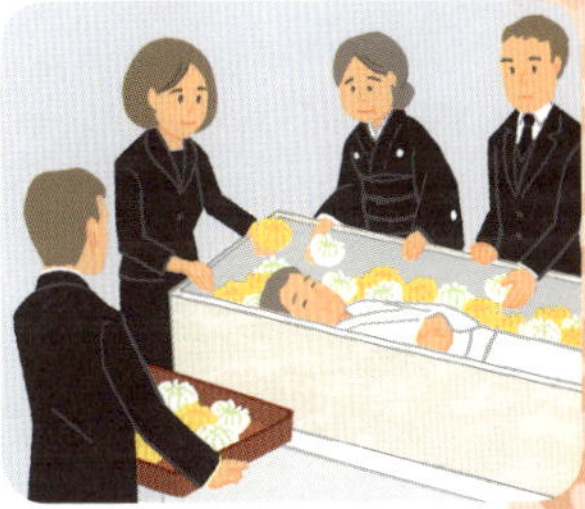

▼ お別れの儀を行う ▶P.128
▼ 喪主のあいさつ ▶P.129
▼

火葬

▼ 火葬許可証の準備をする ▶P.131
▼ 収骨する ▶P.131
▼

繰り上げ初七日法要

▼ 遺骨を自宅へ迎える ▶P.132
▼

精進落とし

喪主のあいさつ ▶P.133

1 納得がいくまで打ち合わせすることが大事

お葬式の内容を決める

打ち合わせは喪主任せにしない

お葬式は誰にとっても慣れないものです。さまざまな打ち合わせは、親しい人の死を迎えて精神的にダメージを受けている中で次々に行われます。**喪主1人に任せるのではなく、できれば家族や親族に同席してもらいましょう。**疑問があれば、何でも葬儀社に確認しておくことが大切です。大事なところは同席者にメモをとってもらうなど、協力を頼みましょう。

お葬式の日程を決める

お葬式は一般的に、夕方から始まる通夜、翌日の昼から行われる葬儀・告

お葬式の費用を決めるポイント

お葬式の内容について、まずは以下の6つについて検討しましょう。

1 家族、親族、会葬者の人数

葬祭ホールの規模に関わるので、できるだけ早めに決定して葬儀社に伝える。

2 祭壇

白木祭壇は、段飾りが多くなるほど高額になる。

3 棺

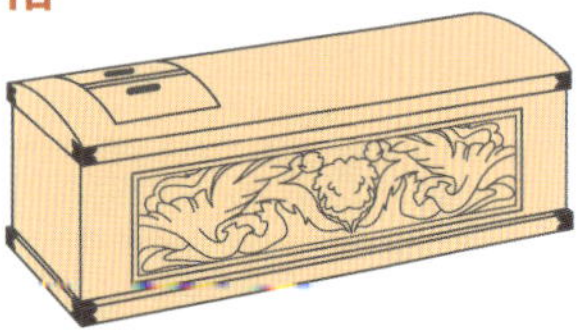

棺の値段はピンキリ。こだわりがあれば、その分高額になる。

4 香典返しの内容

品物や用意する数によって金額が変わってくる。

5 通夜振る舞いの料理

人数、品数によって金額が大きく異なる。

6 繰り上げ初七日法要、精進落としの有無

精進落としまで葬儀社に手配してもらうかどうかを決める。

別式、火葬、繰り上げ初七日法要、精進落とし、というスケジュール（2日間）になります。

なお、**火葬場がいっぱいだと火葬ができないため、日取り決めには火葬場のスケジュールが最優先です。**次に導師（お葬式や法要を進行する僧侶）を頼む僧侶との調整を行い、最後に葬儀社（葬祭ホール）の都合を加味して日程を決めます。このあたりの段取りは葬儀社がフォローしてくれるので、それほど心配はいりません。

お葬式の内容を決めるポイント

お葬式の内容のうち、規模や費用を決めるポイントとなるものは次の6つです（右ページ下図）。

①家族、親族、会葬者の人数
②祭壇
③棺
④香典返しの内容
⑤通夜振る舞いの料理
⑥繰り上げ初七日法要

Q&A ココが聞きたい！ 祭壇の選び方

Q 祭壇を選ぶ際、決まりはありますか？

A キリスト教は花祭壇ですが、仏式と神式は花祭壇、白木祭壇のどちらも選べ、決まりはありません。

最近では、花祭壇を選ぶ人が多くなってきています。故人の人柄に合わせて家族が自由に選んでかまいません。生前、格や体面を気にする人であったなら、会葬者の人数や斎場の規模に合わせた白木祭壇を選ぶのが無難です。

●白木祭壇

昔ながらの木製の祭壇。段飾りが増えるほど、費用は高額になる。本来、葬儀のたびに用意されるものだが、近年は葬祭ホールに設置したまま使い回されることも少なくない。

●花祭壇

生花でできた祭壇。生花で作られているため、使い回しができない。好みの花を選ぶこともでき、「その人の葬儀のために用意した」というイメージが強く、近年人気が出ている。

まず、家族、親族、会葬者の人数を把握することが重要です。これにより、使用する葬祭ホールの大きさ（葬祭ホール費）、通夜振る舞いに出す料理代や人件費も決まってきます。

また、お葬式の雰囲気を決定づける祭壇も大きな金額となるので、はやめに決めたいものです。伝統的なお葬式なら、白木祭壇が無難です。最近は、宗教色が薄く、明るく華やかな花祭壇が好まれるようです。

葬儀社に支払う費用と支払い方法を確認する

葬儀社への支払い総額を確認する際には、通夜、葬儀・告別式、繰り上げ初七日法要、火葬、その後に行われる精進落としに関わる費用などが**見積りにすべて入っているか、また、別途請求となる費用があるかという点を、しっかりと確認してください。**

家族葬などの小規模なお葬式では、精進落としを葬儀社に任せず、落ち着いた飲食店に集まって会食することも増えています。**何を葬儀社に頼んだのか、不要なサービスが含まれていないかをチェックすることも大事です。**

支払いは、葬儀後の場合がほとんどです。支払い方法、加えて支払いの期限も必ず確認しておきます。

霊柩車の運転手、火葬場の係員などへの心付けが必要な場合、費用を葬儀社が立て替えてくれることは少ないので、喪家が必ず現金を用意しておきましょう。お寺へのお布施も同様です。

先生からの大切なアドバイス

お葬式の費用の中では、ある程度流動的に考えておいた方がよいものもあります。

たとえば通夜振る舞いの席での飲み物は、利用した分を精算することが多いので、事前にきっちりとは金額がわかりません。少し余裕を持って考えておくのがいいでしょう。

こんなトラブルに気をつけよう!

ケース　プランの変更を知らされない

通夜振る舞いの席で、事前に打ち合わせした内容と違った料理が出て、追加料金を請求された。どうやら親族が勝手に注文したらしい。

ここが問題!　喪主や施主に確認せず、葬儀社がプランを変更した

アドバイス　通夜振る舞いの料理は、会葬者への心遣いなので、体面を気にした親族が独断で注文してしまったのでしょう。追加や変更は、喪主（または施主）に確認を取ってほしいことを葬儀社に伝えておきましょう。また、料理の内容について事前に親族にも説明して同意を得ておけば、お互い安心ですね。

2 喪主が行うことを整理する
喪主の役割を確認する

事前に葬儀社に確認すべきこと

いったんお葬式が始まると、立ち止まって考えたり確認したりする時間がなかなかとれません。事前に、喪主（喪家）が手配しなければいけないことは何かを、葬儀社としっかり打ち合わせして確認しましょう。わからないことがあれば、遠慮なく質問して解決しておくことが大切です。

特に細かい手配や連絡が漏れがちなので、次の4つに注意してみてください。

①葬儀社のスタッフ以外に手伝いが必要か

②僧侶への連絡の責任は喪主・葬儀社のどちらにあるか（車の手配なども含めて）

③お葬式当日を取り仕切る葬儀社の担当者は誰か

④喪主のあいさつのタイミング

通夜から精進落としまでで、喪主があいさつをするタイミングは、一般的に4回あります。何を、どのタイミングで話すのか、それぞれ何分程度のあいさつが必要か、葬儀社に通例を聞いておくとよいでしょう。

さらに、菩提寺がない場合、僧侶（導師）の手配について葬儀社に相談します。葬儀社に任せず、自分で探す場合は、自宅近くのお寺を訪問してみたり、インターネットで探したりする方法があります。**檀家になるかどうかは別のこととして、お葬式の導師をお願いできるかどうかを確認しましょう。**

●喪主のあいさつのタイミングとその内容

以下に喪主のあいさつのタイミングとその内容について示します。具体的な内容は、それぞれのページを参照してください。

❶通夜の最後
参列へのお礼と通夜振る舞いの案内をする。
▶あいさつ例→P.125

❷通夜振る舞いの最後
散会の合図となるあいさつ。葬儀・告別式の案内もする。
▶あいさつ例→P.125

❸出棺前
参列へのお礼を述べる。
▶あいさつ例→P.129

❹精進落とし時
喪主もしくは親族代表が、始まりと終了のあいさつ、参列者へのお礼を述べる。
▶あいさつ例→P.133

喪主が決めること、手配すること

喪主（喪家）に決めてもらいたいことや手配してもらいたいことは、葬儀社から打診があるでしょう。おおむね次のようなことを喪主が決める必要があります。

①弔辞《ちょうじ》を頼む人

故人と関係の深かった人に弔辞を頼みますが、省略することも多いです。

②香典を管理する人

葬儀社でも受付を用意してくれますが、香典の管理は信頼できる親族にまかせるのがよいでしょう。

③僧侶への連絡

菩提寺から僧侶を呼ぶ場合や喪主が僧侶を手配した場合は、喪主自らが連絡係となります。

④世話役の手配

世話役とは、通夜・葬儀で喪主または親族に代わって裏方（会計係・受付係・道案内係など）として指揮をとる人のことをいいます。葬儀社のスタッ

供花・供物を並べるときのポイント

訃報を聞いた人や会葬者から、供花・供物の申し出があった場合の対応を確認しておきましょう。供花・供物を申し出た人には、供花・供物の数と名前を確認します。葬儀社には、供花・供物の数と配置について伝えます。葬祭ホールの規模によっては、置ける数が限られるので葬儀社に確認しましょう。

供花
供花は、1基、2基と数える。1基または2基（1対）で供花を出すのが一般的。葬儀社で準備する1基の値段を伝えて、基数を確認する。

供物
供物は、1台、2台と数える。1台で供物を出すのが一般的。葬儀社で準備する1台の値段を伝えて、台数を確認する。

配置
供花・供物には、並べ方の決まりがある。祭壇を中心に、近親者から故人との関係が深い順に並べる。

名前
いただいた方の名前に誤りが無いように、漢字を確認する。会社名や団体名を添えるかも確認する。

供花とは故人に備える花、供物とは祭壇にお供えする品物です。一般的に、花や品物そのものが送られてくるのではなく、喪主や葬儀社に申し出があった場合に葬儀社が用意します。供花の費用は、申し出た人がそれぞれ「御《お》花代《はなだい》」としてお葬式の際に持ってきます。供物の場合は、葬儀社により扱いが異なりますので確認しましょう。

フが指揮をとってくれるなら、手配は不要です。

⑤供花・供物について

供花・供物の配置の順番を指示します（右ページ下図）。

⑥会葬礼状の文面

一般的な文面のものであれば、葬儀社が用意してくれます（下図）。

喪主以外の兄弟姉妹に役割を持ってもらう

喪主はお葬式当日もさまざまな対応に追われることになります。できるだけ**兄弟姉妹に会計・受付（記帳案内や香典の管理）や、駆けつけてきた親戚の対応（電話連絡の窓口など）を手伝ってもらいましょう。**

特に、香典の管理は神経を使うので、信頼できる親族に依頼するのが安心です。事前に誰が何をするかを決め、担当する仕事の詳細については、それぞれに葬儀社と打ち合わせてもらいましょう。

会葬礼状（例）

会葬礼状には、以下①〜③の内容を記載します。一般的なものであれば、葬儀社が用意してくれます。

謹啓
①亡父　○○儀　葬儀の際はご多忙中のところをご
会葬賜り　ご丁重なご厚志を賜りまして　厚くお礼申し
あげます
②略儀ながら書中をもちましてご挨拶申しあげます
敬　具

③令和○○年○月○日
○○市○○町○丁目
電話　○○○（○○○）○○○○
喪主　○○○○
外　親戚一同

① 故人の名前、お礼の言葉を書く。

② 書面でお礼を述べることへのお詫びを書く。

③ 通知状を出した日付、差出人の住所、氏名を書く。

【会葬礼状（かいそうれいじょう）】通夜または葬儀の後に、参列者一人ひとりに渡すお礼状。参列できなかった人で香典や弔電、供花をくださった方には、別に「お礼状」を送る。

3

葬儀社に任せず、喪主が行うのが基本

菩提寺と打ち合わせる

お葬式当日の打ち合わせをする

菩提寺には、通夜・葬儀・告別式の時間を伝え、来ていただく僧侶の人数、送迎の要・不要、通夜振る舞いや精進落としなどの会食への同席の有無を確認しましょう。

連絡は葬儀社に任せず、喪主自身が行うことが望ましいです。

お葬式当日には、葬儀社も交えて進行を確認します。

戒名を授かる

現世で使用される「俗名《ぞくみょう》」に対して、死者があの世で使用する新しい名を「戒名（法名、法号ともいう）」といいます。

戒名は、菩提寺から授与されるのが原則で、葬儀のときだけ派遣される僧侶にはいただきません。

現代では、戒名の宗教的な意識が失われつつありますが、寺院への貢献度や格式に応じて授与される形式は消えていません。**つまり、故人のお寺への貢献具合に応じて、「位号」が決まります。**

お布施も貢献の一つですが、高額であれば高い階級の戒名がもらえるわけではありません。

戒名は白木の位牌に書いていただき、葬儀の間は祭壇に祀ります（宗派によっては位牌を用いないこともある）。なお、「戒名料」というものはなく、お布施の中に含んで僧侶に渡します。

Q&A ココが聞きたい！ **菩提寺がない場合の戒名**

Q **菩提寺がありません。戒名はどうなりますか？**

A **俗名のままで葬儀を行います。**

納骨する際に菩提寺が決まっていれば、その時点で戒名を授かります。

※菩提寺がなければ、葬儀社に頼んだ僧侶に戒名を授かることもできるが、別の宗派のお墓に入れなくなることもあるので注意する。

お布施を用意する

通夜、葬儀、戒名の授与など、お葬式全体に関わっていただいたお礼として、僧侶にはお布施を包みます。

戒名をいただき、通夜から繰り上げ初七日法要までを通して行った場合、20万〜30万円程度を包むケースが多いようです。

しかし、お葬式の内容や宗派、地域によっても違うので、親や親戚にこれまでのお葬式でいくら包んだかを聞いて、同じくらいの金額にするのが無難です。**お布施は、あくまで檀家の「気持ち」なので、菩提寺が露骨に金額を提示することはあまりないと思います。**

しかし、一歩踏み込んで聞くと金額の目安を教えてくれることもあります。

相談する際のポイントは、相手も答えやすいように聞くことです（次ページ）。

それでもわからない場合は、葬儀社

戒名とは

位牌に記された文字の意味を確認しておきましょう。戒名は❸の2文字が基本となり、それに❶院号、❷道号、❹位号が付いて、構成されています。

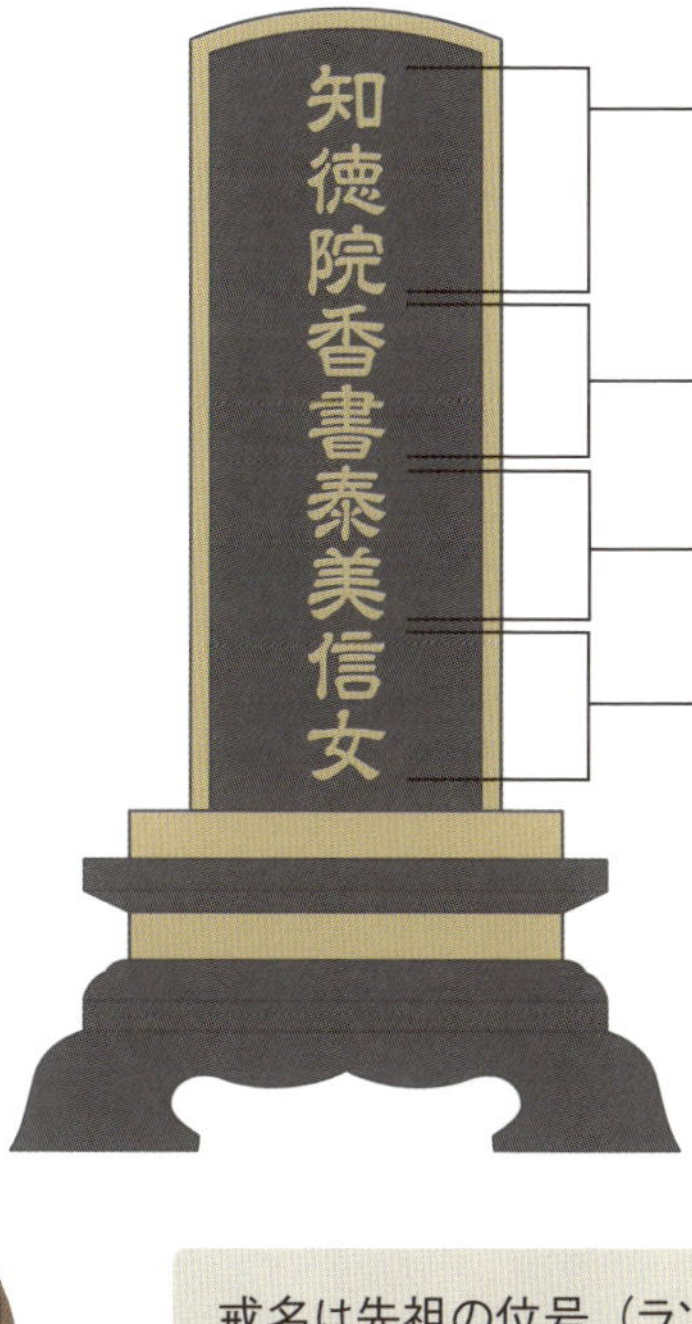

❶院号…家や故人の格式を表したもの。もともとは高貴な人や寺院建立の寄付をした人に与えられた称号。

❷道号…故人の性格や生前の人となりを称える文字が入ることが多い。もともとは仏教を修めた人に与えられた称号。

❸戒名…正確にいえば、戒名とはこの部分を指す。故人の俗名や愛称などから1字とって入れることが多い。

❹位号…男性は「信士」→「居士」→「大居士」、女性は「信女」→「大姉」→「清大姉」の順にランクが上となる。もともとは仏教徒の階級を表した。

戒名は先祖の位号（ランク）に合わせることが多いものです。たとえば、父親が亡くなり、祖父の位号が「信士」であれば、その子である父親も通常は信士となります。菩提寺に特別貢献をしたなどの事情があれば、別の位号になることもあります。一度ランクが変わると、以降その状態が維持されていくので、慎重に考えた方がよいでしょう。

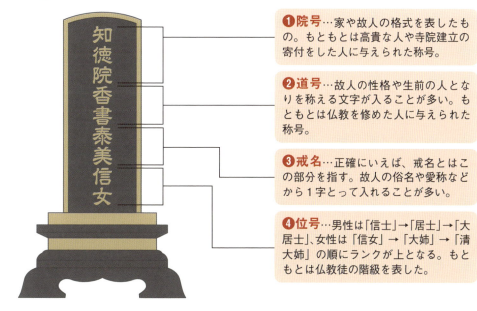

に相談してみるのも一つの手です。

また、**葬儀社に手配してもらった僧侶へのお布施は、僧侶と葬儀社との間で決まっていることが多いです。**

事前に葬儀社に聞いて、用意しておきましょう。当日の事前打ち合わせの際に、あいさつして渡します。

お布施とは別に用意するお金

通常、僧侶の送迎は喪主が手配しますが、僧侶の送迎をしない場合は、「お車代」として実費に5000〜1万円程度を足した金額を渡します。これはお布施とは別に包みます。

さらに、遠方の菩提寺から来ていただく場合は、葬祭ホールの近くに宿泊していただく必要が出てきます。この場合は、宿泊料を喪主が支払うよう手続きしておけばよいでしょう。

また、僧侶が精進落としなどの会食を辞退したときには、「御膳料」(5000〜1万円程度)をお布施とは別に包みます。

使える! フレーズ　お布施の金額を菩提寺に尋ねる

菩提寺にお布施の金額を相談する際のフレーズです。

●慣例に従う形で金額を聞いてみる

以前、先祖のお葬式をお願いした際には、どれくらいお包みしたでしょうか?

●同じ菩提寺の檀家が包んでいる金額を聞いてみる

不勉強なもので、お気持ちというものに見当がつきません。
他の檀家さんたちは、おいくらくらいご用意されているのでしょうか?

先生からの大切なアドバイス

お金に関することというのは、どんなことでも聞きにくいことではありますが、相談することは決して失礼なことではありません。もし提示された金額が思っていたより高額なときは、「私どもではこの金額が精いっぱいなのですが…」と、用意できる額でお願いしてみましょう。菩提寺には、今後も法要のお願いをすることになるので、無理な付き合いとならないようにしたいものです。

4 慣習やマナーに従って準備を 喪服や持ち物、心付けを準備する

心付けを用意する

お葬式費用の支払いは、大抵、お葬式後となりますが、霊柩車の運転手や火葬場の従業員に心付けを渡す場合は、それぞれ現金で不祝儀袋《ふしゅうぎぶくろ》に入れて準備しておきます。

公営の施設では心付けは不要とされていますし、心付けの慣習には地域差があって必要のないこともあります。最近は葬儀社の人から心付けの目安金額を案内してくれたり、不要な場合はその旨を教えてくれたりすることも多いようです。事前に相談して用意するのがよいでしょう。

誰にいくら渡すかは、下の表を参考にしてください。

心付けを渡す人と金額

金額や渡し方は、慣習によって異なります。葬儀社や親族に確認しましょう。

誰に	いくら
搬送車運転手	5000円程度
霊柩車運転手	5000円程度
ハイヤー・マイクロバスなどの運転手	5000～1万円程度
火葬場従業員	3000～5000円程度
火葬場控室従業員	3000円程度

※民営の火葬場の場合

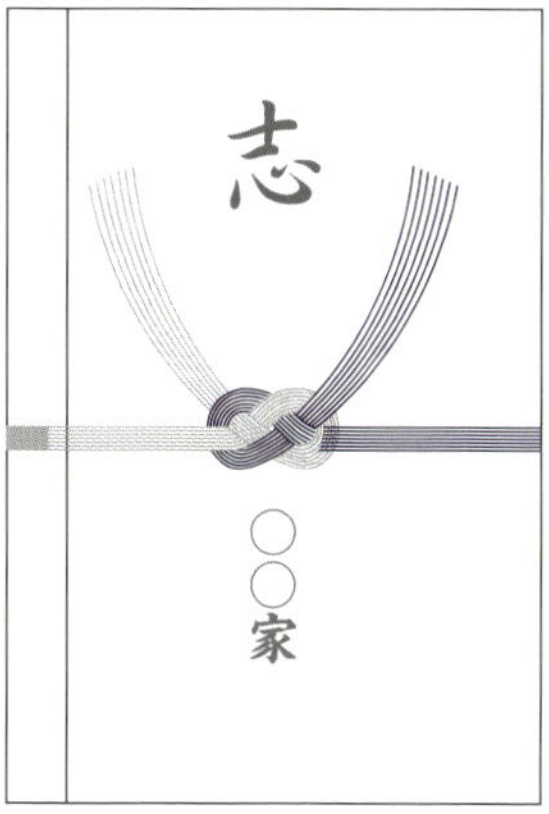

▲心付けの現金は、あらかじめ不祝儀袋に小分けしておく。

喪服、小物を用意する

喪服や小物は普段使うものではないので、準備をしておかないと、お葬式直前に慌ててしまいます。下に、通例となっている服装や小物を、男女別に紹介しますが、**近年では通夜、告別式ともに略礼装《りゃくれいそう》や準礼装《じゅんれいそう》を着用することが多くなっています**。また、家族だけのお葬式であればあまり形式にとらわれる必要もないでしょう。

男女かかわらず、ハンカチは白か黒にし、袱紗《ふくさ》は不祝儀用のものを使用します（色は紫、黒、グレー、藍色《あいいろ》など）。冬場はコートの色にも注意しましょう。黒、グレー、濃紺《のうこん》で、地味なデザインが望ましいです。**数珠《じゅず》は宗派によって異なりますが、どの宗派でも使える略式数珠を持っていると便利です**（一般的に、女性は小さな珠、男性は大きめの珠）。なお、天候により傘を持つ場合も派手《はで》な色は避けるようにしてください。

男性の服装や持ち物のマナー

●正式礼装（和装）　※喪主が着用

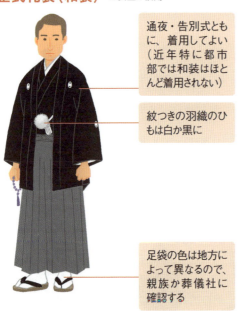

通夜・告別式ともに、着用してよい（近年特に都市部では和装はほとんど着用されない）
紋つきの羽織のひもは白か黒に
足袋の色は地方によって異なるので、親族か葬儀社に確認する

●略礼装　※喪主、親族、会葬者が着用

シャツは白、ネクタイは黒、タイピンはつけない
ブラックスーツを着用する人が大半
靴下も黒にする
靴《くつ》は光沢のない、黒でシンプルなものがよい

身だしなみの注意！

- 清潔感のある髪形にする（耳が出るように整えるとよい）。
- 匂いの強い整髪料や香水はつけないのが無難。

持ち物の注意！

- 腕時計は派手なものは外す方がよい。
- 持ち物はポケットに入れ、バッグは持たないのが主流。

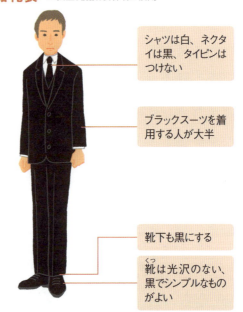

女性の服装や持ち物のマナー

●正式礼装（洋装）

※喪主、親族が着用

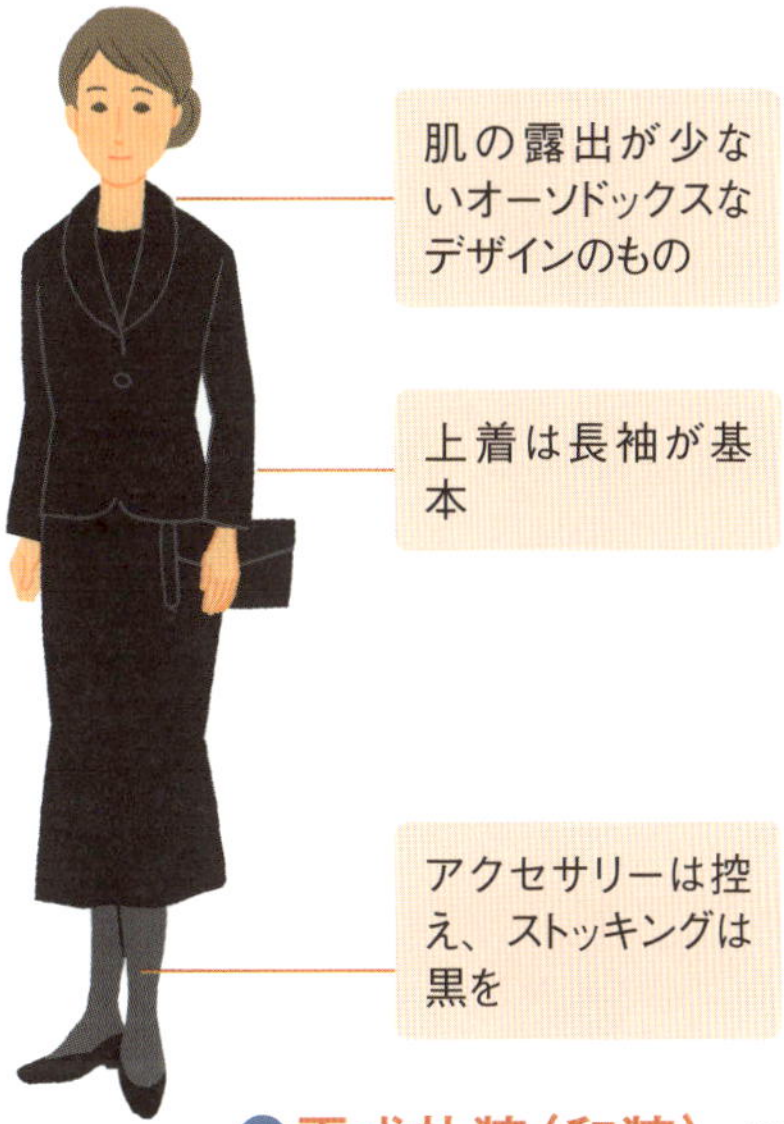

●準礼装

※親族、会葬者が着用

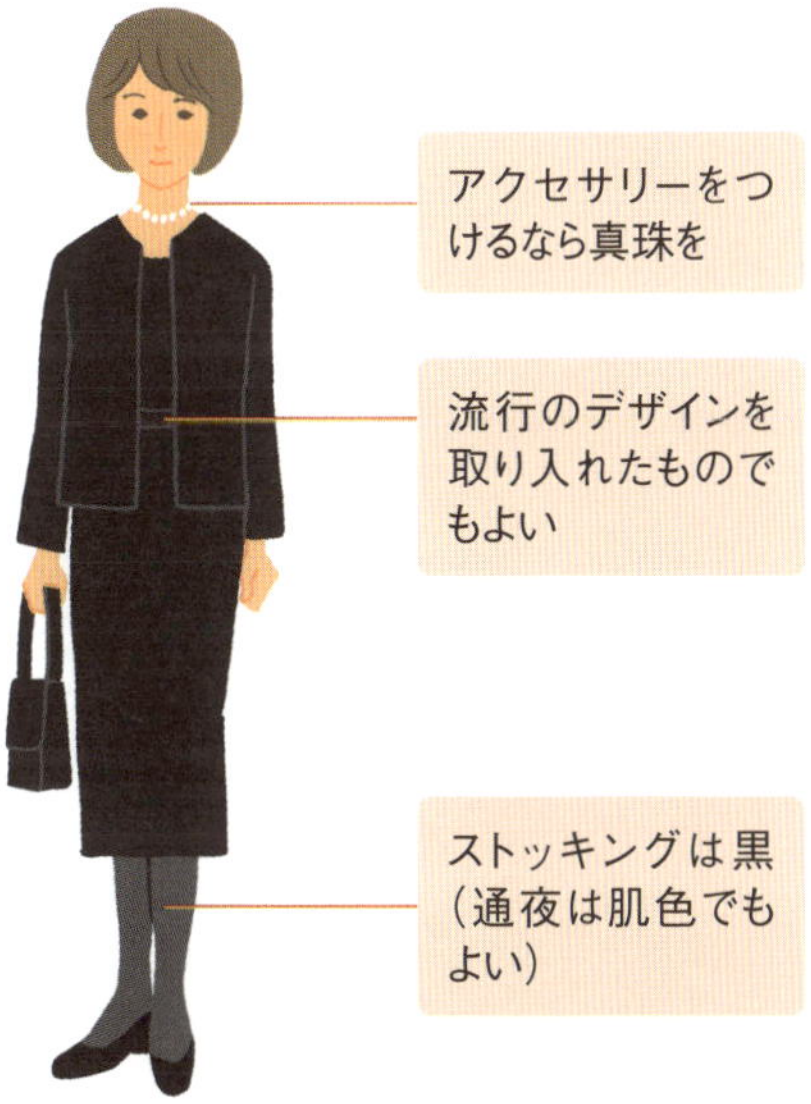

●正式礼装（和装）

※喪主が着用

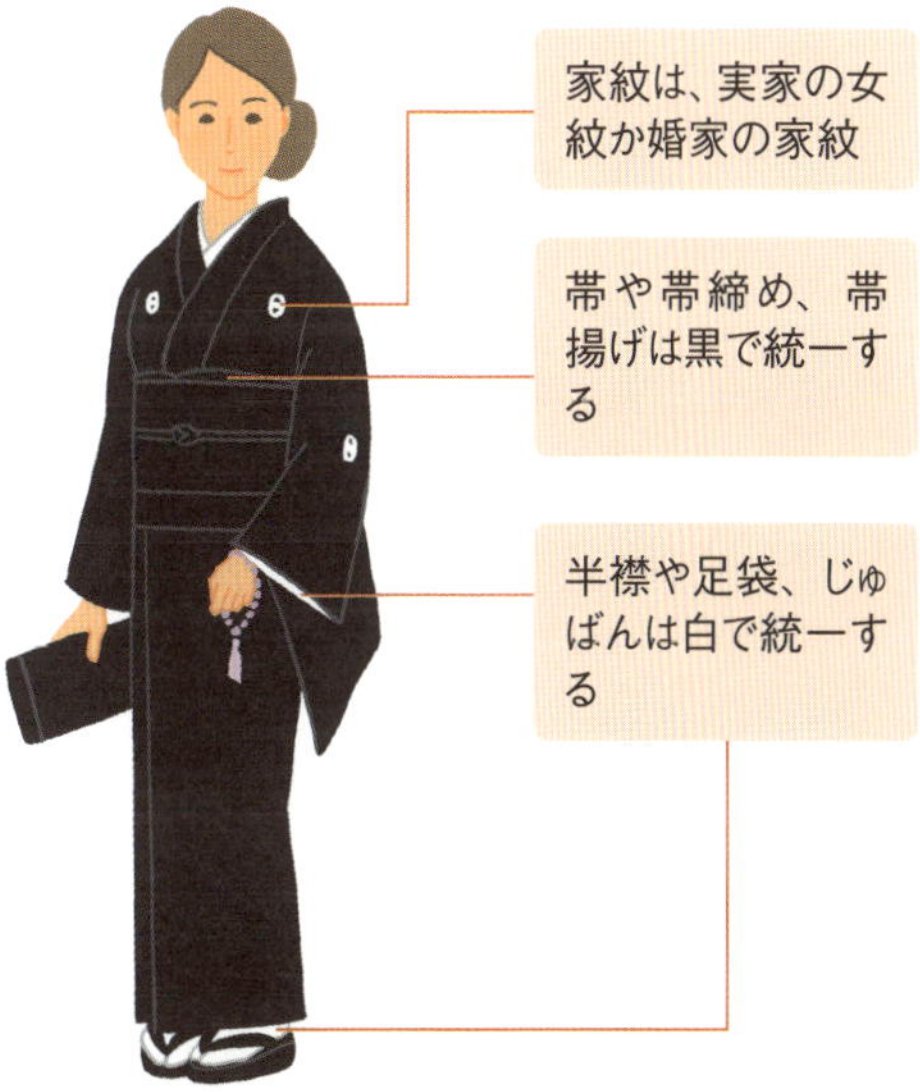

身だしなみの注意！

- 髪が長い場合はまとめるのが望ましい。
- 髪飾りはつけず、髪をまとめるためにつけるなら、黒のつやのないものにする。
- メイクやネイルは派手にならないよう注意し、自然な感じにする。
- 香水はつけないのが無難。

持ち物の注意！

- バッグと靴は黒で、布製がよい。
- 皮製品、特に爬《は》虫類《ちゅうるい》の皮は殺生を連想させるのでNG。
- エナメル素材など光沢が強いものも避け、金具や飾りのないものを選ぶ。

5 遺族が揃って行うことで供養になる 納棺する

遺族全員で納棺する

遺体を棺に納めることを「納棺（納棺の儀）」といいます。納棺は、通夜の当日か前日に行われます。実際の作業は葬儀社が行いますが、**大切な儀式なので、できるだけ遺族全員が集まって儀式に参加することが望ましいです。**「病気で痩《や》せた首元を隠してあげたい」など、納棺時に遺族の思いも実現できるでしょう。

死装束を着せて棺に納める

納棺の前には、旅立ちの衣装である死装束を着せますが、このとき「湯《ゆ》灌《かん》」をしてもらうこともできます。

湯灌とは、遺体を洗い清める儀式のことで、硬くなった関節が動きやすくなり、死装束を着せやすくなります。湯灌を行うには設備が必要なので、希望があれば事前に葬儀社に伝えておきましょう。

死装束は、白の経帷子《きょうかたびら》を、生きているときに着物を着る場合とは逆の、左前に合わせて着せます。

最近は、生前に自分の好みや希望に合わせて、華やかな死装束も選んでおく人もいるようです。また、死装束の代わりに、故人が生前愛用してした服を着せて送ることもできます。

死装束を着せたら、遺族全員で棺に納めます。このとき、副葬品《ふくそうひん》も一緒に納めますが、遺体と一緒に火葬されるため、**燃えないものや燃やすと危険なものは入れられません**（左ページ下図）。また、遺品としてとっておきたいものは別にしておきましょう。

納棺が終わると、棺を通夜の祭壇に安置します。

先生からの大切なアドバイス

納棺時の遺族の服装は、平服（暗い色の服）で行う場合と喪服で行う場合とがあり、基本的には地域の慣習に従います。通夜当日に納棺するのであれば自然と喪服になりますが、前日などの場合、年上の親戚に聞いたり、葬儀社に相談したりしてみましょう。遺族全員で決めればどちらでも問題ありません。

遺体に着せる死装束

経帷子は、仏教では巡礼服として、あの世への旅立ちの身支度とされています。

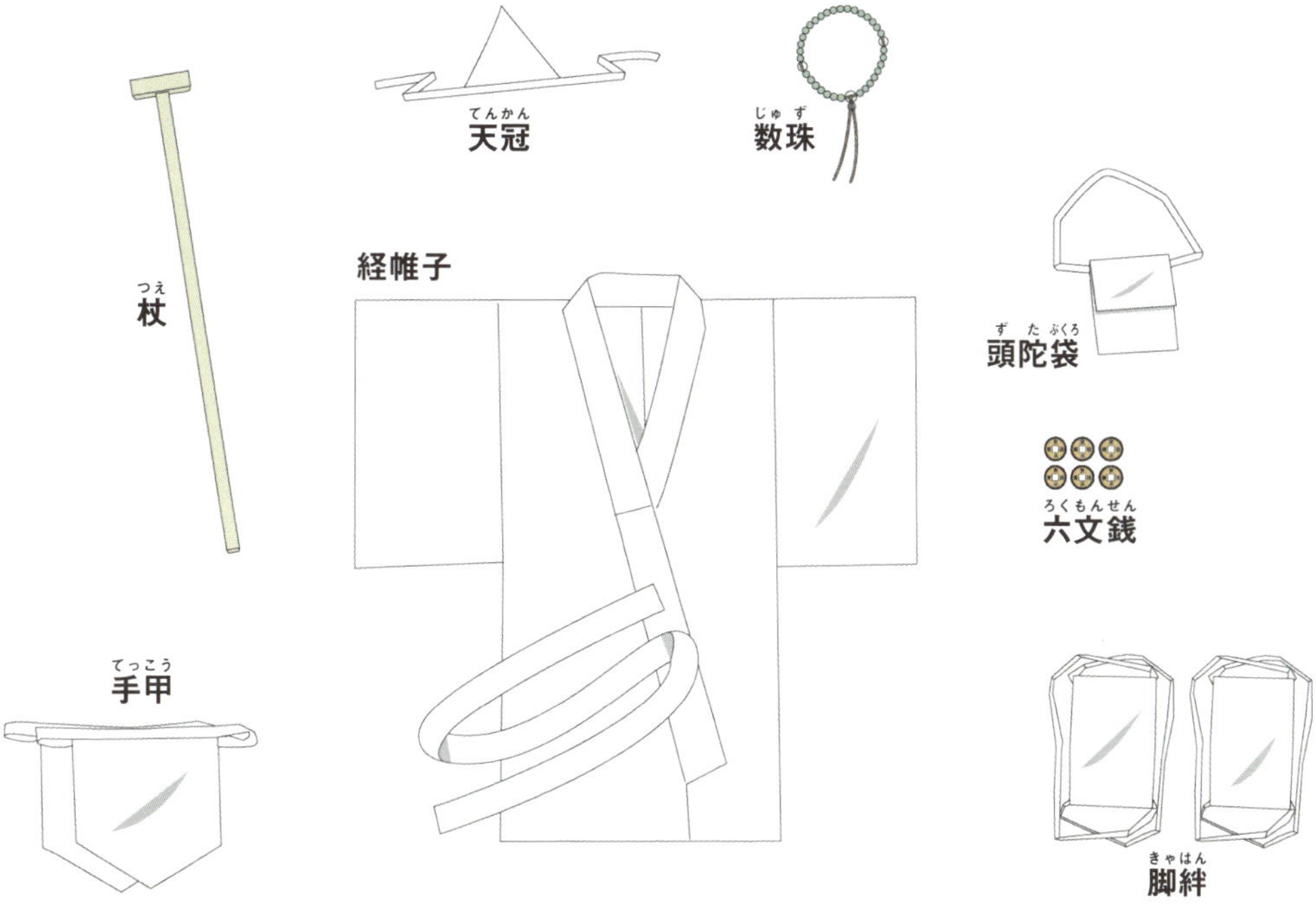

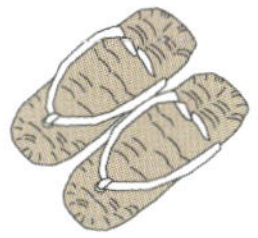

※仏教の宗派によっては不要の場合もある

最近では、実際に着せず、遺体の上に載せるだけとすることもある。また、伝統的な死装束にこだわらず、生前愛用していた衣装でお見送りする場合もある。

副葬品として入れられないもの

次のものは、副葬品として棺に入れることはできません。

●燃えないもの、燃えにくいもの

貴金属製品（金、宝石、プラチナなど）
果物 ※水分が多いため
厚い書籍 ※燃えにくいため

●燃やすと遺骨や炉を傷つけるもの

カーボン製品（釣り竿、ゴルフクラブなど）
ガラス製品（ビン類、メガネなど）
危険物(携帯電話、ペースメーカー、ガスライターなど)

●燃えると有害物質が出るもの

ビニール製品（ハンドバッグ、靴、ゴルフボール、おもちゃ、人形など）

6

通夜の席次、供花・供物の並び順を決める

通夜の前に葬儀社に確認すること

通夜の席次を決める

通夜をスムーズに執り行うために、喪主、遺族、親族、世話役代表、友人・知人、仕事の関係者の席次を決めておきます（下図）。

一般的には、祭壇に向かって右側の列に遺族と親族が血縁の近い順に座り、左側に故人と関係の深かった順に会葬者が座ります。喪主は、祭壇にいちばん近いところに座ります。

家族葬などで会葬者がいない場合は、右側・左側それぞれに親族が座ります。特に決まりはありませんが、右側に故人の配偶者、親、子、子の配偶者、孫が座り、左側にその他の親戚が座ることが多いようです。

供花・供物を並べる

供花・供物が届いたら、送り主の名前を書いた木札をつけて祭壇の脇に飾ります。**並べる順番は、生前故人と親しい間柄であった人を中心から並べるのが一般的です**（→P.112）。芳名板《ほうめいばん》の場合は、あいうえお順に並べるのが一般的です。

慌ただしい中ですが、故人との関係性については家族や親族に確認をし、順番はよく話し合って決めましょう。順番が決まったら、葬儀社に指示してください。**後日、お礼を言わなければなりませんので、供花や供物をくださった方の名前、住所などは必ず記録しておかなければなりません。**

通夜の席次の決め方

地域の慣例によって異なりますが、一般的には祭壇に向かって右側の列が遺族・親族、左側の列が会葬者になります。

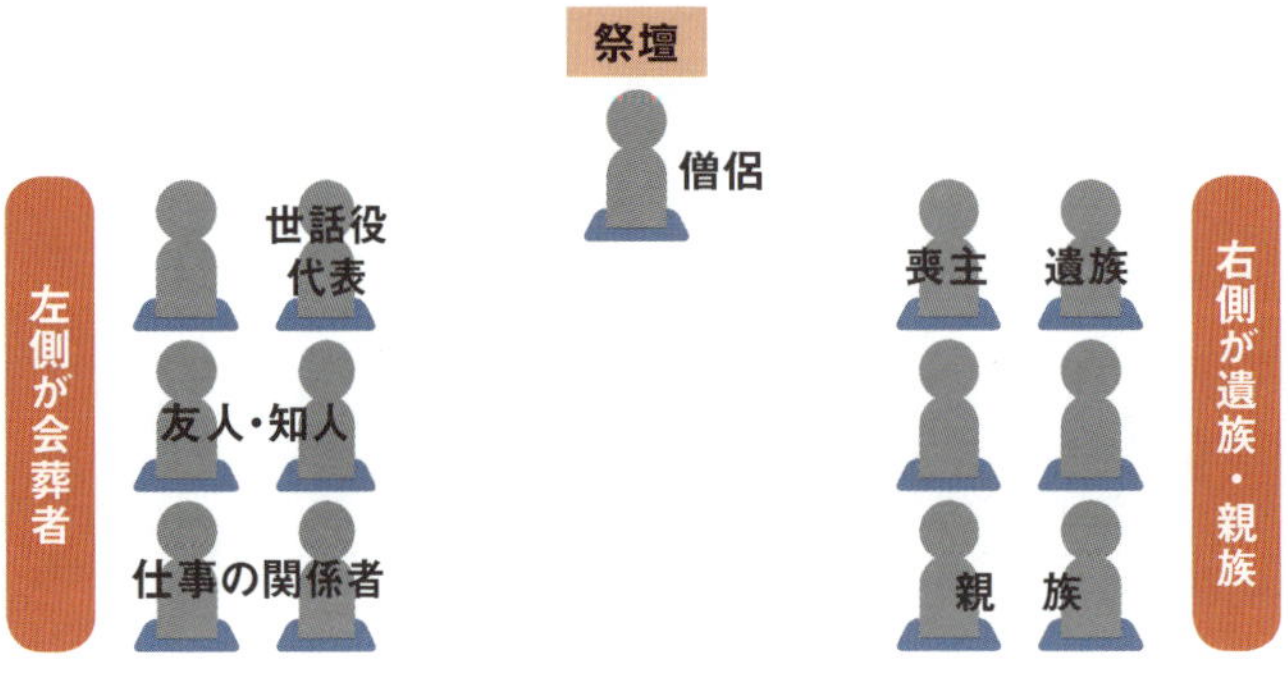

【芳名板（ほうめいばん）】 供花を供えた人の名前を一覧に掲示する形式のこと。

7 通夜当日の流れ

流れを把握しておき、当日は葬儀社に進行を任せる

通夜の流れを把握する

通夜の流れは、大きく次の①～③に分けられます（→P.124）。

一般的な通夜は夕方6時頃から始まり、1時間程度で終了後、通夜振る舞いを1～2時間程度行います。

①通夜の進行を確認する

葬祭ホールに到着したら、僧侶を迎える準備をします。

僧侶が到着したら控室に案内した後、祭壇の確認をしてもらいます。その後、葬儀社を中心に、僧侶、喪主、遺族、手伝いの親族、その他の手伝いの人が集まって、通夜の進行をともに確認します。

②通夜

一同が着席したら、僧侶が入場して読経が始まります。

30分程度の読経中、焼香が始まることもあります。まず僧侶が焼香し、喪主、遺族・親族、会葬者の順に続きます。焼香が終わって僧侶が退席後、喪主があいさつをして会葬者を通夜振る舞いの席に促します（→P.125）。

通夜振る舞い

通夜振る舞いでは、僧侶や会葬者をもてなします。

料理やお茶の用意などは、すべて葬儀社が取り仕切ってくれます。遺族は僧侶や会葬者の対応をすることで、喪主をサポートするとよいでしょう。

僧侶が会食を辞退したときは、帰る前に「御膳料」を渡します。最後に、喪主があいさつして通夜振る舞いを終わります。このとき、翌日の葬儀・告別式についても告知します（→P.125）。

通夜での喪主の役割

お葬式が始まってからの喪主の役割は、主に対外的な対応です。

❶僧侶への対応（出迎えたり、お布施を渡したりする）、**❷会葬者への対応**（出迎えたり、あいさつをしたりする）、**❸急な変更への対応**（予想外に会葬者が増えたり、天気が急変したりした場合など、予想外の対応には喪主の判断が必要）が主な役割です。

事前に準備は終わっているはずなので、当日は葬儀社や家族の助けを借りて落ち着いて行動しましょう。

通夜の流れを知ろう

通夜の流れは、大きく次の 1 〜 3 に分けられます。

1 通夜の進行を確認する

喪主、遺族、手伝いの親族、世話役、僧侶、葬儀社で進行の確認をする。

↓

受付開始

通夜開始の 30 分前から開始する。

↓

2 通夜

↓

一同着席

↓

僧侶入場

一同着席後、僧侶が入場して読経が始まる。

↓

読経

30 分程度の読経の間に焼香が始まる場合もある。

↓

焼香

僧侶→喪主→遺族・親族→会葬者の順で焼香する。控え室がない場合、会葬者は焼香後、通夜振る舞いの会場へ。

↓

僧侶退場

焼香が終わると僧侶が退席する。

↓

喪主あいさつ

通夜振る舞いに参加しない人に返礼品・会葬礼状を渡す。

↓

3 通夜振る舞い

↓

喪主あいさつ

会葬者に返礼品・会葬礼状を渡す。

↓

散会

使える! フレーズ　通夜での喪主のあいさつ

通夜の最後と通夜振る舞いの終わりに喪主のあいさつがあります。それぞれの場面で、以下の3点を述べます。

●通夜の最後で述べること

❶会葬へのお礼
❷通夜振る舞いの案内
❸葬儀・告別式の案内

●通夜振る舞いの終わりに述べること

❶会葬へのお礼
❷通夜振る舞い終了の案内
❸葬儀・告別式の案内

●通夜の最後での喪主のあいさつ

喪主

本日はお忙しいところ○○の通夜にご弔問くださいまして、誠にありがとうございました。　❶

○○の生前は、格別のご厚情《こうじょう》を賜りまして、○○も大変感謝いたしておりました。厚くお礼申し上げます。

大変ささやかではございますが、別室にお席を用意しております。供養にもなりますので、どうぞ召し上がりながら、故人の在りし日の思い出話などをお聞かせいただければ幸いです。　❷

なお、明日の葬儀は○時からでございます。何卒よろしくお願い申し上げます。　❸

●通夜振る舞いの終わりの喪主のあいさつ

喪主

本日は、ご多用中にもかかわらず誠にありがとうございました。　❶

おかげさまで滞りなく通夜を終えさせていただきました。

本日はこのあたりでお開きとさせていただきたいと存じます。　❷

明日の葬儀は、この葬祭ホールで○時より行います。お時間が許しましたら、お見送りに来ていただければ、ありがたく存じます。　❸

本日は誠にありがとうございました。

あいさつの内容は難しく考えず、自分の言葉で会葬者にお礼を述べましょう。通夜の最後でのあいさつでは、故人のエピソード（亡くなった日時や死因、生前の様子など）を話すのもよいでしょう。

8

葬儀・告別式を執り行う

滞りなく行うために段取りを確認しておく

葬儀・告別式の流れを把握する

一般的には、次のような流れで葬儀・告別式を行います。一同着席後、僧侶が入場し、開会の辞があります。読経が始まり、僧侶が焼香した後、喪主・遺族・親族が焼香します。続いて、会葬者による焼香があり、僧侶が退場し、閉会の辞、会葬者退場という流れになります（左ページ）。通常、ここまでで1～2時間程度です。この後、繰り上げ初七日法要を続けて行うこともあります。

なお、葬儀・告別式が終わると、出棺し、火葬場に移動して火葬をします。その後、繰り上げ初七日法要、精進落としと続き、全体でこの日は5～6時間程の長丁場となります。

葬儀・告別式の前に確認すること

通夜が終わったら、喪主、遺族、手伝いの親族、世話役、葬儀社で、次の①～④について確認を行います。なお、席次は通夜と同じです。

①弔辞

弔辞をいただく順番を決めておきます（近年では省略されることも多い）。**故人が会社員であれば、役職に従って順番を決めるのが一般的です。**肩書や名前の読み方に間違いがないように確認しておきましょう。

②弔電《ちょうでん》

全文を読み上げるもの、名前だけを読むものを決めておきます（弔辞同様、省略することがある）。

親族よりも社会的な関係を重視し、**通常は仕事の関係者1通、友人・知人1～2通程度の全文を読み上げ、後は名前のみ読み上げるのが一般的です。**

名前や会社名の読み方に間違いがないように確認しておきましょう。

③香典返し

葬儀当日に香典返しを送る「即日返《そくじつがえ》し」をする場合は、香典をいただいた方の人数に対して用意していた品物の数が足りるか確認します。足りない場合、対応が可能か葬儀社に連絡します。

④火葬場に同行する会葬者と精進落としの人数の確認

人数に変更がないかを確認し、変更があればすみやかに葬儀社に連絡をします。

葬儀・告別式の流れを知ろう

葬儀が始まると告別式、出棺へとひとつづきに進んでいきます。

1 葬儀・告別式の進行を確認する

喪主、遺族、手伝いの親族、世話役、僧侶、葬儀社で進行の確認をする。

↓

受付開始 — 通夜開始の30分前から開始する。

↓

2 葬儀・告別式

↓

一同着席

↓

僧侶入場

↓

開会の辞（司会者）

↓

読経

↓

弔辞拝受 — 読まない場合もある。

↓

遺族・近親者の焼香 — 僧侶→喪主→親族の順で焼香する。

ここまでが葬儀

↓

ここからが告別式

会葬者の焼香 — この後、繰り上げ初七日法要の読経が続くこともある。

↓

僧侶退場

↓

弔電奉読 — 読まない場合もある。

↓

閉会の辞（司会者）

↓

会葬者退場

↓

3 お別れの儀・出棺

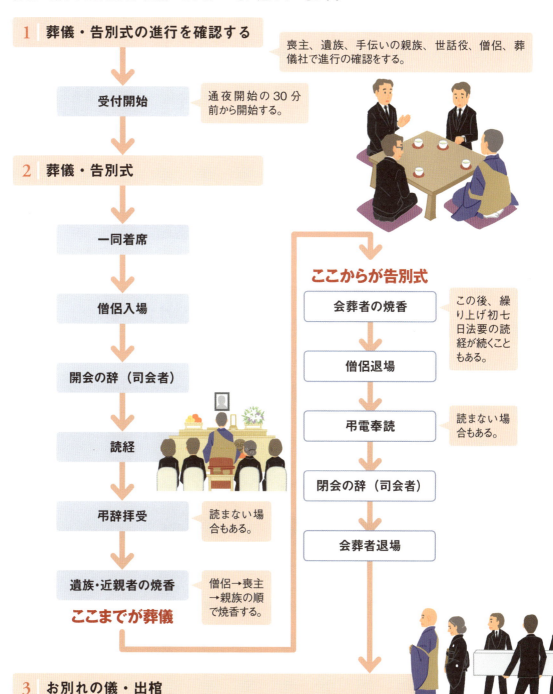

9

告別式後、火葬場へ移動する 出棺する

告別式後、お別れの儀を行う

告別式が終わると、喪主、遺族・親族、特に故人と親しかった人たちが会場内に残り、祭壇から棺を下ろして「お別れの儀」を行います。他の会葬者は会場の外に出て出棺を待ちます。**お別れの儀は、故人の姿を直接見ることができる最後の儀式です。**別れ花を手向《たむ》けた後、棺の蓋《ふた》を閉めます。最後に釘で打って完全に棺を閉じますが、これは近年省略されることも多く、また宗派によっては行いません。

出棺し、火葬場へ移動する

棺を男性が中心となって外に運んで

告別式後の流れを知ろう

喪主、遺族・親族等でお別れの儀をして、出棺という流れになります。

1 お別れの儀

↓

別れ花を手向ける
（告別式で供えてあった花を遺体の周囲に飾る）

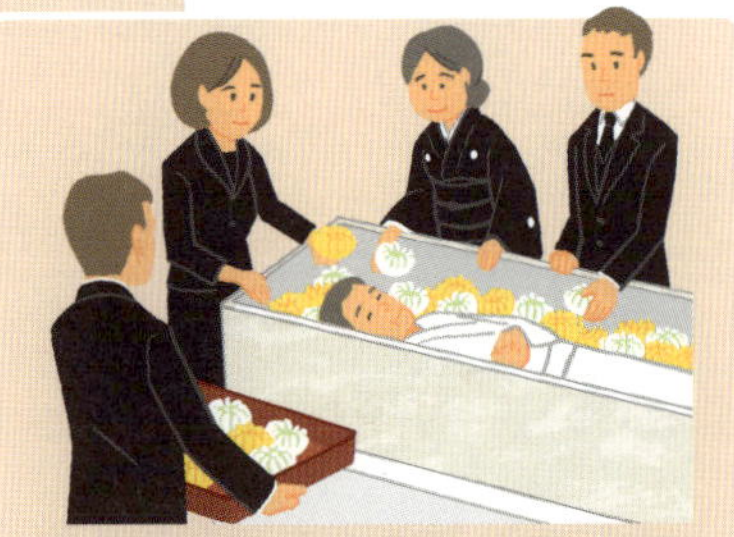

故人にお別れをしながら、棺に花を入れていく。全員がお別れを済ませると、棺が閉められる。

↓

釘《くぎ》打《う》ちの儀

まず葬儀社の人が半分ほど釘を打ち込み、喪主や遺族が石で釘を打つ。最終的には、葬儀社の人が釘をすべて打ち込んで、棺の蓋が完全に閉められる。

↓

2 喪主のあいさつ

↓

3 出棺

↓

4 火葬場へ

霊柩車に乗せたら、いよいよ出棺、見送りです。このとき、喪主は位牌を、遺族は遺影を持ちます。そして、**見送ってくれた会葬者に対して喪主があいさつをします。会葬者へのお礼を、自分の言葉で話せるように用意しておきましょう**（下図）。

あいさつが終わったら、喪主、遺族・親族、僧侶などは火葬場に移動しますが、火葬場に行かないほとんどの会葬者にとっては、これが故人との最後のお別れの場となります。

先生からの大切なアドバイス

出棺後、一連の儀式が終わってほっとした瞬間、急に悲しみが襲ってくることもあるでしょう。また、自分で気がつかなくても近しい人を亡くして動揺していることがあるので、火葬場へ自家用車で移動する場合は慎重を期してください。できれば別の人に運転を代わってもらった方がよいでしょう。

使える! フレーズ 出棺前の喪主のあいさつ

出棺前の喪主のあいさつでは、以下の5点を述べるとよいでしょう。

1. 会葬へのお礼
2. 故人が生前お世話になったことへの感謝
3. 故人の生前のエピソード（故人の人柄、闘病の様子など）
4. 今後の変わらぬ支援をお願い
5. 締めのあいさつ（改めてお礼）

喪主

出棺に先立ちまして、皆様にひと言ごあいさつを申し上げます。

本日はご多用中のところ、ご会葬賜り誠にありがとうございました。――❶

また、出棺までお見送りくださり、故人もさぞかし感謝していることと存じます。

亡き父の生前中は、皆様には大変お世話になりました。改めてお礼申し上げます。――❷

父は退職してからも、職場の皆様との交流を楽しみにしておりました。同僚の皆様と始めた野球チームも、最後は「練習よりも打ち上げが多かったくらい」と、楽しそうに話していたのを覚えております。

本日は、そのような皆様にも多数お集りいただき、父も感謝していることと存じます。――❸

これから父の遺志に添うよう一所懸命つとめて参りたいと願っておりますので、何卒生前と変わらぬご指導とご支援をお願いいたします。――❹

出棺に先立ちまして、ひと言ごあいさつを申し上げ、お礼にかえさせていただきます。ありがとうございました。――❺

10

故人との最後のお別れの機会を大切に
火葬する（荼毘《だび》に付す）

近親者で火葬場に移動する

出棺後、棺は火葬場に運ばれて荼毘に付されます（下図）。これが故人との最後のお別れです。

火葬場への移動は、棺と喪主を乗せた霊柩車を先頭に、遺族、親族、世話役などを乗せた供車《ともぐるま》で向かいます。火葬場へは、故人と特に親しかった友人も同行してかまいません。喪主は位牌とともに霊柩車の助手席に乗ることが多いのですが、他の親族とともにハイヤーなどで移動してもかまいません。最近は、喪主や僧侶も自家用車で移動することが大変多くなっています。その場合は、**火葬場の住所や道順を確認しておきましょう。**

出棺後の流れを知ろう

出棺後の流れは、大きく次の1～6に分けられます。

1 火葬場へ到着後、棺を炉前に安置

↓

2 納めの式

僧侶が読経し、焼香する。僧侶の同行がない場合は、遺族のみで焼香する。

↓

3 荼毘に付す

火葬することを荼毘に付すという

↓

4 収骨

分骨する場合は、分骨用の骨壺も必要となる。

↓

喪主あいさつ

↓

5 繰り上げ初七日法要・精進落とし

場所を移し、続けて行うことが多い。

↓

喪主あいさつ

↓

6 遺骨を自宅に安置

【供車（ともぐるま）】 出棺後、火葬場へ向かう際に、喪主や遺族、親族を乗せて霊柩車とともに移動する車のこと。

火葬場には火葬許可証を持って行く

火葬には、市区町村役場で発行された「火葬許可証」（→P.101）が必要なので、忘れずに持参してください。事前に葬儀社に預けておくと、忘れる心配がありません。

この「火葬許可証」は、火葬後に火葬場管理者が記名・押印して「埋葬許可証」になります。これは納骨（→P.170）の際に必要なので紛失しないようにしましょう（通常は骨壺とともに箱に納められる）。

さらに、**分骨する場合（→P.86）は、火葬場で「分骨証明書」を発行してもらいます。**その場合は、分骨用の骨壺の用意も必要です。

なお、地域によっては火葬場のスタッフに心付けを渡すのが慣例となっている場合があります。事前に葬儀社に確認し、必要な場合は用意しておきましょう。

納めの式を行い、茶毘に付す

火葬場に到着したら、炉前に棺を安置し、祭壇に、位牌と遺影、香炉やしょく台、生花、供物などを飾ります（葬儀社が準備してくれる）。

それから、僧侶による読経と焼香に続いて、全員が焼香する「納めの式」を行います。僧侶が火葬場に同行しない場合は、遺族で焼香のみ行います。

その後、遺体を茶毘に付します。火葬には40分～2時間前後かかるので、その間は控え室で待機します。**その場に僧侶がいる場合は、今後の法要などについて簡単に打ち合わせしておくと後が楽です。**

火葬終了後は、遺骨を骨壺に納める「収骨」を行います（「骨揚げ」「骨拾い」などともいう）。収骨の方法は、下の図を参考にしてください。

収骨が終わると、多くの場合、場所を移動して「繰り上げ初七日法要」と「精進落とし」を続けて行います。

収骨の作法を知ろう

収骨は2人一組で行います。それぞれが箸を持ち、一緒に１つのお骨を納めたら、次の人に箸を渡して交代します。足の骨から上半身の骨という順番で収骨します。最後は、故人と最も血縁の深い人（通常は喪主と配偶者、子どもなど）が、のど仏の骨を拾い納めます。関東はすべてのお骨を骨壺に納めますが、関西は「部分収骨」といって、一部のお骨のみを納めるのが一般的です。

11 精進落としでは心をこめて関係者をねぎらう

繰り上げ初七日法要・精進落とし

初七日法要を繰り上げて行う

火葬が終わると遺骨を自宅に迎え、後飾り祭壇（下図）に安置します。後飾り祭壇は、葬儀社に頼めば用意してもらえます（通常、葬儀のプランに含まれている）。このとき、お骨を迎える儀式として、僧侶に読経してもらい、喪主、遺族・親族が焼香する「還骨法要《かんこつほうよう》（還骨勤行《かんこつごんぎょう》）」を行います（近年、省略することも多い）。還骨法要は自宅で行うか、葬儀会場に戻って「繰り上げ初七日法要」と併せて行います。

初七日法要とは、故人の魂が死後7日目に三途《さんず》の川《かわ》に到着するとされることから、無事成仏するように願って行われるものです。通常、葬儀の2～3

遺骨を安置するための後飾り祭壇

自宅に遺骨を迎えたら、後飾り祭壇に安置します。一般的に四十九日法要まで後飾り祭壇に安置し、弔問客が訪れたらこの祭壇でお線香をあげてもらいます。祭壇は葬儀社が用意してくれます。

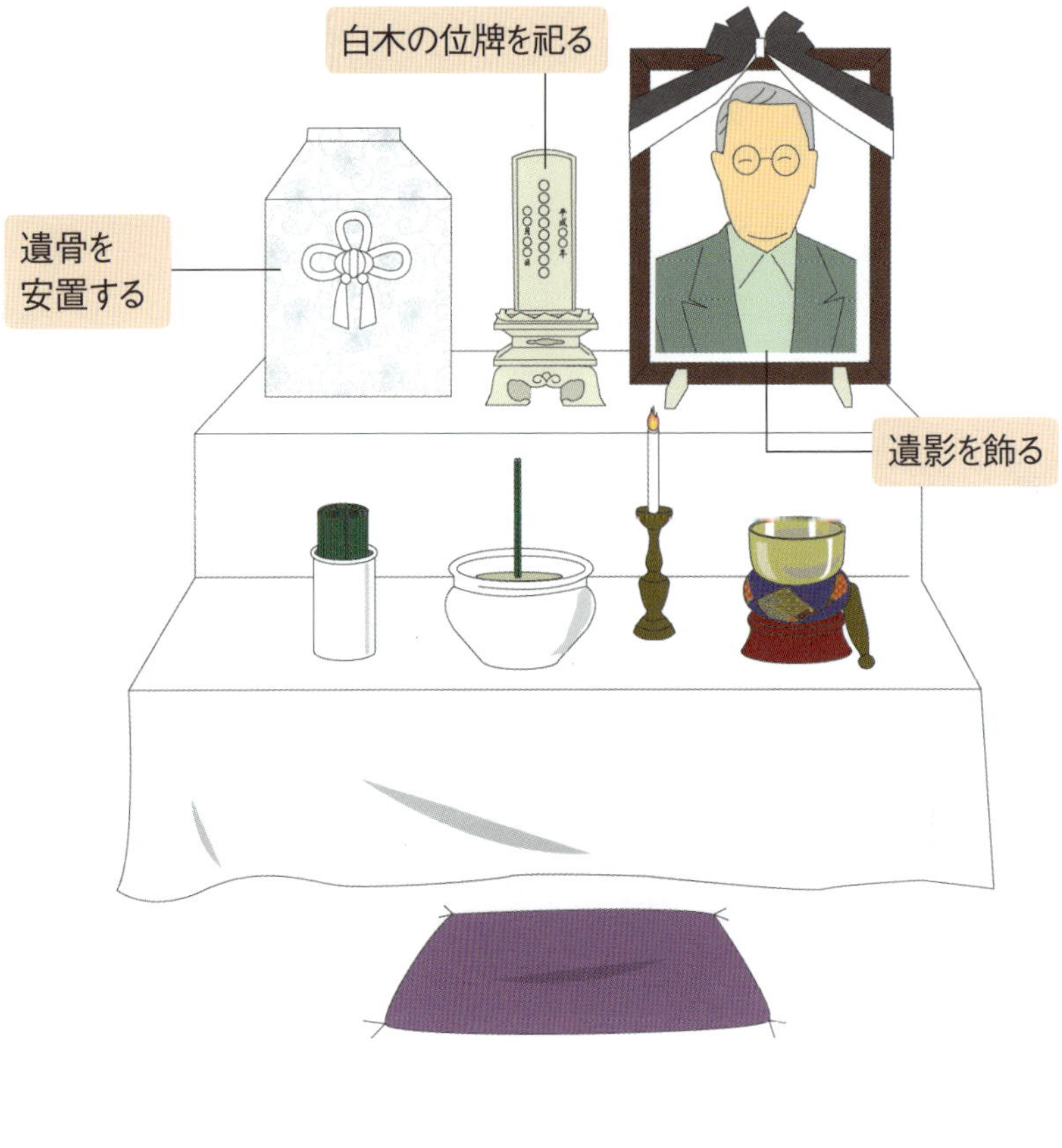

日後がこの7日目にあたるため、**最近では親族の負担を考え、葬儀・告別式の後、もしくは火葬の後に続けて行うことが多くなっています。**これを「繰り上げ初七日法要」といいます。

精進落としをして散会

「精進落とし」とは、四十九日の忌明けに、食事を精進料理から通常のものに戻すことをいいます。しかし、**現代では、お葬式後（あるいは繰り上げ初七日法要後）に、僧侶や世話役などの労をねぎらうための会食として定着しています。**せっかくの機会なので、故人の思い出を親族でゆっくり語り合える場にしましょう。

会食の間、喪主はお世話になった人、一人ひとりにお礼を言って回りましょう。最後に喪主が締めのあいさつをして散会となるのが一般的です（下図）。

なお、僧侶が精進落としを辞退した場合は「御膳料」を渡します（→P.116）。

使える! フレーズ　精進落とし時の喪主のあいさつ

精進落としの最初と最後に喪主からあいさつをします。それぞれの場面で、以下の3点を述べます。

●精進落とし開会で述べること

1. 会葬へのお礼
2. 葬儀終了の報告
3. 精進落としの案内

●精進落とし閉会に述べること

1. 精進落とし終了の案内
2. 変わらぬ親交のお願い
3. 四十九日法要、納骨の案内

●精進落とし開会のあいさつ

喪主

本日は長時間にわたりお力添えをいただきまして、ありがとうございました。――❶
おかげさまで滞りなく葬儀を終えることができました。遺族一同、心よりお礼申し上げます。――❷
ささやかではございますが、精進落としのお膳をご用意させていただきました。ごゆっくりおくつろぎください。――❸

●精進落とし閉会のあいさつ

喪主

皆様、本日は最後までお付き合いいただき、ありがとうございました。
名残惜しいですが、お疲れのところあまり長くお引き留めしては申し訳ございませんので、このあたりでお開きとさせていただきます。――❶
何かと行き届かない点がございましたこと、お詫び申し上げます。何卒、今後とも変わらぬご厚誼《こうぎ》を賜りますようお願いいたします。――❷
なお、四十九日の法要と納骨は○月×日に執り行います。お忙しいところ恐縮ではございますが、ご参列のほどお願い申し上げます。詳細は、後日ご案内申し上げます。――❸
本日は誠にありがとうございました。お気をつけてお帰りくださいませ。

12

会葬する立場になったときのマナー

葬儀に参列することになったら

服装・持ち物のマナー

「お通夜は急なことなので、平服でよい」「お通夜に喪服で参列するのは、死を予想していたようで縁起が悪い」と聞いたことがあるのではないでしょうか。しかし、「平服でよい」と言われて、ジャージや部屋着で参列する人はいません。**男性であれば、黒のスーツと黒ネクタイ、女性であれば、黒のスーツか黒のワンピースが無難です。**最近では、通夜に喪服で参列することも一般的になっています。

鞄や靴、小物は、P.118、P.119ページを参考にしてください。香典は、香典袋を袱紗に包んでおき、渡す際に袱紗から出します。

通夜の平服のマナー

●男性　●女性

通夜と告別式、どちらに出るべき？

告別式は親しかった友人や知人が参列するものと思われがちですが、それは誤解です。もともと、通夜は遺族や近親者のためのものでした。地方では、まだこの慣習が強く残っているところもあります。

近年では、日中の仕事に左右されず、時間的に参列しやすいという事情から、夕方から夜にかけて行われる通夜の方に出る人が多くなってきています。**どちらに出るべきか迷ったら、お通夜に出るのが無難です。**

故人との関係が深い場合は、通夜と告別式の両方に参列するのがよいでしょう。

お葬式での言葉のマナー

通夜や告別式で遺族に会った際の**あいさつとしては、「御愁傷様《ごしゅうしょうさま》です」と「お悔やみ申し上げます」がよく使われます。**この２つは、どちらも遺族の悲しみに寄り添うという意味なので、立場や年齢によって使い分ける必要もありません。さらに、「大変な中、お知らせをありがとうございました」「急なことで、申し上げる言葉もありません」など、自分なりの言葉を加えるとよいでしょう。

なお、「度々《たびたび》」「重ね重ね」といった重ね言葉など、**不幸が繰り返されることをイメージさせる言葉は「忌《い》み言葉」といわれ、マナー違反です。**また、「死去」などの生死についての直接的な表現は、「逝去」と言い換えます（下図）。

香典の相場について

香典の金額は、故人が親族でなければ、だいたい５０００円が相場です（次ページ）。包む金額は、多ければよいというものでもありません。**高額な香典は、香典返しの際に遺族に余計な気を使わせてしまうので、配慮が必要**

お葬式で使ってはいけない忌み言葉

不吉な言葉、縁起の悪い言葉を使うと凶事《きょうじ》が起こるとされていたことから、以下のような言葉の使用はマナー違反とされています。

●重ね言葉

NG
- 重ね重ね
- 返す返す
- くれぐれも
- 度々
- いよいよ など

●不幸が続くことを連想させる言葉

NG
- 続いて
- 再び
- 追って
- 再三
- 繰り返し など

●生死についての直接的な表現

NG 死ぬ、死去 → OK 逝去

NG ご生存中 → OK ご存命中、生前

です。

また、会社の同僚と一緒に参列する場合は、同じ金額に合わせるのが望ましいでしょう。親族のお葬式であれば、事前に親族間で金額を取り決めることもあります。

弔問できないとき

会葬案内をもらっても、事情により弔問できない場合、代理で弔問できる人がいればお願いし、香典を預けます。弔電や供花を送ることもできます。

香典を郵送するなら、現金を不祝儀袋に入れ、手紙を添えて現金書留《げんきんかきとめ》で送るのもよいでしょう。その場合、**斎場ではなく、喪主の自宅に送ります。**

後日改めて自宅などに伺うなら、四十九日までは「御霊前《ごれいぜん》」、四十九日を過ぎたら「御仏前《ごぶつぜん》」の不祝儀袋を使うのが一般的です。

また、もし欠席の連絡をするのであれば電話よりもハガキやメールの方が、喪家の負担になりません。

香典の書き方と金額のマナー

通夜・告別式では、「御霊前」または「御香典」と表書きがある袋を使います。四十九日を過ぎて、自宅を弔問する際は「御仏前」を使います。

※蓮の花が描かれている香典袋は仏教用なので、先方の宗教がわからないときは使わない方がよい。また、キリスト教式では、ユリの花や十字架が描かれたのし袋を使用する。

●香典の相場

故人との続柄・間柄	目安金額（～40代）	目安金額（50代以上）
仕事の関係	5000円	5000円
友人・知人	5000円	5000円
親	3万～10万円	5万～10万円
祖父母	1万～3万円	3万円
おじ・おば	1万～2万円	1万～3万円

※4000円（死）や9000円（苦）は避ける

焼香の流れと作法

会葬者は、喪主・親族に続いて焼香を行います。基本的な焼香の流れと作法を確認しておきましょう。

●焼香の流れ

数珠を持って席を立つ
↓
僧侶に向かって一礼
↓
喪家に向かって一礼
↓
焼香台前で祭壇に向かい一礼
↓
焼香をする
↓
祭壇に向かって一礼
↓
下がって、僧侶に一礼
↓
喪家に向かって一礼
↓
着席する

●焼香の作法

1

右手で香を適量つまむ。

2

香をつまんだ手を額のあたりまで押しいただく（目の高さまで持ってくる）。

3

香炉に香を静かにくべる。

4

数珠を両手にかけて合掌する。

宗派によって焼香の回数や、押しいただくかどうかなどに違いがあります。喪家の焼香を見て、同じようにすれば問題ありません。あまり形式にこだわらず、心を込めて行うことが大事です。

第5章

お葬式が終わった後の手続き

この章では、お葬式後に発生する事務処理や故人に関する
手続きをまとめています。
役所への手続きには期限が設けられているものもあります。
手続きの期限と用意するものを確認しておきましょう。
また、申請しないともらえないお金などもあります。
受給の要件を確認し、期限内に忘れずに申請してください。

お葬式後の事務処理と手続き

1

領収書やメモをもとにすみやかに処理する

事務処理の引き継ぎと支払い

世話役、親族、葬儀社から引き継ぐこと

お葬式が終わったら、世話役や手伝いの親族、葬儀社から事務の引き継ぎを行います（下図）。時間が経ってしまうと事実関係があやふやになってしまうので、すみやかに行いましょう。

引き継ぎでは、会葬者名簿に加え、香典、供物などの記録を受け取ります。香典の金額、誰から弔電や供物が届いたのかを把握し、お礼を送れるようにしておきましょう。

さらに、**お葬式の間に誰かが立て替えた費用は領収書をもらい、できれば当日に、それができない場合は数日中に精算します。**

喪主が世話役、親族、葬儀社から引き継ぐこと

引き継ぐ内容と、その際のポイントを押さえておきましょう。

会葬者名簿（名刺）

会葬者を確認する。特に故人がお世話になった人や地域の世話役などで、当日あいさつができなかった人がいれば、後日あいさつに伺う。

香典と香典帳

香典をいただいた人、香典帳と現金が合っているかを確認する。

弔電、供物・供花の記録

いただいた人を確認し、後日お礼状を出す。

葬儀費用、飲食費用など

会計の記録を確認する。特に、当日急遽《きゅうきょ》必要になった費用や人数の変動で増減した費用、見積りには含まれていないが喪家の希望で追加したものなどをチェックする。

立て替え金

立て替え金がないか確認して、あればすみやかに支払う。領収書などをもとに一覧表を作り、精算の抜けがないようにする。

●立て替え金一覧表（例）

誰が	何に	いくら	領収書	支払い
世話役○○さん	ビニール傘 10 本	5000 円	あり	済
叔父○○さん	運転手心付け	5000 円	なし	未

支払い先を整理する

お葬式にかかった費用の主な支払い先は、葬儀社、飲食店（仕出しなど）、僧侶・菩提寺、世話役や親族（立て替え金など）です。通夜振る舞いなどの仕出し費は、葬儀費用に含まれていれば、別途の支払いは必要ありません。支払い先は複数になるため、漏れがないように注意を払いましょう。

葬儀社への支払いについては、事前にもらった見積書と請求書を見比べて、不明な金額がないかをよく確認してください。支払ってしまってから「見積りと違った」と気づいても、返金を求めるには骨が折れます。**不明な点があれば、支払う前に説明を求め、納得してから支払うようにしましょう。**

個人の立て替え金やお布施など領収書がないものは、「誰が、何に、いくら」支払ったかを、メモに残しておくだけでもかまいません（右ページ下図）。

故人のお金でお葬式の費用を支払う場合

人が亡くなった瞬間に、その財産は相続人のものになります。そのため、相続人全員が納得すれば、故人の財産からお葬式の費用を支払うこともできます。

銀行に亡くなったことを知らせると、その時点で口座が凍結されてお金が引き出せなくなります。２０１９年の民法改正により、簡易な手続きで被相続人の銀行口座から1行につき最大１５０万円まで、相続人が引き出せるようになりましたが、時間がかかります。

なお、お葬式の費用を故人の遺産を相続する人が支払った場合、相続財産から控除することができます（↓P.182）。領収書をもらっておき、きちんと保管しておきましょう。控除金額に上限はありませんが、控除できる範囲などが決まっています。**この場合の「お葬式の費用」の中には、香典返しの費用や初七日法要などの法事の費用**

Q&A ココが聞きたい! お葬式の費用のためにお金を準備する

Q

生前に故人のお金をお葬式の費用として銀行からおろしておくのは問題がないのでしょうか?

A **本人の希望によって、代理で引き出しするのであれば問題ありません。**

ただし、他に遺産を相続する人がいるのであれば、事前にその旨を話して同意を得ておいた方がいいでしょう。後にあらぬ疑いをかけられないよう、きちんと通帳に記帳をし、口座から引き出したお金は生活費とは別に管理するなどしておきましょう。

は入りません（下図）。

香典をお葬式費用の支払いにあてる

一般的に、香典は喪主への贈与となるので、香典からお葬式の費用を払ったり、香典返しの費用を出したりすることは問題ありません。香典でまかなえない部分を故人の財産で支払ったり、それでも足りなければ、相続人がそれぞれの相続割合（→P.178）に応じて支払ったりすることもできます。

先生からの大切なアドバイス

喪主は、打ち合わせからお葬式終了まで、意外と多くの書類を受け取ります。お葬式が終わってから落ち着いて整理できるよう、クリアファイルを１冊用意して、受け取った書類はすべてそこに入れておくようにするとよいでしょう。領収書や見積書も一緒に保管しておき、「この中だけ確認すればよい」という状態にしておくと楽です。

相続財産から控除できるもの・できないもの

相続財産から控除できるものは、相続人が負担した葬祭費用です。

控除できるもの

- 火葬、埋葬、納骨の費用（及びその運搬費）
- 通夜、葬儀・告別式の費用
- 僧侶へのお布施

控除できないもの

- 香典返しの費用
- 初七日法要などの法事の費用

＋α お布施の領収書

お葬式の費用を相続財産から控除するには、原則として領収書などが必要です。お布施については領収書をもらえることは少ないのですが、中には、「志納証《しのうしょう》」「ご奉金」という形で証明書のようなものを発行してくれることもあります。もし、これらのものが一切なくても、金額と支払い先がわかるメモがあれば、お布施の金額も相続財産から控除することが可能になります。

志納證

20××年　○月　○日

夏目　次郎　様

但し、○○○として
今般、心こもる浄財を賜り謹んで拝受申し上げます。

宗教法人　○○宗□△寺
代表役員　住職　○○○○ 印

▲志納証（例）

2 お世話になった人へのお礼はきちんと行う
お礼のあいさつと香典返し

菩提寺とお世話になった人へのお礼

お葬式の翌日か翌々日には、菩提寺にお礼に伺います。服装は礼装か、準礼装など礼装に準じるものにします。葬儀後にお布施を渡していなければ、ここで渡すことになります。日ごろ菩提寺とコミュニケーションをとる機会がないなら、よい機会なので親から供養のバトンタッチを受けたと思って臨みましょう。このとき、四十九日法要や納骨の相談をしておきましょう。

お葬式の世話役や、故人が生前お世話になっていた人へのお礼やあいさつは、初七日までに行います。服装は、派手にならないものを心がけ、必要があれば手土産を持参します。

香典返しのあいさつ状（例）

香典返しとともにあいさつ状を送る場合の例です。書面には、基本的に❶～❺の内容を記します。

拝啓

❶
先般　亡父○○○○　の葬儀に際しまして、ご多用中にもかかわらずご会葬を賜り且つご鄭重なるご厚志を賜り有難くお礼申し上げます。

❷
葬儀の際は取り込み中にて万事不行届きにて申し訳なく存じております。
おかげをもちまして○月○日に四十九日の法要を滞りなく、済ませることができました。

❸
つきましては、供養のしるしに心ばかりの品をお送りいたします。
何卒ご受納賜りたくお願い申し上げます。
生前のご厚情に感謝申し上げますとともに、今後も変わらぬご指導ご厚誼を賜りますようお願い申し上げます。

❹
本来であれば拝眉の上お礼申し上げるのが本意ではございますが、略儀ながら書中を持ちましてお礼かたがたごあいさつ申し上げます。

敬具

❺
令和○○年○月○日

喪主○○○○
親族一同

❶会葬のお礼

❷葬儀の不行き届きへのお詫び

❸お礼の品を贈ること

❹書面でお礼を述べるお詫び

❺年月日と喪主の氏名など

表書きは志とすると、宗派を問わず使える。

▲香典返しののし

名前は、喪家の名前を書くのが一般的。

香典返し、弔電、供花・供物へのお礼

近年は、お葬式の帰りに香典返しを手渡しする「即日返し」がスタンダードになってきています。即日返しでない場合は、四十九日が終わった忌明けを目安に「香典返し」を行います。

一般的に、香典返しは「半返《はんがえ》し」といって、いただいた金額の半額程度のものが目安とされています（→P.168）。品物は、以前は消えもの（使ってすぐになくなる物）が求められていましたが、最近は先方が好みの物を選べるカタログギフトを渡すこともあります。

香典返しは、本来であれば1軒ずつ訪問して渡すのが望ましいのですが、あいさつ状を添えて郵送するのが一般的です。品物を包んだ上からのしをつけ、**表書きを「志」とすれば、どの宗派でも使えます**（→P.143）。

また、弔電や供花・供物をいただいた方へのお礼状も忘れずに出しましょう（下図）。

弔電、供花・供物のお礼状（例）

弔電、供花・供物のお礼状の例を以下に示します。

弔電のお礼状

謹啓

先般　亡父○○の葬儀に際しまして、早速、ご鄭重なるご弔電をいただきまして、誠にありがとうございました。ご弔慰のお言葉謹んでお受け致し、霊前に供えさせていただきました。お心遣いに感謝申し上げるとともに、○○の生前のご交誼に対し厚く御礼申し上げます。

何卒これからもよろしく、ご指導ご鞭撻下さいますようお願い申し上げます。

敬白

令和○○年○月○日

喪主　○○○○

ポイント　弔電へのお礼状ははがきで作成しても問題ない。返礼品は不要。

供花・供物のお礼状

拝啓

先般　亡父○○の葬儀の折には、立派なお供えを賜りまして誠にありがとうございました。謹んでお受けいたし、霊前に飾らせていただきました。○○の最後を飾って下さいましたご芳情に心よりお礼申し上げます。

お陰様をもちまして、葬儀も滞りなく終えさせて頂きました。格別なご高配につきまして、重ねて厚く御礼申し上げます。

末筆ながら、幾久しいご健康とご多幸をお祈り申し上げます。

敬白

令和○○年○月○日

喪主　○○○○

ポイント　供花・供物を霊前に飾った報告をする。お礼状とともに、いただいた品の3分の1から半額程度の品を贈る。

3 いつまでにどんな手続きが必要か整理する
お葬式後、すぐに行う手続き

年金、健康保険、世帯主に関する手続き

お葬式後に行うべき手続きの中には、健康保険の切り替えなど、今後の生活に影響が出る重要なものもあります。期限があるものはもとより、期限が特別定められていないものでも後回しにすると忘れてしまうこともあるので、すみやかに終わらせるようにしましょう。

①年金給付停止手続き

故人が年金を受給していた場合、国民年金、厚生年金などの年金の種類を問わず、給付停止手続きが必要です（→P.148）。ただし、マイナンバーが日本年金機構に収録されている人は、市区町村役場に死亡届（→P.103）を出せば、この手続きは不要です。手続きが必要かどうかは、市区町村役場の窓口で確認してください。

なお、故人に年金の未支給（まだ受け取っていない年金）がある場合、生計を一つにする（同居など）親族が請求することができます。これは申請しないと受け取れません（→P.150）。

②国民年金被保険者の年金変更手続き

故人が会社員で配偶者が扶養されていた場合、配偶者は「第3号被保険者」から「第1号被保険者」となるため、変更の手続きが必要です。**第3号被保険者のときには自分自身で保険料を納めなくてもよかったのですが、第1号に変更になると保険料の支払いが生じますので、注意しましょう。**

③国民健康保険証の返納・差し替え

世帯主が亡くなった場合は、家族全員の資格確認書（健康保険証）の差し替えが必要です（→P.148）。

世帯主以外の人が亡くなった場合は、資格確認書を返却することになります。また、後期高齢者医療被保険者証は、個人個人が所有するものなので、世帯主かどうかに関わらず、所有者が亡くなった場合は返却します。

故人が会社員や公務員だった場合の資格確認書（健康保険証）は、会社が手続きを行うので故人が勤めていたところに確認してください（→P.149）。

④国民健康保険への加入

故人が協会けんぽ等の加入者で、遺族がその扶養家族だった場合は、被保険者の死亡によって扶養家族も資格がなくなります。

そのため、遺族は新たに国民健康保

【国民年金第３号被保険者（こくみんねんきんだいさんごうひほけんしゃ）】
会社員や公務員に扶養されていて、自分では国民年金保険料を納めていない専業主婦などのこと。第１号保険者に変更し、自身で年金保険料を納める必要がある。

険に加入する必要があります（↓P.149）。**無保険状態が長く続くと、病気になった際の治療費が全額自己負担になるのに加え、無保険状態であった期間の保険料を追納しなければならない場合もあります。早めに手続きを済ませましょう。**

⑤世帯主の変更

世帯主が亡くなったときは、世帯主の変更手続きが必要です（↓P.149）。ただし、その世帯が1名になった場合は、手続きする必要はありません。自動的にその人が世帯主となります。

たとえば、故人とその配偶者の2人世帯であった場合は、配偶者が自動的に世帯主になるということです。

①～⑤の手続き期限、窓口、主な必要書類などについては、P.148～150を参照してください。スムーズに手続きができるように話し方のポイントも紹介しています。

手続きは誰でもできる？

手続きを行う人に決まりはありませんが、一般的に同居の親族が行うことが多いです。同居の親族以外の親族が手続きを代行する場合、原則として各種証明書を取得するための委任状（左ページ下図）が必要になります。

また、続柄を確認できる証明書（戸籍など）も必要になることがあります。

これらの点については、あらかじめ市区町村役場に電話で問い合わせし、必要なものを準備してから窓口に出かけることをおすすめします。

なお、手続きの際にたいてい必要になる主な書類には、「住民票」「住民票の除票」「印鑑登録証明書」「戸籍」などがあります（↓P.189）。

準確定申告が必要な場合

「準確定申告」とは、年の途中で亡くなったため、年度末を待たずに確定申告が必要になることです。相続人もしくは包括受遺者《ほうかつじゅいしゃ》に申告義務があります。ただし、年金所得のみで生活していたなど、もともと確定申告が不要で

窓口での話し方のポイントと用意しておくもの

窓口では、❶～❸の事柄をしっかり伝えるのがポイントです。

話し方のポイント

❶夫が亡くなりました。
❷私は妻です。
❸年金給付停止に必要な手続きを教えてください。

❶事実関係を伝える
❷故人との続柄を伝える
❸質問したいことを用意しておく

用意しておくもの

- ☑**死亡診断書のコピー**……故人の死亡日を確認するため
- ☑**認め印**……押印不要な場合が多いが、念のため持参する
- ☑**自身の身分証明書**……本人確認のため（運転免許証、資格確認書、マイナンバーカードなど）
- ☑**メモ帳、筆記用具**

など

【包括受遺者（ほうかつじゅいしゃ）】特定の遺産を指定せず「遺産の●割」などの方法で遺贈（遺言による贈与）を受けた人のこと。

あった場合は対象となりません。

対象となるのは、たとえば生前に個人事業を営んでいた人、不動産を賃貸していた人（不動産所得がある人）、不動産の譲渡所得があった人、会社の役員または従業員であったけれども会社側が死亡時点での年末調整を行わなかった人、などです。

準確定申告は、死亡の翌日から４か月以内に手続きが必要です。故人が会社員であれば会社に連絡して、源泉徴収票をもらいます。自営業であれば、亡くなるまでの収支がわかる資料を用意する必要があります（→P.150）。

先生からの大切なアドバイス

自身がわかっていないことを、電話で問い合わせるのは、なかなか難しいことです。電話でわかりづらい場合は、面倒でも役所の窓口に出向いた方が、一度で理解できるかもしれません。

委任状（例）

委任状の書き方は、市区町村役場のホームページでも確認できます。

委 任 状

千代田区長殿　　令和○○年○月○日

（代理人）
住所　東京都千代田区神田神保町○丁目○番○号
氏名　佐藤　和子
生年月日　昭和○○年○月○日

→ 代理人の氏名、住所、生年月日を書く。

上記の者に、下記の権限を委任します。

記

1．故佐藤　博史の住民票の除票の写し１通の取得に関する件

2．故佐藤　博史の死亡の記載のある戸籍謄本１通の取得に関する件

→ 証明書の種類、枚数など、委任する内容を具体的に記載する。

令和○○年○月○日

（委任者）
住所　東京都千代田区杉並区○丁目○番○号
氏名　佐藤　幸子㊞
生年月日　昭和○○年○月○日

→ 氏名は自署する。印鑑は認め印でよい。

年金、健康保険、世帯主の変更、準確定申告に関する手続き

❶事実関係、❷故人との続柄、❸質問事項をしっかり伝えるのがポイントです。

年金給付停止手続き

話し方のポイント

❶国民年金をもらっていた夫が亡くなりました。
❷私は妻です。
❸年金給付停止に関する必要な手続きを教えてください。

どんなとき必要?

故人が年金を受給していた場合

期限	窓口	主な必要書類
国民年金 ▶ 死亡日から 14 日以内	国民年金 ▶ 市区町村役場	●死亡届のコピー ●年金証書 ●死亡したことがわかる書類（死亡診断書のコピーや戸籍謄本など）
厚生年金 ▶ 死亡日から 10 日以内	厚生年金 ▶ 最寄りの年金事務所 または年金相談センター	

会社員等に扶養されていた配偶者（国民年金第3号被保険者）の年金変更手続き

話し方のポイント

❶厚生年金に加入していた夫が亡くなりました。
❷私は妻で、夫に扶養されていました。
❸年金に関して、必要な手続きを教えてください。

どんなとき必要?

故人が厚生年金の被保険者の場合

期限	窓口	主な必要書類
死亡日から 14 日以内	市区町村役場	●国民年金被保険者種別変更届書 ●年金手帳（または基礎年金番号通知書） ●配偶者の死亡年月日がわかる戸籍謄本など

資格確認書の返納・差し替え※

話し方のポイント

❶国民健康保険に入っていた夫が亡くなりました。
❷私は妻です。
❸資格確認書に関する必要な手続きを教えてください。

どんなとき必要?

故人が国民健康保険の被保険者の場合

期限	窓口	主な必要書類
死亡日から 14 日以内	市区町村役場	●国民健康保険証（家族全員のもの） ●届出人の印鑑

※国民健康保険証は 2024 年 12 月にマイナ保険証に一本化されました。マイナ保険証を持っていない人には、「資格確認書」が交付されました。

資格確認書（会社員・公務員など）の返納手続き※

話し方のポイント
❶夫が亡くなりました。
❷私は○○（故人の名前）の妻です。
❸健康保険や年金で必要な手続きを教えて下さい。

どんなとき必要？
故人が健康保険に加入していた場合

期限	窓口	主な必要書類
死亡日から5日以内	勤めていた会社など	*会社が手続きするので必要書類は会社に確認

※健康保険証は 2024 年 12 月にマイナ保険証に一本化されました。マイナ保険証を持っていない人には、「資格確認書」が交付されました。

国民健康保険への加入

話し方のポイント
❶夫の健康保険の扶養に入っていたのですが、この度、夫が亡くなりました。
❷私は妻です。
❸国民健康保険に加入したいのですが、必要な手続きを教えてください。

どんなとき必要？
故人が健康保険の被保険者で、家族が扶養されていたとき

期限	窓口	主な必要書類
死亡日から 14 日以内	市区町村役場	●マイナンバーカード ●健康保険の資格喪失証明書

※健康保険の扶養者であった人は手続きが必要。

世帯主の変更

話し方のポイント
❶世帯主が亡くなりました。
❷私は同居の長女です。
❸世帯主を変更したいのですが、必要な手続きを教えてください。

どんなとき必要？
世帯主が亡くなったとき

期限	窓口	主な必要書類
死亡日から 14 日以内	市区町村役場	●届出人の印鑑 ●資格確認書（加入者のみ） ●届出人の身分証明書

※1人の世帯になる場合は届け出不要。

準確定申告

どんなとき必要?

・故人が個人事業主であった場合
・故人に不動産所得があった場合
・故人が会社役員で、会社側が確定申告を行わない場合 など

話し方のポイント

❶会社役員だった夫が亡くなり、会社から確定申告をしないと言われました。
❷私は妻です。
❸必要な手続きを教えてください。

期限	窓口	主な必要書類
死亡日の翌日から4か月以内	所轄の税務署	●準確定申告書 ●給与等の源泉徴収票 ●事業所得、不動産所得などがある場合は、青色申告決算書、収支内訳書など

※生前に確定申告していた人は、準確定申告も必要な事が多い。

未支給年金の請求

どんなとき必要?

故人に対する未支給の年金がある場合

話し方のポイント

❶年金をもらっていた父が亡くなりました。
❷私は同居の長男です。
❸未支給年金の請求をしたいので、手続きを教えてください。

期限	窓口	主な必要書類
すみやかに （死亡日から５年以内）	**国民年金** ▶ 市区町村役場 **厚生年金** ▶ 最寄りの年金事務所または年金相談センター	●未支給年金保険給付請求書 ●戸籍謄本（死亡の記載があるもの） ●年金を受けていた人と請求者が、生計を同じくしていたことがわかる書類

※年金を受けていた人の死亡当時、生計を同じくしていた配偶者、子、父母、孫、祖父母または兄弟姉妹、それ以外の３等親内の親族に請求権がある。

死亡届提出から1週間ほどすると、戸籍に死亡の記載が載ります（死亡届をした役所と本籍地を管轄する役所が異なると、10日から2週間ほどかかることもある）。そのタイミングで市区町村役場に出向き、手続きに必要な戸籍や住民票の除票を取ると、スムーズに手続きが進むでしょう。なお、健康保険の手続きをする際に、合わせて葬祭料・埋葬料の申請（→ P.154）もしてしまえば、何度も同じ窓口に足を運ぶ手間が省けます。

4 申し忘れて、もらい損ねないように注意しよう
遺族の生活を守る手続き

申請しないと もらえないお金

故人が年金や健康保険の被保険者であった場合に、受給要件に該当すればもらえるお金があります。このお金は、残された家族にとって大切な生活手段となりますが、**自動的に入ってくるわけではなく、自分で申請をしないともらえません。**

申請によってもらえるお金には、次のようなものがあります。

①故人が国民年金（主に自営業者）**の被保険者の場合**

「遺族基礎年金」、または「死亡一時金」、もしくは「寡婦《かふ》年金」をもらえる可能性があります。

②故人が厚生年金（会社員、公務員等）**の被保険者の場合**

「遺族厚生年金」をもらえる可能性があります。厚生年金の場合、「中高齢《ちゅうこうれい》寡婦加算《かふかさん》」として支給額が加算される可能性があり、国民年金の被保険者が死亡した場合よりも手厚い保護が受けられます。なお、共済年金は厚生年金に統合されています。

③労災で亡くなった場合

仕事中や通勤途中に亡くなった場合は、労災保険により遺族に一時金や年金形式の給付金が支払われます。

これらの受給要件や受給額の計算方法は大変複雑です。①②については近くの年金事務所や街中の年金相談センターに、③については故人が勤めていた会社に相談してみましょう。

主な遺族年金について知ろう

給付金は、故人の年金加入・受給状況と、遺族の要件により異なります。

●遺族基礎年金

遺族基礎年金は、故人が国民年金に加入していて、故人によって生計が維持されていた「子のある配偶者」または「子」が受け取ることができる。

※子どもは18歳に到達した以後の最初の3月31日を過ぎていないこと、または20歳未満で一定の障害者であることなどの条件がある。

●死亡一時金

国民年金の保険料を第1号被保険者として3年以上納めた人が、老齢基礎年金・障害基礎年金をもらわずに死亡したとき、生計を同じくしていた遺族が受け取ることができる。

●寡婦年金

国民年金の保険料を納めた期間（免除期間を含む）が10年以上ある夫が死亡したときに、10年以上婚姻関係にあった妻が受け取ることができる。

●遺族厚生年金

故人が厚生年金の加入中に死亡したり、老齢厚生年金の受給中に死亡したりしたときに、故人によって生計が維持されていた一定の遺族が受け取ることができる。

【中高齢寡婦加算（ちゅうこうれいかふかさん）】 夫が死亡したときに40歳以上65歳未満で子のない妻が、40歳から65歳になるまでの間、加算される年金。

遺族基礎年金、遺族厚生年金、死亡一時金、寡婦年金に関する手続き

受給条件や受給金額の計算は複雑なので、年金手帳や年金証書を用意して、各窓口に相談するのが確実です。

遺族基礎年金

話し方のポイント

❶国民年金に加入していた夫が亡くなりました。
❷私は妻です。
❸遺族基礎年金をもらえるか教えてください。

対象者は?

故人によって生計を維持されていた、
・子ども※1のある配偶者
・子ども※1

期限	窓口	主な必要書類
死亡日から5年以内 *5年を過ぎると過ぎた分は請求できない。	市区町村役場、 第3号被保険者期間中に死亡したときは年金事務所、年金相談センター	●国民年金遺族基礎年金請求書 ●死亡を証明する資料（死亡診断書のコピー、死亡届記載事項証明書など） ●故人の年金手帳、年金証書 ●請求者の年金手帳、年金証書 ●故人と請求者の身分関係を明らかにする書類（戸籍謄本など） ●年金の振込先がわかる資料（請求者の預金通帳など） ●生計維持を証明する資料（世帯全員〈故人含む〉の住民票など）※ ●請求者の所得を証明する資料（課税証明書、非課税証明書など）※ ※マイナンバー記入により省略可 *他、ケースにより異なる。

遺族厚生年金

話し方のポイント

❶厚生年金に加入していた夫が亡くなりました。
❷私は妻です。
❸遺族厚生年金をもらえるか教えてください。

対象者は?

故人によって生計を維持されていた、
・妻
・子※1、孫※1
・55歳以上の夫、父母、祖父母※2

期限	窓口	主な必要書類
死亡日から5年以内 *5年を過ぎると過ぎた分は請求できない。	年金事務所、 年金相談センター、 もしくは各共済組合	●年金請求書 （国民年金・厚生年金保険遺族給付） *他、必要なものは上記「遺族基礎年金」の場合と同様。

※1　18 歳到達年度の年度末を経過していない者または 20 歳未満で障害年金の障害等級 1・2 級の者
※2　支給開始は 60 歳から。ただし、夫は遺族基礎年金を受給中であれば 60 歳未満でも、遺族厚生年金も合わせて受給できる。

死亡一時金

話し方のポイント

❶国民年金保険料を支払っていた夫が亡くなりました。
❷私は妻です。
❸死亡一時金をもらえるか教えてください。

対象者は?

故人と生計を同じくしていた、遺族の中で優先順位の高い人

期限	窓口	主な必要書類
死亡日の翌日から 2年以内	市区町村役場 または年金事務所、 年金相談センター	●国民年金死亡一時金裁定請求書 ●故人の年金手帳 ●故人との続柄などが確認できる資料（戸籍謄本など） ●生計が同じであることを確認できる資料（世帯全員の住民票など）※ ●故人の住民票の除票（世帯全員の住民票に含まれる場合は不要） ●受取先金融機関の通帳など ※マイナンバー記入により省略可

寡婦年金

話し方のポイント

❶国民年金保険料を支払っていた夫が亡くなりました。
❷私は妻です。
❸寡婦年金をもらえるか教えてください。

対象者は?

遺族年金をもらえない妻で、故人が国民年金保険料を納めた期間（免除期間を含む）が10年以上あり、10年以上婚姻関係がある

期限	窓口	主な必要書類
死亡日の翌日から 5年以内	市区町村役場 または年金事務所、 年金相談センター	●国民年金寡婦年金裁定請求書 ●故人と請求者の年金手帳、年金証書 ●故人との続柄などが確認できる資料（戸籍謄本など） ●生計維持が確認できる資料（世帯全員の住民票、源泉徴収票、課税（非課税）証明書など）※ ●故人の住民票の除票（世帯全員の住民票に含まれる場合は不要） ●受取先金融機関の通帳など ※マイナンバー記入により省略可 ＊他、事故などで亡くなった場合は確認できる資料が必要。

5

「葬祭料」「埋葬料」の申請も忘れずにしよう

申請するともらえるお葬式の費用

「葬祭料」「埋葬料」を申請する

国民健康保険や健康保険に加入している人が死亡して、遺族がお葬式を行った場合、「葬祭料」や「埋葬料」などの給付金が支給されます。健康保険の場合、扶養者家族が亡くなった場合にも埋葬料の給付があります。葬祭料は「葬儀を行った人」、埋葬料は「埋葬を行った人」に支払われます。

市区町村役場の窓口に資格確認書や後期高齢者被保険者証を返納しに行くと、大抵の場合、葬祭費についての案内をしてくれます。そこで初めてお葬式の費用として数万円もらえることを知る人が多いようです。**申請する際には、お葬式費用の領収書や会葬礼状などが必要なので、お葬式の後も保管しておきましょう。**申請期限は長い（お葬式から2年以内）ですが、お葬式終了後の手続きとして、忘れないように行わないといけません（→P.155、156）。

①故人が国民健康保険の加入者の場合

お葬式を行った人に「国民健康保険葬祭費」が支給されます。自治体によって金額が異なりますが、支給額は2万〜10万円ほどです。なお、「葬祭」を行わなかった場合、つまり火葬だけを行った場合は支給されません。

②故人が協会けんぽ等（健康保険）の加入者の場合

埋葬を行うべき人に「健康保険被保険者埋葬料」、または「健康保険家族埋葬料」として5万円が支給されます。

埋葬料は、お葬式を行ったかどうかにかかわらず支払われます。共済組合加入者も、同様の金額が支払われます。**いずれにしても、まずは受給の資格があるかどうかを各窓口に問い合わせてみるのが確実です。**

労働災害で死亡した場合の葬祭料

労働災害で死亡した場合、「労災保険葬祭料（葬祭給付）」が支給されます。支給額は、給付基礎日額（平均賃金）の30日分に、31万5000円を足した金額です。

請求は所轄の労働基準監督署に対して行いますが、まずは勤務先に連絡をし、仕事中または通勤途中の死亡であることを雇用主に証明してもらう必要があります。

葬祭料と埋葬料に関する手続き

各種手続きの期限と窓口、相談方法を以下に示します。

国民健康保険葬祭費

どんなとき必要?

故人が国民健康保険の加入者の場合

話し方のポイント

❶国民健康保険に入っていた夫が亡くなり、お葬式をしました。
❷私が喪主として費用を支払っています。
❸葬祭費が支給されると聞いたのですが、手続きを教えてください。

期限	窓口	主な必要書類
死亡日の翌日から2年以内	故人の住所地の市区町村役場	●国民健康保険葬祭費支給申請書 ●届出人の印鑑 ●喪主を確認できる書類（葬儀社の領収書、請求書または会葬礼状など） ●金融機関の預金・貯金通帳または口座番号などの控え ●資格確認書

健康保険被保険者埋葬料

どんなとき必要?

故人が協会けんぽ等の加入者の場合

話し方のポイント

❶全国健康保険協会（協会けんぽ）に入っていた夫が亡くなり、お葬式をしました。
❷私が喪主として費用を支払っています。
❸埋葬料が支給されると聞いたのですが、手続きを教えてください。

期限	窓口	主な必要書類
死亡日の翌日から2年以内	各健康保険窓口	●健康保険被保険者埋葬料支給請求書 ●死亡が確認できる書類（死亡診断書のコピー等） 被扶養者でない人が申請する場合、以下のものも必要 ●生計維持を確認できる書類（下記） ・住民票（故人と申請者が記載されているもの） ・定期的な仕送りの事実のわかる預金・貯金通帳や現金書留の封筒の写し ・故人が申請者の公共料金等を支払ったことがわかる領収書の写し　など

健康保険家族埋葬料

どんなとき必要?

故人が協会けんぽ等の加入者の場合

話し方のポイント

❶妻が亡くなってお葬式をしました。
❷私が葬儀費用を支払っています。 妻は私の扶養に入っていました。
❸埋葬料がもらえると聞いたのですが、 手続きを教えてください。

期限	窓口	主な必要書類
死亡日の翌日から2年以内	各健康保険窓口	●健康保険家族埋葬料支給申請書 ●死亡が確認できる書類（死亡診断書のコピー、戸籍謄本など）

共済組合埋葬料・家族埋葬料

どんなとき必要?

故人が共済組合の組合員の場合

話し方のポイント

❶妻が亡くなってお葬式をしました。
❷私が葬儀費用を支払っています。
妻は私の扶養に入っていました。
❸埋葬料がもらえると聞いたのですが、 手続きを教えてください。

期限	窓口	主な必要書類
死亡日の翌日から2年以内	所属の共済組合窓口	●埋葬料（家族埋葬料）請求書・埋葬火葬許可書の写し ●埋葬に直接要した費用のわかる領収書などの写し

労災保険葬祭料（葬祭給付）

どんなとき必要?

故人が労働で亡くなったとき

話し方のポイント

❶夫が亡くなってお葬式をしました。
❷私は死亡した○○の妻です。
❸葬祭給付を申請するための書類をいただけますか?
また、こちらで用意するものは何でしょうか?

期限	窓口	主な必要書類
死亡日の翌日から2年以内	所轄の労働基準監督署	●死亡が確認できる書類（死亡診断書のコピー、戸籍謄本等） ※まずは勤務先と連絡をとる。

6 生命保険金は請求しない限り支払われない
保険金を受け取るための手続き

生命保険の契約内容を確認する

故人が生命保険の契約者であった場合、契約内容を保険契約証や約款《やっかん》、しおりなどで確認します。

保険金は、請求しない限り支払われません。請求しないまま、支払事由発生日（保険会社が保険金を支払う出来事が発生した日）の翌日から3年が経過すると、時効により請求権が消滅してしまうので、忘れないように手続きをしましょう。

保険金が相続財産になるか確認する

死亡保険金は、受取人の財産になるので、原則として遺産分割の対象にはなりません。

たとえば、夫が保険に入っていて（保険契約者であり、被保険者でもある）、妻を受取人に指定している場合、夫が亡くなれば妻が保険金を取得し、他の相続人とその保険金を分割する必要はありません。生命保険金の場合、多くがこのケースに当てはまります。

ただし、次の2つのケースは、故人が保険金等の受取人になるので、相続財産として遺産分割の対象になります。

次のページの図も参考に保険金等が相続財産になるかを確認しましょう。

なお、**相続財産にならなくても、税法上は「みなし相続財産」として相続税の課税対象になります。**

①故人が保険契約者・被保険人・受取人の場合

生命保険金を請求するための書類

保険金請求のためには、おおむね次のような書類が必要です。

- 保険証券
- 死亡保険金請求書
- 保険金受取人の戸籍謄本（抄本）
- 保険金受取人の印鑑証明書
- 被保険者の住民票（住民票の除票）
- 死亡診断書（死体検案書）のコピー

※戸籍謄本は「戸籍全部事項証明書」、戸籍抄本は「個人事項証明書」ともいう。

医療特約の生存祝い金やリビングニーズ特約など、故人が受け取らないまま亡くなった保険金があれば、その保険金は相続財産となり、遺産分割の対象となります。

② 故人が保険契約者で、被保険者と受取人は別に指定されている場合
保険契約者が、被保険人より先に死亡した場合、解約返戻金が発生します。解約返戻金とは、単純に、保険を契約の途中で解約したときに保険会社から支払われる「解約金」です。
これは、**保険契約者（故人）の財産**なので、**遺産分割の対象**になります。

先生からの大切なアドバイス

「みなし相続財産」とは、本来の相続財産ではないけれど、被相続人の財産であるとして、税法上は相続財産と同様の扱いをされる財産のことです。死亡退職金、生命保険金などがあり、一定額までは非課税です（→p.204）。

相続財産かどうか確認する

生命保険の契約内容によって、発生するお金が相続財産となる場合があります。

	保険契約者 （保険料を支払う人）	被保険者 （保険をかけられている人）	受取人 （保険金を受け取る人）	
原則 故人が保険契約者・被保険者で、受取人が別に指定されている	夫	夫	妻	発生する保険金は受取人の財産となるため、相続財産にはならない

例 保険契約者、被保険人である夫が死亡すると、受取人である妻に保険金が支払われる。

ケース❶ 故人が保険契約者・被保険人・受取人	夫	夫	夫	発生する保険金は故人のものとなり、相続財産になる

例 保険契約者、被保険人、受取人である**夫**が死亡すると、故人が受け取れなかった保険金が発生する。

ケース❷ 故人が保険契約者で、被保険人と受取人は別に指定されている	夫	妻	子	発生する解約返戻金は、相続財産になる

例 保険契約者である夫が被保険人より先に死亡すると、解約返戻金が発生する。

【リビングニーズ特約（りびんぐにーずとくやく）】　余命○か月などの診断を受けた場合に、死亡保険金（一部の場合も）を生前に受け取れる特約。生前にかかる医療費などにも使える。

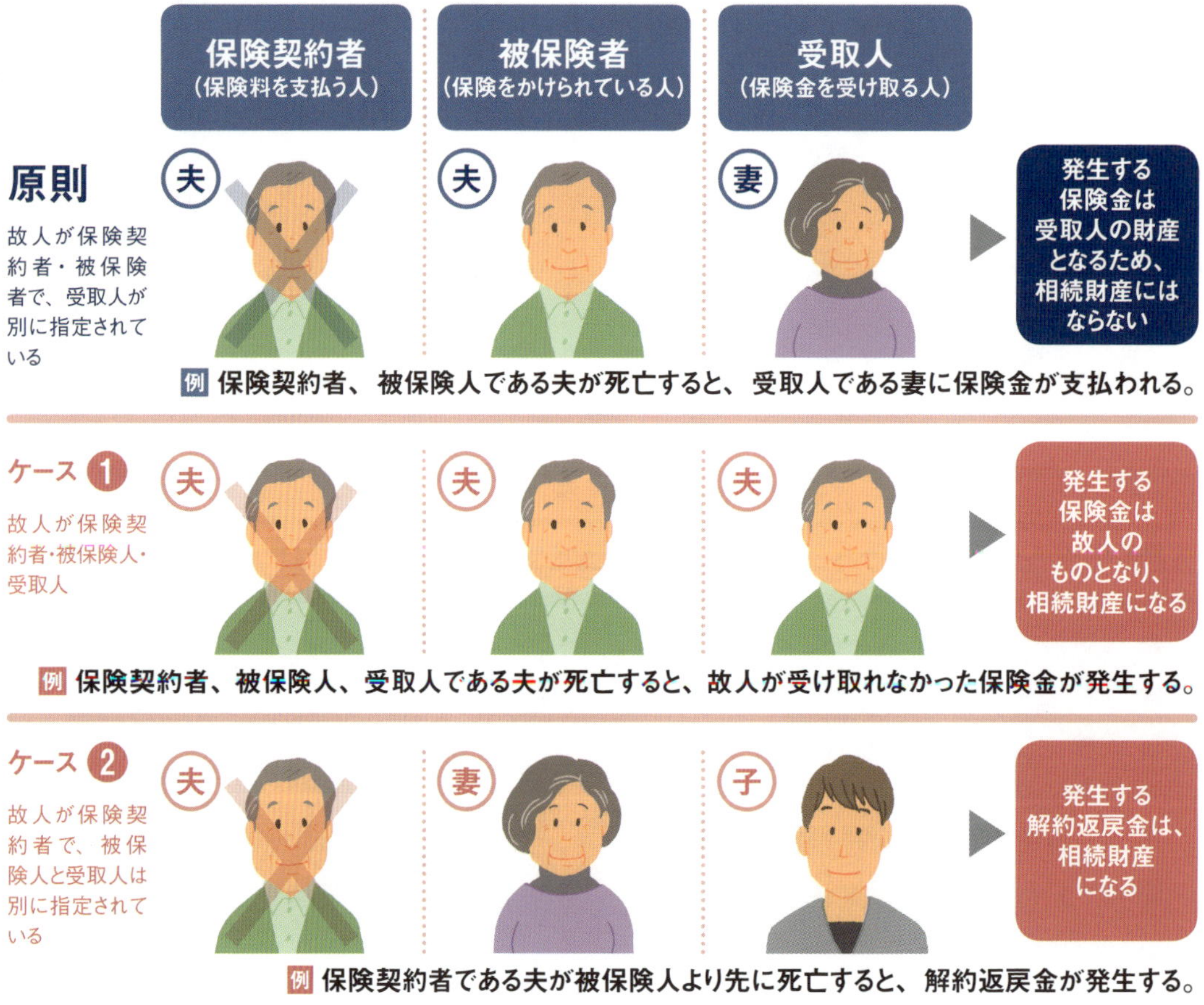

7 不要なサービスの契約はすみやかに解除する
公共料金などの解約、名義変更

銀行口座を凍結《とうけつ》する

銀行口座の預貯金は、名義人が死亡した時点で「相続財産」となります。そのため、口座を凍結し、誰からもお金が引き出せないような状態にする必要があります。遺族からの申し出や新聞の訃報欄などから名義人の死亡を知らない限り、金融機関が勝手に口座を凍結することはありません。

ただし、**凍結すると引き落としができなくなるので、その口座が公共料金の引き落としに使用されていた場合は、同居している家族が困ることになります。凍結の手続きをする前に、遺族・相続人で事前によく確認と相談をしましょう。**

公的証明書を返納する

故人の運転免許証などの公的証明書については、基本的に返納の手続きをしなければなりません。運転免許証やパスポートなどは、更新をしなければ自動的に失効となりますが、紛失やそれに伴う悪用などが心配なので、返納するのが望ましいでしょう（→P.160）。

故人名義の契約を整理する

電気、ガス、水道などの契約は、放っておくと不要な費用がかかってしまいます。なるべく早く、契約先に契約者が死亡したことを告げ、解約してください。

同居の家族が使い続ける場合は、名義変更と引き落とし口座の変更が必要になります。

クレジットカードの解約は、カード会社に電話をかけて、契約者が死亡したことを伝えれば必要な手続きを教えてくれます。

故人が「どのようなサービス」を「どこ」と契約していたかは、請求書などの郵便物や通帳の引き落とし履歴を見れば、ある程度把握できます。公共料金などの解約・変更手続きは、「いつまでに」という期限は定められていませんが、お葬式後1か月程度で終わらせることを目標に、チェックリストを作って一つずつ手続きしていけば漏れもありません。

主な公的証明書とその返納先

主な公的証明書の手続き先と、手続きに必要なものを以下に示します。

公的証明書	手続き先	必要なもの	注意点
運転免許証	住所地を管轄する警察署等または運転免許センター	●故人の運転免許証 ●届出人と故人との関係を証明する資料、および死亡を証明する資料（戸籍謄本など） ●届出人の身分証明書	返納手続きを行わない場合、更新手続きを行わなければ失効するが、返納するのが望ましい。
パスポート	都道府県庁の旅券課または最寄りの都道府県パスポートセンター	●故人のパスポート ●死亡を証明する資料（戸籍謄本など）	使用できないように処理した後、希望すれば返却してもらえる。
印鑑登録証明書（印鑑カード）	故人の住所地の市区町村役場	●故人の印鑑登録証（印鑑カード） ●届出人の身分証明書	死亡届が受理されると、自動的に抹消となる。資格確認書の返却や書き換えの際に返納するとよい。
住民基本台帳カード	故人の住所地の市区町村役場	●住民基本台帳カード	死亡届が受理されると、自動的に廃止手続きされる。資格確認書の返却や書き換えの際に返納するとよい。
個人番号カード／通知カード	故人の住所地の市区町村役場	●個人番号カード／通知カード	死亡届が受理されると自動的に失効する。資格確認書の返却や書き換えの際に返却するとよい。

公共料金などの解約・名義変更とその注意点

請求書等を手元に用意しておくと必要な情報がスムーズにわかります。

サービスなど	必要なもの	注意点
電気 **水道** **ガス**	名義変更 新たな引き落とし口座が必要（口座変更は指定の口座振替依頼書によって行う）	使用所在地（使用者番号）、使用者名、使用中止日、連絡先電話番号などを手元に控えて連絡する。
固定電話	名義変更 死亡の事実がわかる資料（死亡診断書のコピーなど）と承継者との相続関係がわかる書類（戸籍謄本など）が必要で、「電話加入権等継承・改称届出書」を提出する。	名義変更は電話加入権を引き継ぐことを意味し、相続財産として1500円程度の評価になることもある。
携帯電話	解約 原則として死亡の事実がわかる資料（死亡診断書のコピーや会葬礼状）と届出人の身分証明書 名義変更 相続関係がわかる書類（戸籍謄本など）と承継する人の身分証明書	
インターネット	解約 原則として死亡の事実がわかる資料（死亡診断書のコピーや会葬礼状）と届出人の身分証明書 名義変更 原則として死亡の事実および相続関係がわかる書類（戸籍謄本など）と承継する人の戸籍謄本など	プロバイダーによっては名義変更ができない場合もある。
クレジットカード	クレジットカード会社に問い合わせて、必要な手続きを確認する。このとき、故人の氏名、生年月日、引き落としの口座番号、カード番号を伝えられるようにしておく。	残債があれば原則として相続人が引き継ぐので、債務を相続したくないときは、相続放棄の手続きを行う（→P.187）。

column

死《し》後《ご》離《り》婚《こん》の手続き

死後離婚とは

「死後離婚」という言葉が、近年、テレビや雑誌で取り上げられることが増えています。本来、配偶者が死亡すれば離婚はできません。

死後離婚とは、死別した配偶者の親族との縁を切るために行うもので、法的には「姻《いん》族関係終了届《ぞくかんけいしゅうりょうとどけ》」という手続きを指します。

死後離婚を考える理由は、介護負担や義理の親や兄弟姉妹との不和、生前の配偶者への不満などさまざまです。

妻が姻族関係終了届を出すと、妻と夫の親族とは戸籍上の親戚関係はなくなります。しかし、亡くなった夫と離婚するわけではないので、相続にも遺族年金にも（受給資格があれば）影響はありません。また、夫婦の間の子どもと夫の親族との関係は変わりません。

姻族関係終了届は、届出人の本籍地または住所地の市区町村役場に提出します。届出書に関係する戸籍を付けて提出するだけの簡単な手続きで、戸籍には「姻族関係終了日」が刻まれます。

旧姓《きゅうせい》に戻したいとき

姻族関係終了届を出しても、自動的に旧姓に戻るわけではありません。旧姓に戻るには、「復氏届《ふくしとどけ》」という戸籍の届け出が別途必要です（復氏届は旧姓に戻るための手続きなので、これだけでは姻族関係は終了しない）。

復氏届を出すと、死亡した配偶者の戸籍から抜けて自分の戸籍（または父母が生存していれば父母の戸籍）に入ります。子どもも同じ戸籍（同じ姓）にしたいのであれば、家庭裁判所で「子の氏の変更許可」をもらい、市区町村役場で「入籍届」を行います。

先生からの大切なアドバイス

姻族関係終了届（復氏届も）は、誰かの許可や同意は不要で、生存配偶者のみの意思で届け出できます。つまり、1人ですべての責任を背負うということです。しかし、後々どういった影響が出るかわからないので、最低限子どもには事情を話して納得してもらい、自身もよく考えて手続きしましょう。

第6章

法要・埋葬・供養をする

この章では、法要についての基本的な知識と法要を行うために
必要な準備、供養の作法などを紹介しています。
法要は、亡くなった人の魂を「弔い上げ」まで供養する行事です。
現代では、法要は簡略化されているため、
すべての法要が行われるわけではありません。
法要について親から引き継いでおくことも
掲載していますので、参考にしてください。

法要の基礎知識

人が亡くなる

魂となり、現世と冥土《めいど》をさまよう

四十九日まで7日ごとに
閻魔大王《えんまだいおう》の審判が行われる。
遺族は、その魂がよい審判を
受けられるように7日ごとに
供養を行う。

主な法要 ▶P.164

四十九日までは「忌」の期間。
この日を境に忌明けとなり、親族は通常の生活に戻る。

忌明け法要 ▶P.166

死後、100日目には百か日法要を行う。
遺族の死別の悲しみをリセットするために行われる法要。
以後、各年、年忌法要を死亡した日と同月同日の命日に行う。

年忌法要 ▶P.168

三十三回忌の「弔い上げ」で、
故人の魂は祖霊化《それいか》する。
子孫を守ってくれる先祖の霊魂となる。

供養をする

納骨 ▶P.170
卒塔婆供養 ▶P.170
お墓参りをする ▶P.172
仏壇で供養する ▶P.174

1

初七日をはじめとしたお葬式後の主な法要

主な法要と喪主の役割

法要は故人をしのぶ機会

法要（法事）は、故人をしのび、その冥福を祈るために営む儀式です。**法要には、故人にゆかりのある人が集まることから、故人がつないでくれた縁を確認する場でもあります。**

死後、一周忌までの7日ごとに行う法要を忌日法要《きにちほうよう》、一周忌や三回忌などの祥月命日《しょうつきめいにち》に行う法要を年忌法要《ねんきほうよう》といいます。一般的に、忌日法要は初七日と四十九日に行われ、その他は省略されることが多いようです。

また、年忌法要は「弔い上げ」（供養の一区切り）となる三十三回忌（宗派によっては五十回忌）までありますが、三回忌までは比較的大きな法要を行

ことが多いようです。

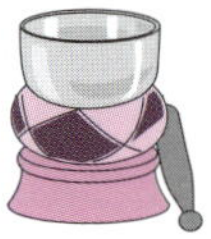

7日目
初七日法要
▼死亡日を含む7日目に行うのが「初七日法要」。近年では「繰り上げ初七日法要」として葬儀後に続けて行われることが多くなっている。遺族・親族、友人・知人が参加し、僧侶に読経してもらうのが一般的。

14日目
二七日忌法要
▼死後14日目、21日目、28日目、42日目にもそれぞれ法要があるが、最近では拝礼《はいれい》（→P.175）で済ませることが多い。

21日目
三七日忌法要

28日目
四七日忌法要

35日目
五七日忌法要
▼宗派によっては、35日目の「五七日忌法要」で忌明けとすることもある。

42日目
六七日忌法要

忌中（結婚式などの慶事を慎む）

喪中（新年の飾り、年賀状のあいさつを控える）

【法要（ほうよう）】法要は、故人の死後の供養として行われる儀式のことを指す。また、法事とは、読経などの儀式部分に併せて行われる会食などを含めたものを意味する。

い、十三回忌や十七回忌で区切りをつけることが多くなっています（下図）。

法要は、菩提寺に出向いて行うことが多いのですが、自宅で行うこともあります。一周忌は故人の友人・知人も招いて盛大に行ったものですが、最近では、故人の友人・知人を招いての大きな法要は少なくなり、遺族・親族のみで行うことが多くなっています。

法要における喪主の役割

喪主は「祭祀を主宰するもの」として、弔い上げまでの故人の魂の供養を引き受けた存在です。そのため、**通夜・葬儀に引き続いて、すべての法要も喪主が中心となって行います。**

また、法要の規模にかかわらず、喪主は、遺族・親族、菩提寺、故人の友人・知人への連絡や調整、案内状の用意、供物・お布施の用意など、当日の進行を取り仕切る以外に、事前の準備をする役割があります（次ページ）。

お葬式後の主な法要

主な法要を黒字で表しています。地域や家の慣習によって異なりますが、黒字以外の法要は省略される

- 49日目　**四十九日法要（七七日忌法要）**
  ▼四十九日法要は、忌明けとなる重要な法要。遺族・親族の他、友人も招いて、菩提寺で行うのが一般的。
- 100日目　百か日法要
  ▼四十九日法要の後は、死後100日目の「百か日法要」、各年忌法要を行う。
- 満1年目　**一周忌**
  ▼一周忌までは友人を招くこともあるが、その後は遺族のみの法要になることが多い。
- 満2年目　**三回忌**
  ▼年忌法要は祥月命日に行う。
- 満6年目　**七回忌**
  ▼七回忌以降は、他のご先祖様の法要と併せて行うこともでき、これを「併修《へいしゅう》」という。
- 満12年目　**十三回忌**
  ▼十三回忌（あるいは十七回忌）で区切りをつけ、法要の規模を縮小することが多い。
- 満16年目　**十七回忌**
- 満22年目　**二十三回忌**
- 満32年目　**三十三回忌**
  ▼「三十三回忌」で「弔い上げ」となることが大半。満49年目の五十回忌で弔い上げとする宗派もある。

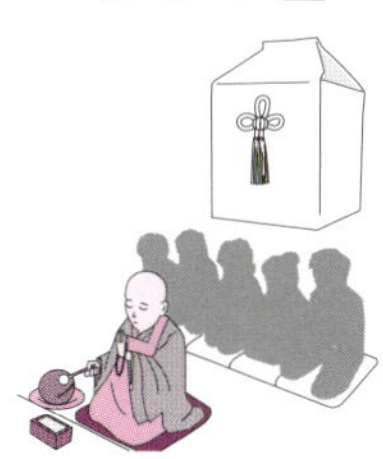

【祥月命日（しょうつきめいにち）】　一周忌以後の、亡くなったのと同じ月同じ日のことを指す（一般にはこれを「命日」と呼ぶこともある）。月命日は毎月の、亡くなった日と同じ日を指す。

2 法要に際して準備しておくこと
法要を執り行う

忌明け法要を行う

死後49日目に忌中が明けることから、四十九日法要を「忌明け法要」といいます（宗派によっては35日目の五七日忌法要を忌明け法要とする場合もある）。**忌明け法要は、法要が簡略化されがちな現代でも重要視されており、菩提寺に遺族・親族の他、故人の友人を招いて行うのが一般的です。**

儀式そのものには決まった形はありませんが、通常、お寺で読経してもらった後に〝お斎《とき》〟とよばれる会席を設け、僧侶や参加者をもてなします。お墓が既にある場合は、四十九日法要と併せて納骨（→P.170）を行うことが多く見られます。

法要の準備をするときのポイント

1 菩提寺に法要をお願いする
菩提寺に法要をお願いする。内容の相談、段取りの打ち合わせをする。

2 参加者への案内
参加してもらいたい人へ案内状を出す。案内状の記載内容は左ページを参照。

3 供物・供花の用意
菩提寺によっては、供物・供花を持ち帰らなければならないこともある。供物・供花を辞退する場合は、案内状で伝えるとよい。

4 会席（お斎）の手配
お寺の一室を借りるか、場所を変えて料理店などで会食するかなどを決める。会席を設けない場合は、参加者に手土産を渡す。

5 お布施の準備
一般的に３万～５万円程度。最初の法要で渡した金額と同額を以降の法要でも包むことが多いので、親や親戚に確認しておくとよい。

6 返礼品（引き出物）の手配
参加者への返礼品（引き出物）を用意しておく。葬儀社が用意してくれる香典返しと違い、引き出物は喪主が用意する（→ P.169）。

7 位牌、遺影、遺骨を持って行く
自宅から、位牌と遺影、遺骨を持って行く。忌明け法要の際には、白木の位牌と仏壇に飾る本位牌を持って行く必要がある。白木の位牌はお焚《た》き上《あ》げを、本位牌は開眼供養を行ってもらう。

【お焚き上げ（おたきあげ）】魂のこもったもの、お守り、神棚や仏壇などを、火によって天界に還すこと。

法要の準備をする

忌明け法要をはじめとして、法要は命日に行うことが望ましいのですが、実際には集まる人の都合によって別の日にすることも多く、その場合は、命日より前の休日に行います。

法要の準備のポイントは、次の7つです（右ページ下図）。

①菩提寺に法要をお願いする
②参加者への案内
③供物・供花の用意
④会席（お斎）の手配
⑤お布施の準備
⑥返礼品（引き出物）の手配
⑦位牌、遺影、遺骨を持っていく

以上のように、菩提寺と打ち合わせておくこと、案内状で参加者に知らせておくことなど、多方面に気を配る必要があります。

基本的に喪主が主導しますが、喪主の負担を減らすためにも、家族で相談して役割を分担しましょう。

法要の案内状（例）

法要の案内状には、以下のようなことを記載します。

謹啓
早春の候、益々ご清祥のこととお喜び申し上げます。
さて　このたび　❶父　〇〇の❷四十九日法要を左記日程にて相営みたいと存じております。
ご多用中のこととは存じますが、万障お繰り合わせの上、ご参席、ご焼香くださいますようお願い申し上げます。

記

❸
一、日時　令和〇〇年〇月〇日〇〇時より
一、場所　〇〇寺
住所　〇〇市〇〇町〇丁目
電話　〇〇〇（〇〇〇）〇〇〇〇

法要後は、粗宴を用意しております。

追伸
❹会食準備の都合上、出席人数を〇月〇日までに、同封の返信用はがきか電話にてお知らせくださいませ。
❺服装は平服にてご出席ください。
❻また、お供物はお心のみ頂戴し、辞退させていただきたくお願い申し上げます。

謹白

令和〇〇年〇月〇日

❼
〇〇市〇〇町〇丁目
電話　〇〇〇（〇〇〇）〇〇〇〇
施主　夏目　太郎

❶故人との続柄と故人の名前
施主と故人の続柄、故人の名前を書く。

❷法要名
●四十九日法要　●一周忌法要
●三回忌法要　など
※四十九日法要の場合、「四十九日」「忌明け」どちらでもよい。

❸日時と場所
法要を行う日時と場所を記載する。

❹返信の期日
返信の期日と出欠を知らせてもらう方法を記載する。

❺服装について
平服でよければ、案内状に記載する。

❻供物や供花について
供物を辞退するときは、その旨を記載する。

❼差出人の名前と住所、連絡先
施主の名前と住所、連絡先を記載する。

年忌法要を行う

満1年目が一周忌、それ以降は数え年で3年目に三回忌、7年目に七回忌を行います。つまり、一周忌の翌年に三回忌を行うということです。これらの法要を年忌法要といいます。

前述の通り、命日に行うのが基本ですが、現実的には休日に行うことが多いです。休日に日程を合わせる場合は、命日より早い休日を選びます。

七回忌以降は、他のご先祖様の法要と併せて行うこともできます。これを併修といいます。**併修は、命日が早い方に合わせた日程で行います。**

年忌法要も基本的には、忌明け法要と内容は同じです。決まった形式はありませんので、案内や供物についても、忌明け法要を参考にしてください。

案内するのが家族や親族だけであれば、電話やメールでの案内でもかまいません。

法要について親世代から引き継ぐこと

法要は弔い上げ、つまり三十三回忌まで続くので（宗派によっては五十回忌）、30年以上も供養を続けることになります。そのため、その間に世代交代することもあるでしょう。

法要の機会に、次の4つについて親から引き継いでおきましょう。

①お葬式や法要の際のお布施の額

いくらくらいお布施を包んでいるのか、金額を確認しておきましょう。

②お墓の管理について

護持会費や、永代使用料などについて確認しておきましょう。

③家ごとの法要のしきたり

地域や各家の独自のしきたりについて、知っておかないと後で問題となりそうなことがあれば聞いておきます。

④いつまで法要を続けるか

今後、法要を取り仕切る人（喪主など）がいなくなった場合のことについて話し合っておきましょう。

Q&A ココが聞きたい！ 法要の案内はいつまでするべき?

Q

遠方に住む親戚や高齢の親戚には、いつまで年忌法要の案内をすべきですか?

A **自分の親たちがどうしていたかに倣いましょう。**

不明であれば、三回忌の際に、「次は4年後の七回忌だが、遠いところわざわざ集まってもらうのもどうかと迷っている」など、素直に聞いてみることです。その上で、案内して欲しいというなら、次回以降も案内しましょう。

先生からの大切なアドバイス

法事で意外と骨が折れるのが、会食の店探しです。法事が終わる時間がきっちり決まっているわけではないのと、高齢者や子どもなど、さまざまな年代の人が一同に集まるため、対応してくれるお店を探すのは大変です。そんなときはお寺に「近くに法事に対応しているお店はありますか？」と聞いてみましょう。きっと、いくつか教えてくれるはずです。お店の方も、「○○寺の紹介で」と言うと、おおまかな法要の時間を把握していてスムーズに対応してくれます。

法要の引き出物を選ぶポイント

法要の引き出物は喪主が用意しなければなりません。目安は3000円程度で、どのような物を選べばよいか確認しておきましょう。

よく選ばれるもの

●お茶、コーヒー（嗜好品《しこうひん》）

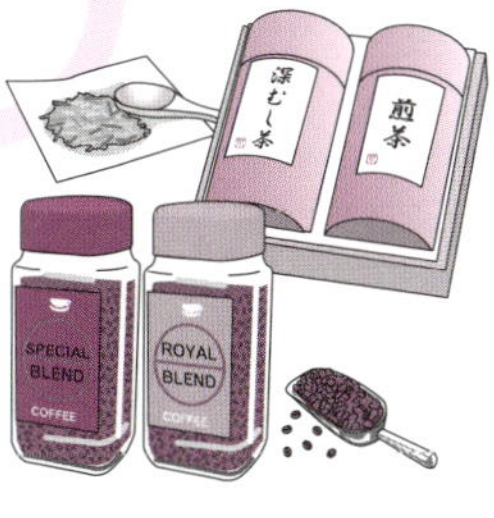

●菓子類

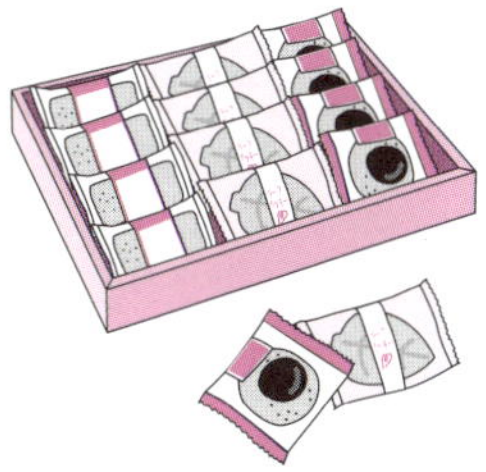

●石鹸《せっけん》

食料品や消耗品などのいわゆる「消えもの」が望ましい。「不祝儀が残らないように」という願いがこめられている。お茶やコーヒー、菓子類、石鹸など、持ち帰ることを考えて重くならないものがよい。

避けた方がよいもの

●お酒

●肉

●魚

お祝いの際に贈られる品（お酒など）、殺生を連想させる品（肉、魚類）は避けた方がよい。

3

遺骨をお墓に納めるための納骨式

お墓に納骨する

納骨のタイミング

納骨は、四十九日法要（忌明け法要）とあわせて行うのが一般的です。菩提寺で僧侶の読経、参加者の焼香を行った後に、墓地で納骨式を行い、参加者で会食する流れになります。

しかし、納骨を忌明け法要に間に合わせようと、焦ってお墓を用意する必要はありません。一周忌あるいは三回忌までに購入し、それぞれの法要の際に納骨を行えばよいでしょう。

お墓の購入は大きな金額となるので、生活が落ち着いてからお参りのしやすさなども熟慮して、購入することをおすすめします（自分たちに合ったお墓のかたち→P.74）。

納骨を行う準備

菩提寺と納骨の日取りを決めたら、石材店に連絡してカロート（→P.87）を開けてもらう作業を依頼します。墓石に故人の名前（戒名と俗名）や死亡年月日、行年・享年の彫刻（墓誌）の必要があれば一緒に依頼します。**納骨を行うためには、「埋葬許可証」と認め印が必要です。埋葬許可証は、火葬場から持ち帰った遺骨の入った箱に納められているはずですので、確認してください。**

なお、四十九日法要に納骨式を合わせて行う場合、四十九日法要と、納骨式のお布施をそれぞれ用意しますが、まとめて1つに包んでもかまいません。納骨式のお布施の目安は1万~3万円です。

また、僧侶が会席を辞退したときは、お布施とは別に「御膳料」を渡します。

墓前で納骨式を行う

納骨式では、まずお墓の前に設置した祭壇に、遺影や位牌、供物などを並べます。次に、施主が遺骨をカロートに納め、僧侶が読経し、一同で焼香して祈りを捧げます。

なお、新しく建てたお墓に納骨する際は、納骨式の前に「開眼供養」を行います（→P.82）。

また、卒塔婆《そとば》供養を行いたい場合は、事前に卒塔婆の本数などを菩提寺に伝え、用意してもらう必要があります。

忌明け法要後に納骨をするときの流れ

納骨の際には、納骨式という儀式を行います。また、新しくお墓を用意する場合は開眼供養が必要です。

忌明け法要　―　お寺で読経、焼香する。

↓

（新しくお墓を建てた場合）**開眼供養**　―　お墓に魂を吹き込むための儀式を行う。

↓

納骨式　―　遺骨をカロートに納める。

↓

卒塔婆供養　―　卒塔婆を立てる場合は事前に依頼しておく。

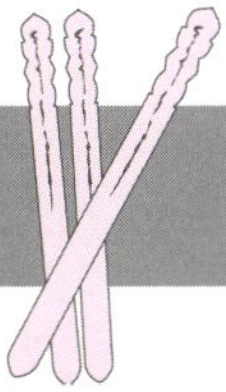

↓

会食　―　僧侶や参加者をねぎらう。

keyword 卒塔婆供養

卒塔婆とは、お墓の後ろに立っている細長い板のことです。卒塔婆供養とは、年忌法要やお彼岸などのたびに起塔して、故人の供養をすることです。宗派によっては卒塔婆供養を行わないこともあります。

卒塔婆には、戒名や回忌、供養を依頼した人の名前（「□○家一同」など）を入れます。

何本立てるかなど、決まりはありません。金額は1本3000～1万円程度です。

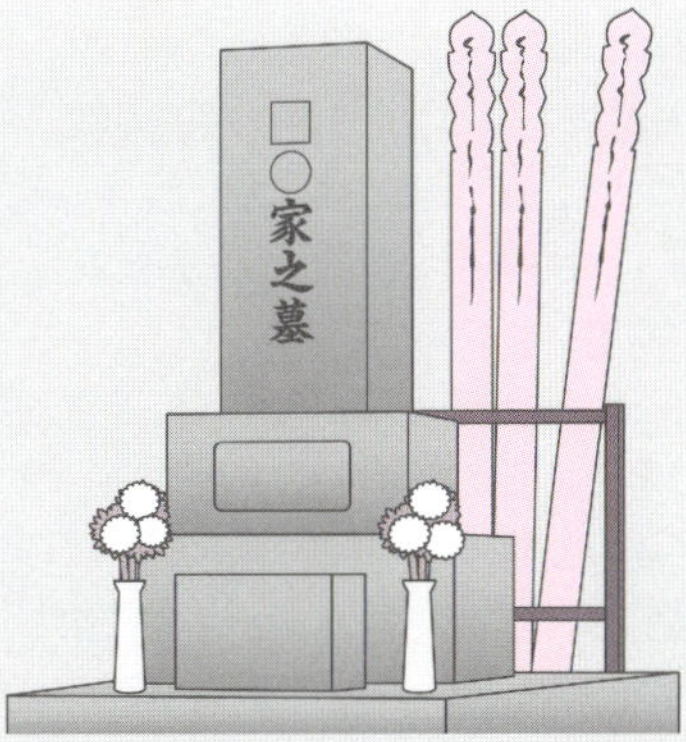

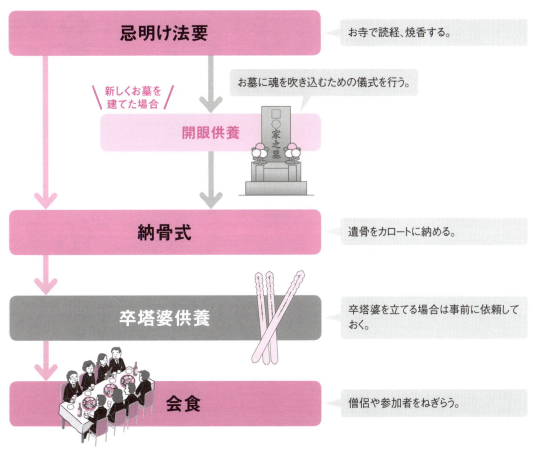

4

日ごろの供養方法とマナー
お墓参りや仏壇で供養する

お墓参りが供養になる

お墓参りは、宗教や国に関係なく太古の昔から行われている供養の形で、先祖や故人を弔い、冥福を祈る場です。

お墓の前で手を合わせると、それだけで残された家族に精神的な安定を与えてくれるでしょう。

いつお墓参りをすべきか決まりはありませんが、年忌法要以外でも、お盆やお彼岸、祥月命日にはできるだけしたいものです。

年忌法要以外で、お墓参りの機会として多いのはお盆《ぼん》やお彼岸《ひがん》でしょう。お寺によっては、それぞれの時期に「供養会《くようえ》」を行っています。

keyword

お盆

「お盆」とは、先祖の霊を祀る行事です。時期は旧暦7月15日前後とされ、現在は8月13～16日あたりが一般的です。亡くなって初めてのお盆を「新盆《にいぼん》」といい、盛大に精霊棚《しょうりょうだな》を作り、故人の魂を迎えます。

お彼岸

春分の日（3月20日か21日頃）をはさんだ前後3日間（計1週間）が「春のお彼岸」、秋分の日（9月22日か23日頃）をはさんだ前後3日間（計1週間）が「秋のお彼岸」です。「彼岸」とは先祖がいるあの世を指し、その対極に私たちがいる「此岸《しがん》」があります。お彼岸の時期には彼岸と此岸が最も近づくと考えられており、この時期に先祖供養をすることが習慣になりました。

精霊棚

お盆のときには、先祖の霊を迎える準備として、仏壇の前に棚を設け、その上に位牌を置いて故人の好物などを飾ります。

キュウリとナスに割り箸を指し、キュウリを馬に、ナスを牛に模して飾る地域もあります。これは、「馬に乗ってご先祖様に早く来てほしい」、「牛に乗ってゆっくり帰ってほしい」という気持ちを表現しているといわれています。

お墓参りのマナー

お墓参りをする前に、まず住職（お墓の管理者）にあいさつをします。住職にあいさつをするとき、お布施は特に必要ありませんが、いつもお世話になっているお礼として少額の現金を渡したり、菓子折りを持参したりする習慣があることもあります。

お墓の掃除をし、お花や線香を供えて墓前で合掌します（下図）。

お墓に故人が好きだったものなどを供えることもできますが、供物は腐ったり小動物が食い荒らしたりすることから、最近は持ち帰るように言われることが多くなりました。また、**火をつけたお線香は燃え尽きるまでお墓にいるか、短く折るなどして、火が消えるのを確認してお墓を離れましょう。**

この他にも、供花を持ち帰るなど、**管理者が定めたルールがあれば事前に確認してください。**

お墓参りのし方とマナー

お墓参りの際には、まず周りや墓石の掃除をしてからお参りします。

❶お墓の周りをきれいにする

お墓の周りに落ちているゴミや落ち葉を拾う。雑草は抜き取る。

❷墓石をきれいにする

墓石に水をかけて、スポンジや雑巾《ぞうきん》で汚れや苔《こけ》を落とす。このとき、洗剤やスチールたわしなどは、墓石を傷つけるので使わないようにする。

❸お参りの準備をする

故人の好きだったお花や供物を供える。ひしゃくで墓石に上から水をかけ、墓石を清める。

❹お参りをする

線香に火をつけ、数珠を手にかけて、しゃがむか低い姿勢で合掌して拝む。

仏壇で供養する

仏壇は、ご先祖様や亡くなった親族をお祀りするものと思っている人が多いのですが、本来の意味は文字通り、仏像や仏具を飾って仏様（本尊《ほんぞん》）を祀るものです。**不幸があって仏壇を購入するときは四十九日までにそろえておき、忌明け法要が終わってから使用し始めるのがいいでしょう。**

仏壇の種類

仏壇の種類や大きさは、さまざまですが、大きく塗《ぬ》り仏壇（金仏壇《きんぶつだん》）と唐《から》木《き》仏壇《ぶつだん》の2つに分けられます。

塗り仏壇（金仏壇）は、漆塗《うるしぬ》りに金箔を使用した豪華な仏壇で、唐木仏壇は、木目を生かした仏壇です。さらに、最近ではリビングに置く場合にインテリアと違和感がないよう、家具調の仏壇などもあります。

大きさは、台つきタイプ、上置きタ

仏壇の種類（大きさ）

仏壇の種類（大きさ）はさまざまですが、大きく次の２つに分けられます。

●台つきタイプ

仏間や床の間に置く大型の仏壇。近年の住宅事情により購入者は減っている。

●上置きタイプ

タンスの上などに置けて、スペースをとらない仏壇。価格も手頃なものが多く、近年人気となっている。

仏壇を置く方角

仏壇の向きは、以下のように諸説ありますが、一般的に北向きは避けられます。

西方浄土説

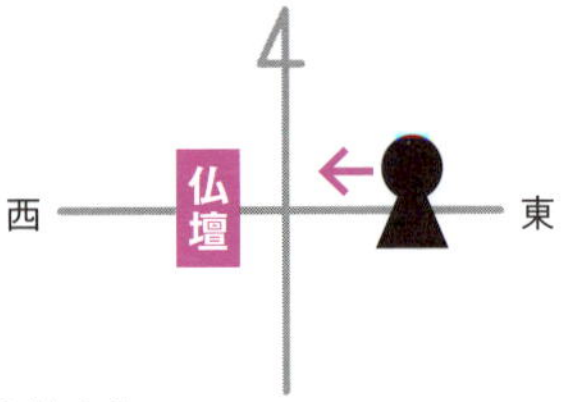

極楽浄土《ごくらくじょうど》が西にあることから、仏壇を東に向けて置き、拝礼する者が西向きとなるようにする。

南面北座説

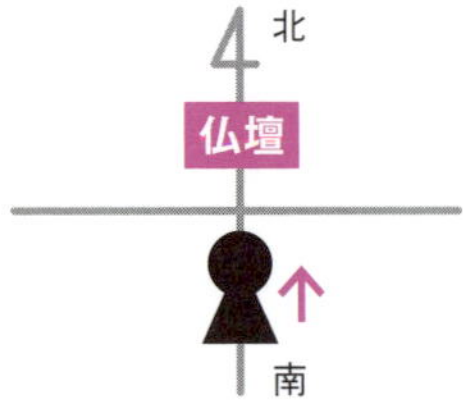

仏壇を南に向けて置き、拝礼する者が北向きとなるようにする。武家の習慣という説がある。

本山中心説

所属する宗派の本山に向かって拝むのがよいということから、仏壇を本山を背にするように置き、拝礼する者が本山に向かうようにする。

イプなどがあります（右ページ上図）。
新たに仏壇を購入した場合は、菩提寺の僧侶に「開眼供養」をしてもらいます。

仏壇はどこに置けばよいか

仏壇は、「仏間」と呼ばれる仏壇専用のスペースに置くのが理想ですが、最近は、和室や床の間に置いたり、リビングに置いたりする人も増えています。仏壇を家族が生活する空間に置くことは、仏壇の給仕（お花やお水を供える）がしやすく、家族が頻繁にお参りしやすいなどのメリットがあります。

なお、仏壇を置く向きには諸説ありますが（右ページ下図）、極楽浄土が西にあるのでそちらに向けて拝むために、仏壇は東向きに置く人が多いようです。

仏壇にお参りすることを拝礼といいます。拝礼は続けることが重要なので、自分なりに簡略化してもかまいません。

仏壇にお参りするときの作法

拝礼をする前に、ご飯やお茶を供え、お花の水を取り換えるなどしておきます。基本的には、朝食前と夕食前の一日2回行います。

1 仏壇の前に正座して、数珠があれば手にかけて軽く一礼する。ろうそくに火をつけ、その火で線香をともして香炉に立て、リンを2回打ち鳴らす。

2 合掌をし、お経を唱える（宗派によって異なる）。終わったらリンを2回打ち鳴らし、合掌して深く礼拝する。

3 最後に、手でろうそくの火をあおいで消し、軽く一礼して終わる。

第7章

遺産を相続する

この章では、大切な人が亡くなり、
相続人となった場合の手続きについて紹介しています。
相続は大切な人が亡くなった瞬間から開始します。
相続人になったら、さまざまな手続きが必要です。
手続きの期日や流れを把握しましょう。

遺産整理の流れ

亡くなる　**相続が開始する**

- 相続のルール ▶P.178
- 戸籍を集める ▶P.188
- 法定相続順位、法定相続割合 ▶P.178～181
- 相続財産になるもの・ならないもの ▶P.182
- 単純承認・相続放棄・限定承認 ▶P.184～186

相続する場合　**遺産を分割する**

遺言書がある

遺言書の検認、遺言書の内容に基づいて遺産を分割する ▶P.190

遺言書がない

相続人全員で遺産分割協議をする ▶P.195～198

相続しない場合

相続放棄・限定承認を選択した場合の手続き ▶P.187・188

相続を申告・納税、その他の手続き

- 相続税を計算する ▶P.201～204
- 銀行口座の解約 ▶P.199
- 不動産の名義変更 ▶P.199

1

誰が、どのくらい相続できるのかを知ろう

相続の基本ルール

相続に関係するのは誰か

「相続」とは、亡くなった人の財産（遺産）を相続人が受け継ぐことです。**亡くなった人を被相続人、財産を受け継ぐ人を相続人といいます。**

相続に関係する人は、婚姻関係と血縁関係に基づきます。婚姻関係に基づくのは配偶者であり、血縁関係に基づくのは親、子ども、兄弟姉妹です。

たとえば他家に嫁いで別の戸籍に入っていても、自分の親が亡くなれば相続人となりますが、配偶者の親が亡くなっても自分とは血縁関係がないので、相続人にはなりません。

相続人の範囲と順位

誰が相続人になるかは法律で定められています。

配偶者は常に相続人となり、子どもが第1順位、親が第2順位、兄弟姉妹は第3順位、と相続の順位が決まっていて（→P.180）、自分より上位の相続人がいれば、下位の人は相続人となりません。

ただし、**遺言書（→P.190）があれば、原則として遺言書の指定が優先されます。**

つまり、相続の順位を飛び越えて、本来なら相続人にならない人に遺産を渡すこともできるのです。

相続割合は法律で決められている

遺言書による指定がない限り、各相続人は法律で決められた割合に従って財産を相続します。これを「法定相続分」といいます。

法定相続分は、相続人の構成によって変わってきます。相続人が配偶者しかいない場合は配偶者がすべてを相続し、配偶者と子の場合はそれぞれ1／2ずつ（複数いれば等分する）相続します（→P.180）。

法定相続分の割合は法律に定められていますが、**全相続人が同意すれば、自由に相続割合や内容（誰が何を相続するか）を話し合いで決めることもできます。**この話し合いを「遺産分割協《いさんぶんかつきょう》

【直系・傍系（ちょっけい・ぼうけい）】 直系は、世代が上下に直線的に連なる血縁者。自己の祖父母・父母・子・孫など。傍系は、同じ始祖から分かれ出た血族。兄弟姉妹・おじ・おば・甥・姪・いとこなど。

議《ぎ》」（→P.195）といいます。

最低限保障されている遺産がある

先に述べた通り、遺言書の指定が法定相続分より優先されますが、そうすると相続人が財産をまったく引き継げないなどの問題が出てきます。一家の大黒柱が亡くなったときに、いくら遺言書があるとはいえ、残された家族が財産を引き継げなければ家を追われ、生活できなくなってしまいます。

よって、**一定の相続人には最低限の遺産相続が保障されていて、これを「遺留分《いりゅうぶん》」といいます。**

相続人が両親のみの場合の遺留分は、遺産の1／3、その他の場合は1／2です。なお、兄弟姉妹には遺留分がありません（→P.180）。

親より先に子どもが死亡したとき

本来、相続は、親から子へと行われるものですが、親よりも先に子が亡くなることもあります。その際は、子の子（孫）が親の財産を相続します。これを「代襲相続《だいしゅうそうぞく》」といいます。

代襲相続は、直系の子孫（直系卑属《ちょっけいひぞく》）がいる限り続きます。子だけでなく、孫も亡くなっていればひ孫へ続くということです。被相続人の甥や姪（傍系《ぼうけい》卑属《ひぞく》）にも代襲相続権はありますが、さらにその下の世代に続くことはありません。

先生からの大切なアドバイス

遺留分（→P.180）に当たる財産まで奪われてしまった場合、相手に対して遺留分を返すよう主張し、財産を取り戻すことができます。これを「遺留分侵害額請求※」といい、請求できる期限は、遺留分の侵害を知ったときから1年、または相続開始（被相続人となる人が亡くなった瞬間）から10年です。遺留分を取り戻したいと思ったら、早めに行動することが大事です。

+α 相続人の資格を失うケース

法律には「相続人欠格事由《そうぞくにんけっかくじゆう》」というものがあり、これは、「一定の要件に当てはまると相続人になれない」という決まりです。たとえば、遺言書があることを知っていながら隠したり、破棄したり、書き換えたり、加筆したりしたときに、資格を失います。

また、被相続人への虐待《ぎゃくたい》や重大な侮辱《ぶじょく》、その他著しい非行（勝手に貯金を引き出すなど）があったとき、被相続人は裁判で相続人を除外することもできます。これを「廃除《はいじょ》」といいます。廃除は遺言によっても行うことができます（→P.193）。遺留分のない相続人（兄弟姉妹）については、財産を残さない旨の遺言を残せば足りるので、廃除はできません。

※ 2019年7月1日以降、遺留分は金銭債権になりました。それに伴い、遺留分減殺《げんさい》請求は遺留分侵害額請求に変わりました。

相続順位

故人（被相続人）に配偶者がいる場合、配偶者は常に相続人になります。配偶者に加えて、子、親、兄弟姉妹も相続人となります。ただし、以下のように順位が決まっており、上の順位の人がいる場合は下の順位の人が相続人になりません。

法定相続分と遺留分

各相続人がどのような割合で相続するかについて法律で規定されており、これを法定相続分といいます。法定相続分は、以下のようになります。（　）内は遺留分です。

●相続人が配偶者のみ

●相続人が配偶者と子のみ

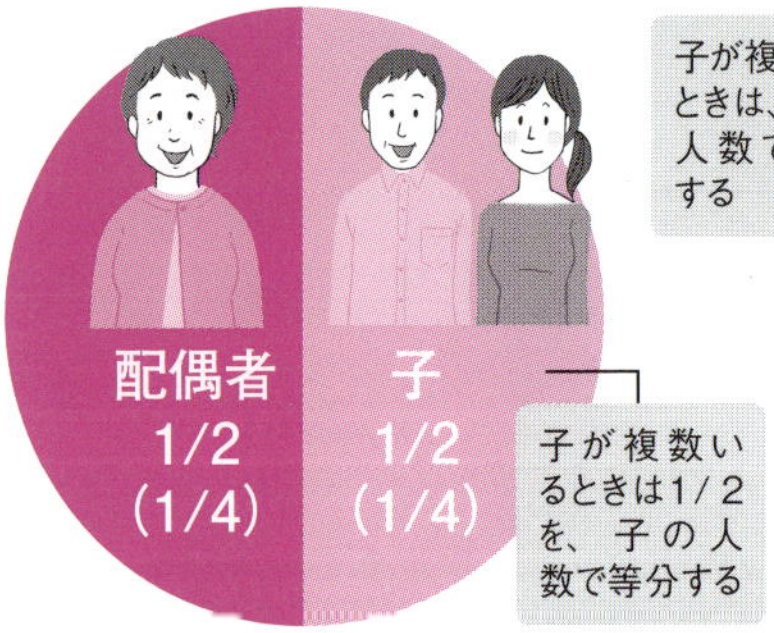

●相続人が子のみ

●相続人が配偶者と被相続人の親のみ

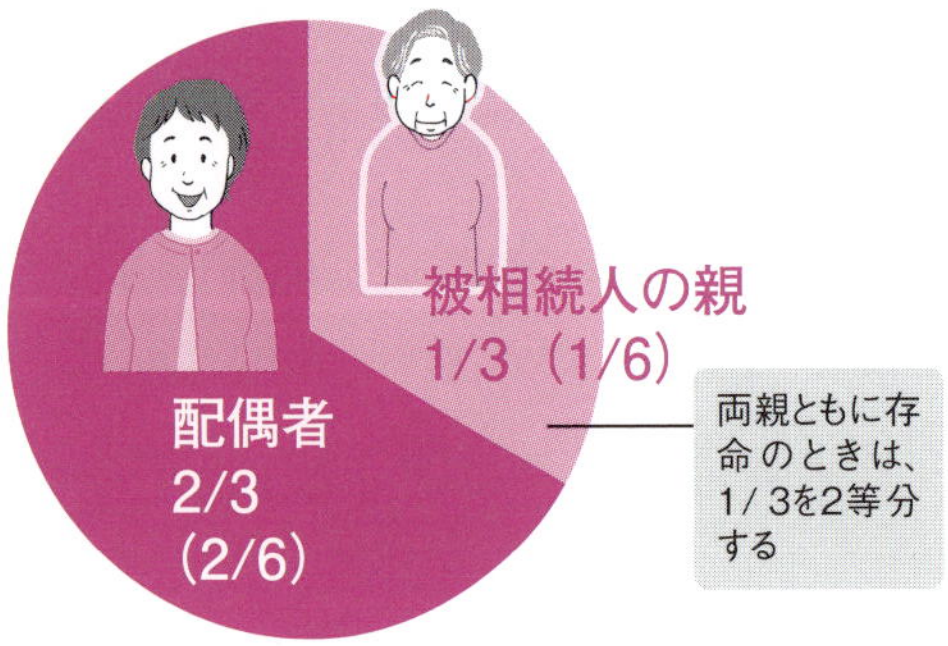

●相続人が配偶者と被相続人の兄弟姉妹のみ

Case Study ケーススタディ 父（故人）に母（配偶者）と子が３人いる。また、子のうち1人が死亡している場合の法定相続分

同居の有無、子が結婚しているかどうかなどは相続割合に関係ありません。この場合、配偶者が1/２、子どもが1/２の割合で相続することになります。なお、配偶者は、戸籍上の配偶者を指すため、内縁関係は含まれません。

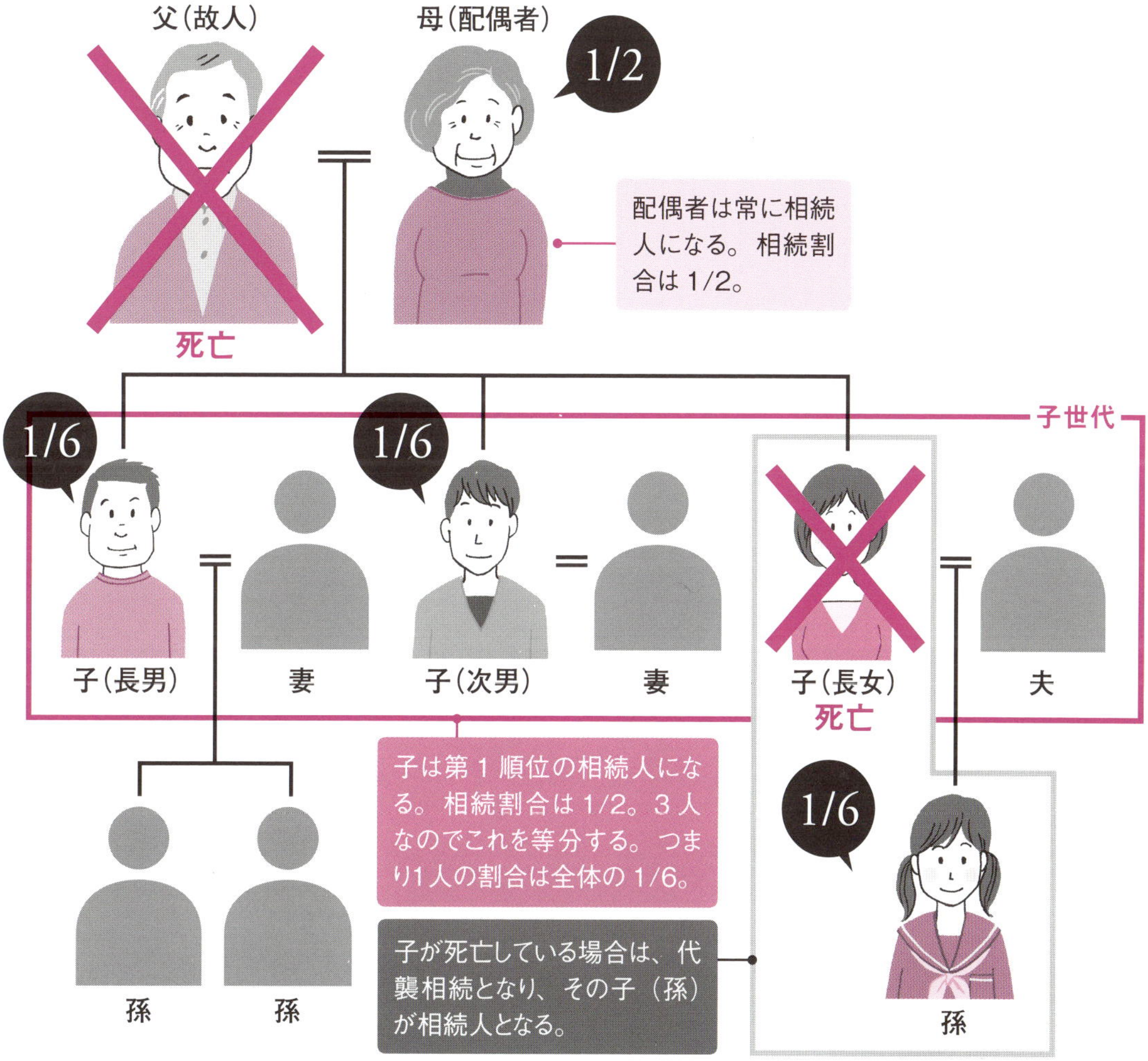

「自分は誰の相続人になるのか」「自分の相続人は誰か」を知ることから、相続への備えが始まります。高齢化とお一人様の増加で、子どもの頃一度会ったきりのおじやおばの相続人になる、というケースもあります。手続きをスムーズに行うためには、誰が当事者であるかを把握することが欠かせません。

2

相続財産にはプラス財産とマイナス財産がある

相続財産になるもの・ならないもの

ほとんどのものが相続財産

「財産」というと、預貯金や不動産などを思い浮かべる人が多いですが、財産的な価値を問わず、ほとんどのものが相続財産（遺産）になります。

相続財産にならないのは、「一身専属権」といわれる権利義務だけです。これはその人だけの権利や義務のことで、たとえば年金を受給する権利や運転免許などの資格、代替できない労働義務などがあり、これらは相続されません。

プラスの財産とマイナスの財産

相続財産には、預貯金や不動産、有価証券、家財道具、自動車などの「プラスの財産」の他に、借金や住宅ローン、未払いの税金・医療費などの「マイナスの財産」もあります（左ページ）。

マイナスの財産には、保証人や連帯保証人の地位のようなものもあります。あらかじめマイナスの財産の方が大きいことがわかっている場合、相続を放棄するという手もあります。**相続開始から3か月以内に手続きをしないと、自動的にすべての遺産を相続することになるので注意してください**（→P.184）。すべての財産についてリスト（遺産目録《いさんもくろく》→P.197）を作るなどして、検討しましょう。

相続の対象にならないもの

お墓や祭具（仏壇など）は、被相続人の財産に属する一切の権利義務に含まれません。これらは、「祭祀に関する権利」と呼ばれ、相続財産とは別の扱いになります。

祭祀に関する権利は、祭祀を主宰する喪主が受け継ぎます。喪主となる人が相続人かどうかは関係ありません。祭祀に関する権利は相続されないので、お墓が相続人によって分割されるなどということはありません。

相続の対象にならないものとしては他に、葬儀の際の香典や、故人の死亡による退職金、生命保険金などがあります。香典は喪主が受け取るべきものであり、死亡退職金や保険金は受取人の財産だからです。

相続財産

プラスの財産もマイナスの財産もすべて含めて相続財産となります。

プラスの財産

預貯金、不動産（土地、家屋、借地権、借家権など）、現金、預貯金、有価証券（株式、債券、小切手など）、家財道具、自動車、貴金属宝石類、書画、骨董《こっとう》品、会員権、著作権、特許権　など

マイナスの財産

借金、借入金、買掛金、住宅ローン、未払いとなっているもの（ローン、税金、家賃、地代、医療費など）、保証人や連帯保証人の地位

など

相続の対象にならないもの

・葬儀のときの香典
・祭祀に関わるもの（お墓、仏壇、仏具など）
・死亡退職金、死亡保険金
・未支給年金　など

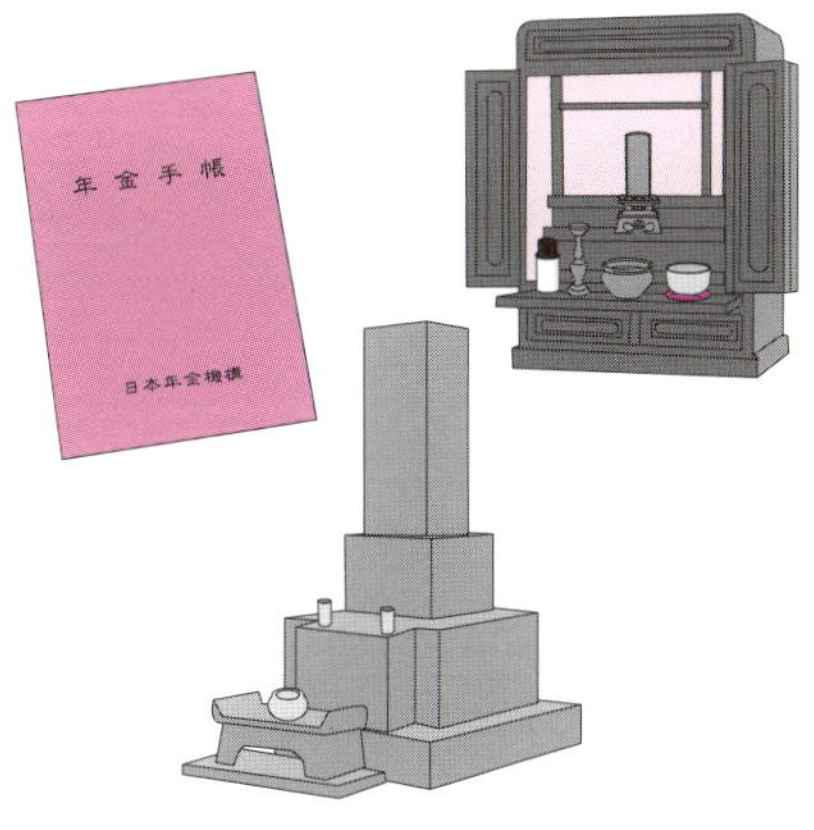

3

相続開始から3か月以内で決断する

相続するか、しないかを決める

被相続人が亡くなった瞬間に相続は開始する

相続は、被相続人が亡くなった瞬間から開始されます。被相続人の財産は相続財産となり、相続人でない人がその相続財産を自由に処分することができなくなります。

　そして相続人は、相続開始の瞬間から、被相続人に属した一切の権利義務を承継することになります。

「一切の」とは、「プラスの財産だけを選んで、マイナスの財産は相続しない」ことはできないということです。

　しかし、多額の負債があることがわかっている場合でもすべてを相続しなければならないとなると、相続人にとっては酷な話です。そこで、後述する

相続するか、しないかを決める熟慮期間

相続開始から3か月以内に相続するか、放棄するか、限定承認するかを決めなければなりません。

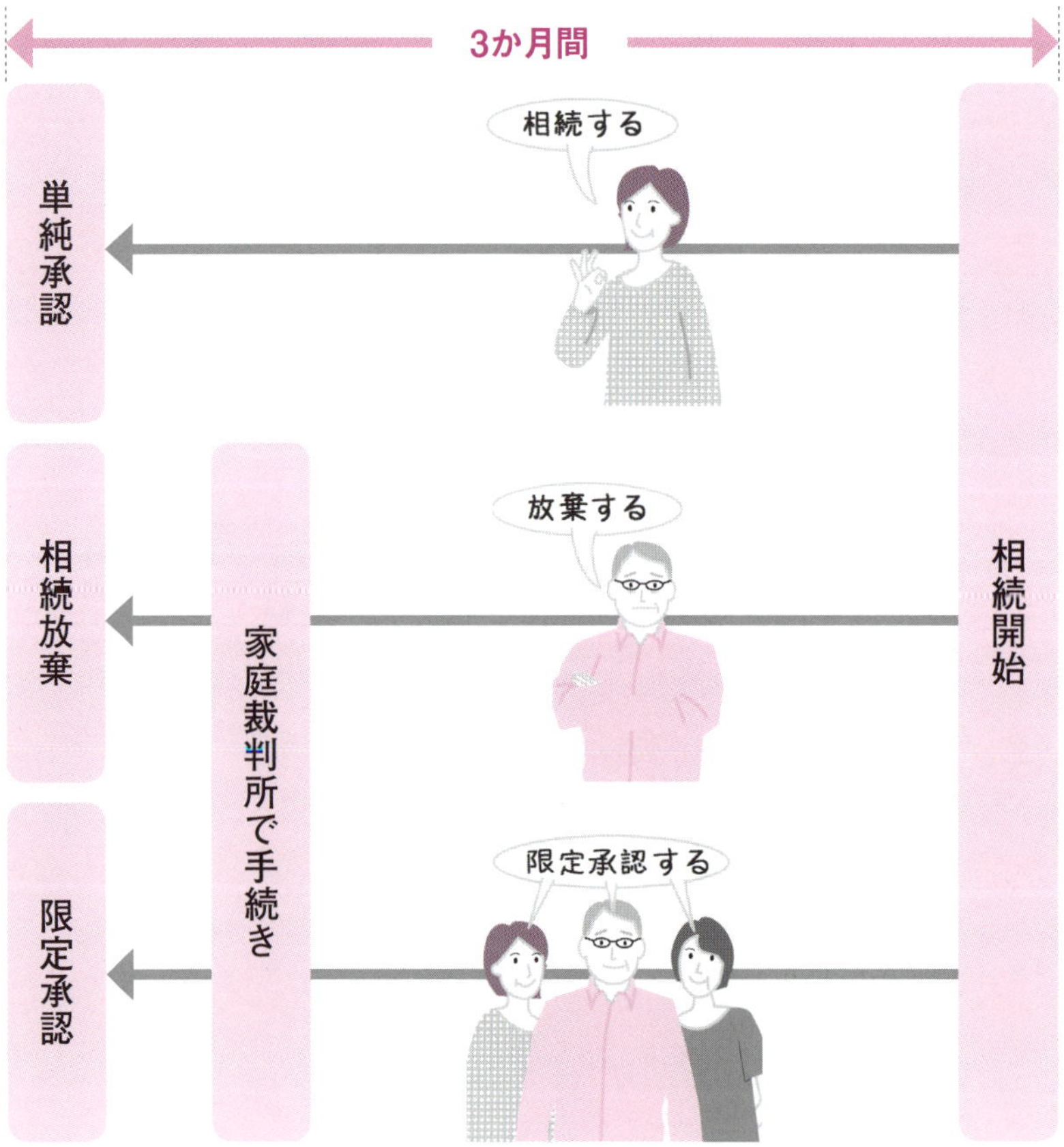

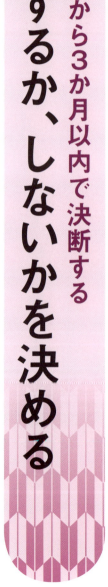

「相続放棄《そうぞくほうき》」や「限定承認《げんていしょうにん》」の手続きができるようになっています。

民法では、相続人が相続財産を相続するか、放棄するか、限定承認するかを決める期間を3か月以内と定めており、これを「熟慮期間《じゅくりょきかん》」といいます（右ページ下図）。

遺産のすべてを引き継ぐ「単純承認《たんじゅんしょうにん》」

「単純承認」とは、被相続人のすべての権利義務を引き継ぐことをいいます。

相続放棄や限定承認の手続きをしないまま熟慮期間が過ぎれば、自動的にすべて相続することを選んだことになり、「単純承認した」とみなされます。また、熟慮期間内に相続財産を使ったり、故人の借金を返済したりしたときも同様です（下図）。

もし期間内に決められない場合は、家庭裁判所に申述書を提出して熟慮期間を伸長《しんちょう》（延長）することができます。

単純承認したとみなされるケース

何の意思表示もすることなく熟慮期間を過ぎてしまったときの他、次のような「一定の行為」を行うと「単純承認した」とみなされ、相続放棄や限定承認をすることはできなくなります。

● **相続財産の全部や一部を処分したとき**

● **相続財産である不動産の名義を相続人に変更したとき**

● **被相続人のカードローンや借金の一部を被相続人の預貯金から支払ったとき**

このような行為は相続財産を「自分のものにする意思がある」と判断されるため、単純承認したとみなされるということです。なお、限定承認あるいは相続放棄をした後でも、意図的に相続財産を隠匿した場合などに単純承認したとみなされることがあります。

相続は放棄することもできる

明らかにマイナスの財産が多い場合や、特別な事情がある場合など、「何も相続しない」選択をすることができ、これを「相続放棄」といいます。**相続放棄する場合、家庭裁判所で、放棄したい相続人が手続きをします。**一度相続放棄すると原則撤回はできない上に、代襲相続（→P.179）もできなくなるので、よく考えてから結論を出しましょう。ちなみに相続放棄は、相続の開始以降に手続きをしないと効力がないので被相続人の生前には手続きできません。

限定承認でマイナスの財産を精算する

「限定承認」は、相続した財産のうち、プラスの財産の範囲内で債務の返済をすることができるというものです。プラスの財産で債務のすべてを補えない場合も、相続人自身の財産を支払いにあてる義務はありません。返済後にプラスの財産が残れば、それを相続することができます（下図）。

限定承認は、相続財産の全体や負債額が不明なときに有効な選択といえます。しかし、相続人全員で手続きする必要があります（相続放棄した人は除く）。また、手続きが煩雑《はんざつ》なためもあって、実際にこれを選択する人は少ないようです。

先生からの大切なアドバイス

葬儀費用を遺産から支払ったケースで、遺族として当然営むべき程度の葬式のための費用に遺産を使うことは単純承認にならないと判断したものがあります。

ただ、気をつけたいのは「当然営むべき程度の葬式のための費用」ですから、「この程度の金額なら大丈夫」という基準はありません。常識の範囲外の豪華なものであれば、問題となる場合も考えられるということです。

限定承認でプラスの財産の範囲内で負債を引き継ぐ

限定承認は、プラスの財産分を上限に負債を引き継ぐもので、プラスの財産分の範囲外の部分については責任を負いません。

プラスの財産が多いときの限定承認 ▶

- プラスの財産　5,000万円
- 負債　3,000万円
- 2,000万円相続

負債が多いときの限定承認 ▶

- プラスの財産　3,000万円
- この部分については責任を負わない
- 負債　5,000万円

4

相続手続きでよく登場する戸籍についても確認する

相続放棄・限定承認の手続き

相続放棄・限定承認の手続きをする

単純承認については、特別な手続きは必要ありませんが、相続放棄や限定承認をする場合は、手続きが必要です。

手続きは、被相続人の最後の住所地の家庭裁判所で行います（→P.188）。手続きの前には、主に次の3つの準備が必要です。

①戸籍を集める

まず、すべての相続人を確定するため、被相続人の出生から死亡までの戸籍を集める必要があります（→P.188）。

②申述書を用意する

手続きには、申述書が必要になります。各申述書の様式は、家庭裁判所のホームページでダウンロードすることができます。

③遺産目録を作る

相続人の確定と並行して、遺産目録を作ります（→P.197）。

遺産目録は、限定承認する際の提出書類として必要です。作成する際に、相続放棄するか、限定承認するかの判断をするのもよいでしょう。

遺産目録には、プラスの財産もマイナスの財産もすべて書き出します。目録を作るためには、どんな遺産があるかを調べる必要があります（→P.196）。

これらの必要書類を家庭裁判所に提出し、申述受理通知書が家庭裁判所から送られてきたら、債権者《さいけんしゃ》に対して公《こう》告《こく》を行います。

専門家の活用と熟慮期間の伸長

熟慮期間内に手続きすればよいといっても、手続きの前にこれらの準備が必要なので、実際はあっという間に期限がきてしまいます。

相続人の人数が多いときや、財産がどこにあるかわからないときは、専門家の力を借りた方がよいでしょう。

相続放棄や限定承認の手続きを頼む場合は、司法書士か弁護士に相談すると手続きがスムーズです。

また、相続放棄するか、限定承認するかを判断する資料がなかなか用意できない場合などには、家庭裁判所に熟慮期間の伸長を申し立てるとよいでしょう。

【公告（こうこく）】国や公共団体が、ある事項を広く一般に告知すること。

相続放棄、限定承認の手続き

手続きの詳細については申述先の家庭裁判所で確認してください。裁判所のホームページには、それぞれの申述書の記入例があります。

●相続放棄をする場合　各相続人が単独で手続きできる

窓口	必要書類　※申述人（放棄する人）が被相続人の子である場合の書類	費用
被相続人の最後の住所地の家庭裁判所	・相続放棄の申述書 ・被相続人の住民票の除票または戸籍附票 ・申述人（放棄する人）の戸籍謄本 ・被相続人の死亡の記載がある戸籍（除籍、改製原戸籍）謄本	収入印紙800円分＋連絡用の切手代

●限定承認をする場合　すべての相続人が共同で行う必要がある

窓口	必要書類　※申述人（放棄する人）が被相続人の子である場合の書類	費用
被相続人の最後の住所地の家庭裁判所	・限定承認の申述書 ・被相続人の出生時から死亡時までのすべての戸籍（除籍、改製原戸籍）謄本 ・被相続人の住民票の除票または戸籍附票 ・申述人（限定承認する人）全員の戸籍謄本 ・被相続人の子（およびその代襲者）で死亡している者がいる場合、その子（およびその代襲者）の出生時から死亡時までのすべての戸籍（除籍、改製原戸籍）謄本 ・当事者目録 ・遺産目録（土地遺産目録、建物遺産目録、現金・預貯金・株式等遺産目録）	収入印紙800円分＋連絡用の切手代

＋α　戸籍について

戸籍には、３つの種類があります。

①**戸籍（現在戸籍）**……現在の事項が記載されているもの。
②**除籍**……………………既に閉じられた戸籍。
③**原戸籍**…………………戸籍の改正時に、改正元となったもの。

戸籍は、法改正のほか、結婚や離婚、転籍（本籍の移動）時に新たに作られます。除籍や原戸籍は、以前の戸籍をたどるときなど、主に相続手続きで使われます。

戸籍は他の手続きなどで何度も使用するので、「原本還付手続き」をして、その都度返却してもらいましょう。なお、2017（平成29）年５月から始まった「法定相続情報証明制度」を利用すれば、毎回原本還付をしてもらう必要がないので、複数の手続きがあるときには利用を検討してみてください（→P.199）。

各種手続きに必要な書類の入手方法

以下、戸籍の他、各種手続きに必要な住民票と印鑑登録証明書の入手方法を案内します。

	入手先	手数料（1通分）	請求者	備考
戸籍	本籍地の市区町村役場（※本籍不明の場合は、住民票を本籍地記載指定で取ればわかる）	●戸籍謄本・抄本／450円 ●除籍謄本・抄本／750円 ●改正原戸籍・抄本／750円	戸籍に記載のある人及びその直系親族。他、相続など正当な理由がある人（※委任状や理由を証明するものが必要）	郵送請求：可能（※手数料は郵便局購入の定額小為替で支払う）
住民票（住民票の除票）	住所地の市区町村役場	200～400円程度（※自治体により異なる）	住民票に記載されている人。親族でも世帯が別なら委任状が必要。他、相続など正当な理由がある人（※委任状や理由を証明するものが必要）	郵送請求：可能（※手数料は郵便局購入の定額小為替で支払う）
印鑑登録証明書	住所地の市区町村役場	200～400円程度（※自治体により異なる）	本人か代理人（※委任状は不要）。代理人の場合、印鑑登録証（カード）を本人から預かって持参する	事前に「印鑑登録」が必要（居住地において、本人か代理人によって登録申請を行う。登録する印鑑と身分証明書持参。費用は200円～400円程度）。これにより「印鑑登録証（カード）」が発行される

※令和6年3月から戸籍の広域請求が始まり、全国どの市区町村役場窓口でも請求可能になりました。ただし、請求方法等に制限があります。

戸籍の読み方

戸籍に記されている改製、編製の理由を見てみましょう。

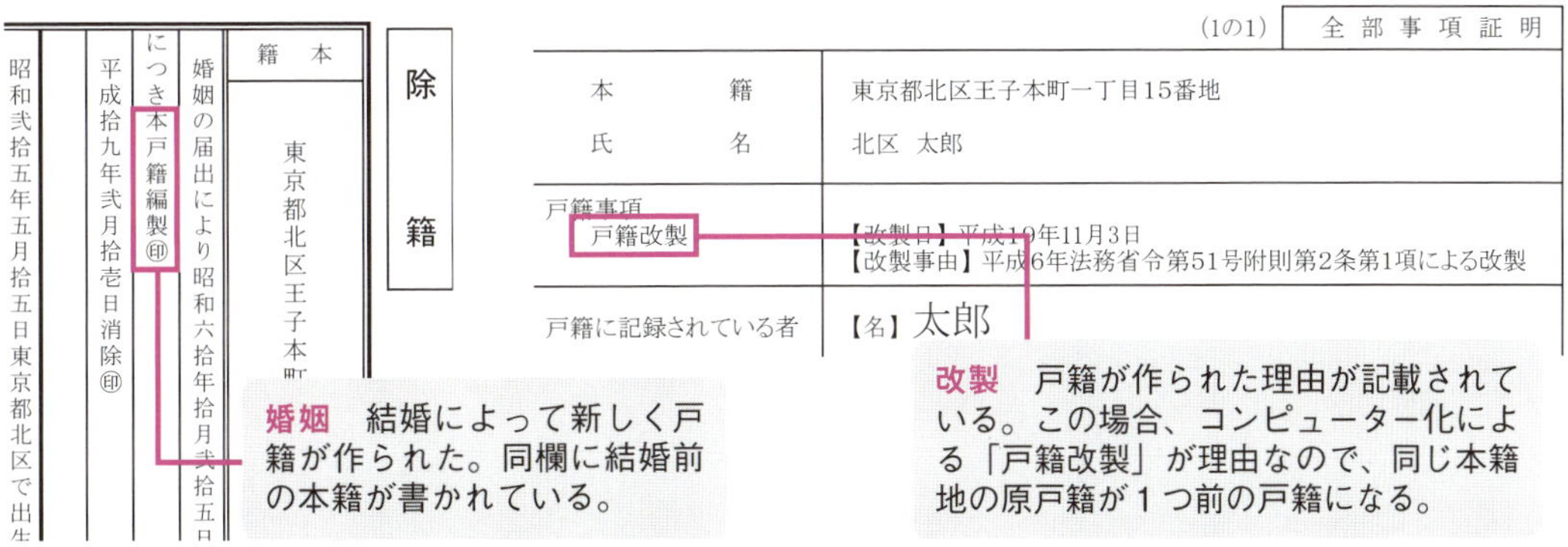

5 遺言書が出てきたら

自筆の遺言書は検認《けんにん》を受けなければならない

遺言書には3つの種類がある

遺言書は、その作成方法によって「自筆証書遺言」「公正証書遺言」「秘密証書遺言」の3つがあります。自筆証書遺言は遺言する人が自分で書いて残したもので、公正証書遺言は公証人が遺言者に聞き取りをして作成したものです。秘密証書遺言はあまり利用されません。

遺言書が重要視されるのは、これに書かれた内容が「法定相続」（法律で相続順位や相続割合が決められている）よりも優先されるからです。

遺言書を残すことで故人の遺志を伝えることができ、誰に何を残すのかを明確にすることで、不要なトラブルを避けることもできます。さらに、相続人ではないけれども特別に世話になった人などに遺産を残すことも可能で、これを「遺贈《いぞう》」といいます。

原則として自筆証書遺言は検認が必要

遺言書が出てきたら、まずはそれが前述のどの遺言に当たるかを確認します。公正証書遺言であれば、表紙に「遺言公正証書」と書いてあるので、簡単に見分けられます。

公正証書遺言は、原本が公証役場に保存されているので、変造や破棄の恐れがありません。しかし、**自筆証書遺言は、他人が後から加筆したり変更したりすることができるので、封がされている自筆証書遺言は、家庭裁判所で「検認」を受けるまで開封してはならない、という決まりがあります。**

検認とは、相続人に対し遺言の存在や内容を知らせ、遺言書の形状、加筆・削除・訂正の状態、日付、署名など、遺言書の内容を明確にして、遺言書の偽造・追加修正・変更を防止するための手続きです。検認は、遺言の有効・無効を判断する手続きではないので、誤解しないようにしましょう。

検認を経ないと、後に遺言書に基づいて遺産の相続手続きをすることができないのが原則です（預かり制度を除く）。

検認の申し立てをする

検認をするときは、まず遺言書を発

【秘密証書遺言（ひみつしょうしょゆいごん）】 秘密証書遺言は、遺言者が遺言内容を知られたくない場合に使われる。公証役場で手続きする。

見した相続人か管理していた人が、家庭裁判所に検認の申し立てをします。
申し立てを行うと、裁判所から各相続人に対して検認期日が通知され、当日に相続人立ち会いのもとで遺言書の内容が明確にされます。申立人以外の相続人が検認期日に出席できなくても、検認手続きは行われます（下図）。

先生からの大切なアドバイス

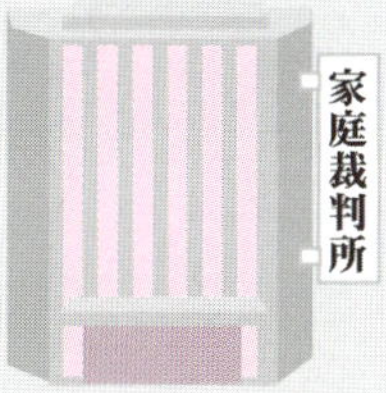

自筆証書遺言が出てきたら、すみやかに検認の申し立てをしましょう。後のトラブルを防ぐため、検認後、遺言書は必ず相続人全員で目を通しましょう。

なお、2020年７月10日より自筆証書遺言の預かり制度が始まりました。その制度を利用する場合は検認が不要になります。

検認の申し立てと、その後の流れ

検認の手続きは、家庭裁判所で行います。

検認の申し立て

●申し立てをする人

遺言書の保管者

or

遺言書を発見した相続人

●申し立て先

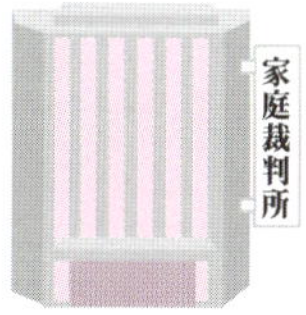

遺言者の最後の住所地を管轄する家庭裁判所

↓

検認日の通知

●検認に呼ばれる人

すべての相続人

↓

遺言書の検認

申立人以外の相続人が欠席しても、検認は行われる。

↓

検認済証明書の発行

検認が終わると、遺言書と一緒に検認済証明書が渡される。遺言の執行をするためには、検認済証明書が付いていなければならない。

¥ 費用

- 遺言書（封書の場合は封書）１通につき収入印紙 800 円
- 連絡用切手代
- 検認済証明書１通につき 150 円

主な必要書類

- 申立書
- 遺言者の出生時から死亡時までのすべての戸籍（除籍、改製原戸籍）
- 相続人全員の戸籍謄本

※被相続人との続柄により、必要な戸籍などの添付書類が異なる。

【公証人（こうしょうにん）】ある事実の存在、もしくは契約などの法律行為の適法性について、証明・認証する人。長年にわたる法律実務経験を経て選ばれる。

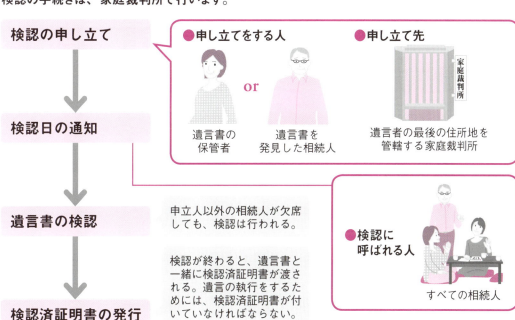

6

遺言が無効になるケースを確認しておく
法的に有効な遺言書とは

遺言でできること

法的に効力を持つ遺言内容（左ページ上図）は、法律で規定されています。主には、

- **身分に関すること**
- **財産の処分に関すること**
- **相続に関すること**

が規定されています。

これ以外のことを書いても法的な効力はありません。もし、家族への想いなどを書きたければ、付言《ふげん》を活用しましょう。付言とは、手紙のようなもので、自由に書けます。付言に遺言者の気持ちを書き残しておくことで、家族が遺言内容に納得しやすくなるでしょう。

法的に無効となる遺言書もある

遺言書の形式は、法律で決められています。形式を満たさない遺言書は、法的にいうと「無効」となります。

公正証書遺言の場合、作成する公証人は法律のプロなので、遺言書の形式を間違えることはないと考えられます。一方、自筆証書遺言では、故人が法律を十分に知らない状態で作成されるものもあるため、形式違反で無効になることが多くあります（左ページ下図）。

しかし、たとえ法的に無効な遺言書であっても、故人の遺志をくんで遺言通りにすることは問題ありません。相続人同士でよく相談しましょう。

誰が遺言の有効・無効を判断するのか

では、いったい誰が遺言の有効・無効を判断するのかといえば、基本は、相続人全員で判断します。形式的なことであれば、弁護士や行政書士などの専門家ならすぐに有効・無効がわかります。

ただし「こんなことを書くはずはない」「遺言書を書いた時期には既に認知症になっていた」など、内容に疑いがあって相続人同士で意見がぶつかれば、最終的には裁判で決着をつけることもあります。無用な争いを避けるためには、遺言書を残すなら公正証書遺言にするのがよいといえます。

法的な効力を持つ遺言内容の主なもの（例）

法的な効力のある遺言の一例です。

●子どもを認知《にんち》したい ………… 婚姻関係にない相手との子どもを認知し、相続人にすることができる。
例 A 子との間の子 B を認知する。

●財産を遺贈したい ………… 法定相続人以外の人に遺産を譲ることができる。
例 生前お世話になったヘルパーさんに全財産を遺贈する。

●相続人を廃除したい ………… 推定相続人《すいていそうぞくにん》（兄弟姉妹以外の推定相続人）の相続権を剥奪することができる。
＊過去にした廃除を取り消す遺言もできる。
例 長男は私の預金を無断で解約するなど非行を繰り返したため、廃除する。

●相続分の指定をしたい …… 法定相続分とは異なる相続分を指定することができる。
例 全財産を妻に相続させる。

●祭祀主宰者の指定 ………… 法法事などの祭祀を主宰し、墓地や墓石などの財産を継承する人を指定できる。
例 長男を祭祀主宰者に指定する。

自筆証書遺言が無効となる主な原因

自筆証書遺言が無効になる原因として以下のようなものが考えられます。

NG! 自筆でない
パソコンなどで作成した、代筆してもらった（添付する財産目録を除く）、録音したなど。

NG! 日付がない、または不明確である
日付は、年月日を書く必要がある（○月○日だけや○月吉日などは無効）。

NG! 署名、捺印がない
どちらか一方が欠けても無効となる。

NG! 訂正方法が間違っている
訂正した部分が無効になる（訂正がなかったことになる）。

NG! 2人以上の遺言が同じ紙面に書かれている
夫婦であっても別々に遺言する必要がある。

NG! 15歳未満の遺言である
民法で遺言書を書けるのは 15 歳からと決められている。

NG! 認知症などで判断力が不十分な状態で書かれた遺言書
認知症や精神障害、知的障害など、遺言能力が十分にない状態で書かれた遺言は無効となる。

NG! 脅迫《きょうはく》や詐欺《さぎ》により書かされた遺言書
脅迫や詐欺など、他人が無理矢理書かせた遺言書は無効となる。

自筆証書遺言（例）

自筆証書遺言は、添付する財産目録を除き、すべて自筆で書きます（代筆やパソコンなどでの作成は無効）。筆記用具は自由で、縦書き・横書きも自由です。間違えた場合は正しい方法で修正してください。間違いが多いときは書き直すのが無難です。

「何を」相続させるか明確に。不動産は登記簿謄本通りに記載。

「誰に」相続させるか明確に。特定できるように続柄、生年月日まで詳しく書く。

遺言書

遺言者 田中一郎は、この遺言書により次のとおり遺言する。

1　妻 田中美奈（昭和○○年1月1日生）に、次の財産を相続させる。

（1）土地

所在　東京都千代田区神田神保町○丁目

地番　○番○号

地目　宅地

地積　○○平方メートル

（2）A銀行神保町支店普通口座の普通預金全額

口座番号　○○○○○○○

2　長男 田中誠（昭和○○年5月5日生）に、次の財産を相続させる。

B銀行~~神田~~支店普通口座の定額貯金全額

（田中）九段

口座番号　○○○○○○○

この行二字訂正
田中一郎

修正は、間違いの箇所を二重線で消して修正し、署名部分に押した印鑑で捺印する（修正液は無効）。欄外に修正事項について記載し、署名する。

銀行口座は口座番号も記載。

その他の財産すべてを、妻 田中美奈に相続させる。

「付言」には、家族への気持ちなどを書いてよい。相続人が複数いて争いなどが起こる可能性があるなら、分割割合などついて理由を説明することも可能。

付言

妻 美奈へ。生前はこんな私のために尽くしてくれてありがとう。心から感謝しています。

長男 誠へ。今後の生活のために自宅の土地は母さんに相続させます。母さんのこと、くれぐれもよろしく頼みます。

日付を年月日で明記。遺言者の氏名の横に捺印する。

令和○○年○月○日

東京都千代田区神田神保町○丁目○番○号　遺言者 田中一郎 （田中）

7 遺産を分割するための遺産分割協議を行う

遺産を分割する

財産をどのように分けるか話し合う

遺言書に、誰に何を相続させるかという具体的な指定まであれば、それに従って遺産を分割します（指定分割）。

一方、遺言書がない場合や相続割合のみを記している場合は、相続財産をどのように分けるかを相続人全員で話し合って決めることになり（協議分割）、この話し合いを「遺産分割協議」といいます。

遺産分割協議は「相続人全員」で行わなければならず、相続人が1人でも欠けたり同意しなかったりすると成立しません。よって、まずは相続人を確定させるために、被相続人の出生から死亡までの戸籍を取り寄せて、すべての相続人をよく確認してください（→P.187）。

なお、相続人に下図のような特別な事情がある場合には、遺産分割協議の前に、家庭裁判所の手続きを経て、代理人を選定する必要があるため、早めに確認が必要です。

また、遺言の内容が相続人にとって問題がある場合などは、相続人全員の同意があれば、遺言書の指定とは別の分割をすることも可能です。

ただし、遺言執行人（遺言の内容を実現するために指定された人）がいる場合は、遺言執行人の同意がなければ、原則として指定とは別の分割はできず、遺言書の指定に従って分割しなければなりません。

遺産分割協議書が無効になるケース

次のような場合、きちんと手続きを踏まずに遺産分割協議書を作れば、無効になることがあります。

●相続人に行方不明や音信不通の者がいる

連絡がつかない相続人の代わりに、家庭裁判所で「不在者財産管理人」を選任してもらい、その人が遺産分割協議に参加する。

●相続人の中に未成年者がいる

未成年者は法律行為ができないので、代わりに遺産分割協議をする「特別代理人」を家庭裁判所に選任してもらう。

●相続人の中に認知症などで判断能力が不十分な人がいる

認知症や精神障害などで判断能力が不十分な相続人は、「成年後見人」が代わりに遺産分割協議に参加する。

【成年後見人（せいねんこうけんにん）】成年後見制度により、家庭裁判所によって選ばれた人。認知症、知的障害、精神障害などの理由で判断能力が不十分な人を代理して、契約などの法律行為を行う。

遺産目録を作成して相続財産を把握する

そもそも遺産の全体像がつかめないと遺産分割協議は始められません。さらに、後に遺産分割協議から外れた遺産が見つかった場合は、再度遺産分割協議をしなければならなくなります。そのため、事前にどんな遺産がどれくらいあるかの確認作業が大切です。

遺産となるのは主に、預貯金や不動産、株式、会員権、貴金属宝石類・書画・骨董品、自動車などです（→P.182）。貴金属や自動車は現物があるので気づきやすいのですが、預貯金や会員権は本人しか把握していないこともあります。生前本人に確認していなければ、金庫や通帳類などを保管しているところを探すことから始めなければなりません（下図）。そのため、できるだけ生前にエンディングノートなどにまとめておいてもらうのが望ましいです。

すべての遺産を探し出したら、「遺産目録（遺産のリスト）」を作成しましょう（左ページ上図）。これには決まった形式はなく、どこかに提出することはありませんし、必ず作成しなければならないものではありませんが、遺産分割協議をはじめ、相続税の申告などのときの確認に役立ちます。

遺産目録は、すべての遺産を確認するために作成するものですから、マイナスの財産も忘れずに記入してください。

遺産分割協議書を作る

遺産分割協議がまとまったら、協議の結果決まったことを「遺産分割協議書」（→P.198）にまとめます。これは協議した内容の覚え書きともなり、また不動産の名義の書き換えや、預貯金口座の解約の際に必要になります。

遺産分割協議書は、様式について決まりはありません。相続人の数だけ作り、それぞれ実印で押印して、印鑑証明書を添えればその後の名義変更手続きに使用できます。

遺産を探すポイント

相続財産の見逃しがないよう、以下のポイントを参考に探してみてください。

預貯金	●通帳やカード、利用明細を探す。 ●故人の住所近くの銀行の支店に問い合わせる（本人確認や故人との続柄を証明する書類などが必要）。
不動産	●権利証、固定資産税納税通知書を探す。 ●個人名義の不動産を確認できる「名寄台帳」を都税事務所、市町村役場で閲覧する。
株式	●証券会社や銀行に口座を開設しているはずなので、その通帳や取引報告書・明細書を探す。
会員権	●会員証、権利証などの現物を探す。

遺産目録（例）

遺産目録の例を以下に示します。不動産や預貯金など、財産の種類別に用紙を分けると内容を整理しやすくなります。

時価を調査する際に必要となるので、所在などの情報は正確に記入する。

遺産目録（土地）

番号	所在	地番	地目等	面積	備考
1	東京都●●区●●町1丁目	1番	宅地	110.15平方メートル	住宅ローン／借入残金 540万円／●●銀行／抵当権設定／価格 ×××× 万円
2	東京都●●区●●町1丁目	1-1	居宅 木造瓦葺2階建	80.40平方メートル	土地1と共同抵当／価格 ×××× 万円

口座解約手続きの際に必要となるので、口座情報などを正確に記入する。

遺産目録（現金、預貯金、株券など）

番号	品目	数量（金額）	備考
1	○○銀行定期預金（番号○○○○-○○○○○○○）	×××× 円	—
2	○○株式会社	×× 株	評価額 ×××× 円
3	現金	×××× 円	—
4	負債（負債者　○○銀行○○支店）	借入金 ×××× 万円	利息　××% 損害金　××% 住宅ローン 残金 540 万円

+α デジタル遺品の処理・処分について

パソコンや携帯電話に残されているデータは、立派な財産です。適切に処理しましょう。

●パソコン・携帯電話

通信サービスを提供しているキャリア会社やプロバイダーに連絡して死亡届などを提出すれば、データ消去の対応をしてもらえる。

パソコンは購入時のリカバリーソフトで初期化するか、データ消去専門事業者に依頼する。本体を購入した店舗に持っていくと、ハードディスクを物理的に破壊してくれることもある。

●SNS

死亡を証明する書類を提出すれば、アカウントを削除または凍結してもらえることもある（各ヘルプセンターに、亡くなった利用者のアカウントについての連絡方法が明示されている場合もある）。

●ネットバンキング

ネットバンク口座のキャッシュカードや利用明細書がないか、探してみる。口座などが見つかれば金融機関に連絡を。

※なお、故人がデジタル機器にパスワードを設定していた場合、携帯電話会社やプロバイダーでは、パスワードやロックを解除することができない。

遺産分割協議書（例）

遺産分割協議書に決まった様式はありません。誰が何をどれだけ取得するかを、明確に記載しましょう。不動産の場合、後に所有権移転登記をすることを考えて、所在地などは登記簿謄本の通りに正確に記載します。

遺 産 分 割 協 議 書

被相続人山田太郎（令和〇〇年〇月〇日死亡）の遺産につき、共同相続人山田花子および山田良子は遺産分割協議の結果次の通り合意し、遺産を分割した。

> 初めに被相続人、相続人が誰か明記する。

1．次の不動産は、山田花子が取得する。

所在　東京都千代田区神田神保町〇丁目

地番　〇番〇号

地目　宅地

地積　〇〇平方メートル

> 不動産は、所有権の移転（名義変更）の登記をすることを考えて、登記簿謄本の通りに記載する。

2．次の預金は、山田良子が取得する。

〇〇銀行〇〇支店 普通預金 口座番号〇〇〇〇〇〇〇〇

5,000,000 円（相続開始時の残高）

本遺産分割協議書の作成を証するため、本協議書2通を作成し、各自1通を保有する。

> 相続人の数だけ作成する。

令和〇〇年〇月〇日

> 遺産分割協議が成立した日を記入。

住所　東京都千代田区神田神保町〇丁目〇番〇号

氏名　山田花子　（山田）

住所　東京都千代田区神田紺屋町〇番

氏名　山田良子　（山田）

> 相続人全員の氏名を記入。押印は実印で（印鑑証明書も必要になるので実印がない人は登録を）。

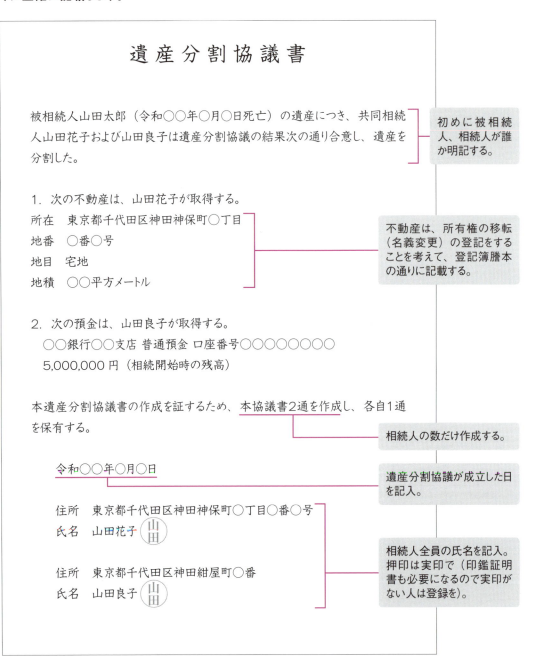

8

相続した財産を使えるようにする

相続財産の名義変更・解約手続き

銀行口座を解約する

相続した財産は、自分の名義に変更しないと、自由に処分ができません。預貯金については銀行口座の解約の手続きが、不動産に関しては所有権の移転登記の手続きが必要です（→P.200）。

故人の預貯金の相続が決まったら、凍結された銀行口座（→P.159）の解約を行います。

口座のある支店に連絡して解約する旨を伝えると、解約に必要な書類が送られてくるので、必要事項を記入します。**手続きには、被相続人の出生から死亡までの戸籍と、解約手続きを行う相続人の戸籍などが必要になります。**

また遺産分割協議書を作っていなければ、各相続人が承諾書類に実印を押して印鑑証明書を添付して提出することも必要になります。これらの書類について、銀行の確認が終了すれば口座が解約され、預貯金は払い戻しという形で相続人に渡ります。

不動産の名義を変更する

不動産の相続が決まったら、「相続を原因とする所有権移転」の登記申請をします。この登記をしないと、第三者に対して自分の所有物だと主張できません。登記に法的な期限はありませんが、できるだけ早く行いましょう。

不動産の登記は、管轄の法務局に申請して行います。口座の解約手続き同様、被相続人の出生から死亡までの戸籍と、相続人の戸籍、印鑑証明書、遺言書などが必要になります（遺言書があれば、省略できるものもある）。

法定相続情報証明制度を利用する

各種の手続きを並行して進めるためには、戸籍の束がいくつも必要です。一方、「法定相続情報証明制度」を利用すれば、一度戸籍を集めれば簡易な手続きで「法定相続情報一覧図」の写しがもらえます。

その写しを各種手続きの際に戸籍書類の代わりに提出すればいいのです。写しは必要な枚数だけもらえるので、複数の手続きがあるときには大変便利です（→P.200）。

【法定相続情報一覧図（ほうていそうぞくじょうほういちらんず）】
相続人に関する情報として、被相続人の氏名、生年月日、最後の住所及び死亡の年月日、相続人の氏名、生年月日、被相続人との続柄などを記載したもの。

主な相続財産と変更手続き

以下は、主な相続財産の解約や名義変更の手続きです。

相続したもの	手続き	窓口
預貯金	銀行口座の解約	各金融機関、ゆうちょ銀行口座の場合はゆうちょ銀行（郵便局）
自動車	自動車の名義変更	運輸支局、軽自動車検査協会
株や投資信託	株や投資信託の引き継ぎ	各証券会社
不動産	名義変更、抵当権の抹消	法務局、登記所

+α 法定相続情報証明制度とは?

2017（平成 29）年5月から、煩雑な戸籍書類の収集・提出を解消するために「法定相続情報証明制度」が始まりました。

これは、登記所（法務局）に戸除籍謄本などと一緒に「法定相続情報一覧図」（相続関係を一覧に表した図）を提出すれば、登記官がその一覧図に認証文を付した写しを無料で交付してくれる制度です。

この法定相続情報一覧図の写しを利用することで、相続手続きを行う窓口に、除籍謄本などを何度も出し直す必要がなくなります。

メリット

- 手続き窓口ごとに戸籍などを毎回提出する代わりに、相続情報一覧図の写しを提出するだけで済む。
  例：預貯金の相続手続き、有価証券の名義変更手続き、相続税の申告
- 登記官が内容を確認しているので、戸籍などをすべて確認するよりも手続きがスムーズで、時短が期待できる。
- 費用は無料で、必要な枚数を交付してもらえる。

デメリット

- 従来通り、戸籍をすべて要求される手続きもある。

▼相続情報一覧図の写し（例）

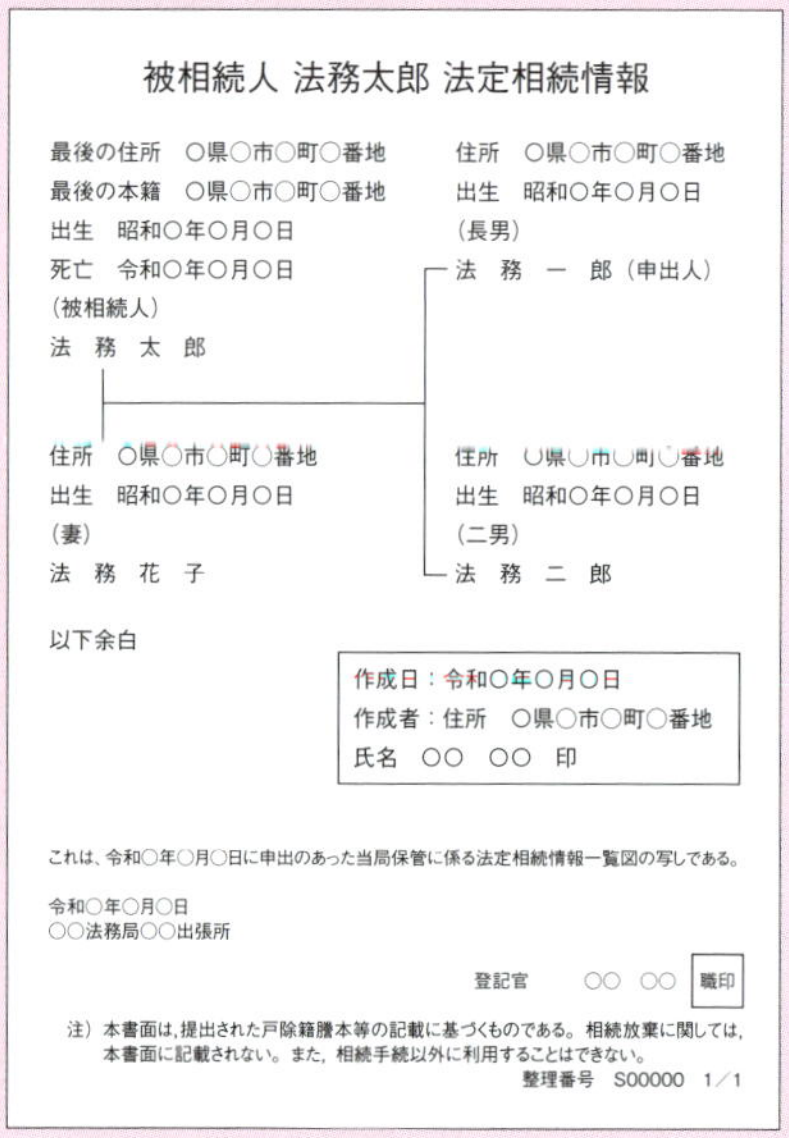
被相続人 法務太郎 法定相続情報

最後の住所　○県○市○町○番地
最後の本籍　○県○市○町○番地
出生　昭和○年○月○日
死亡　令和○年○月○日
（被相続人）
法　務　太　郎

住所　○県○市○町○番地
出生　昭和○年○月○日
（長男）
法　務　一　郎（申出人）

住所　○県○市○町○番地
出生　昭和○年○月○日
（妻）
法　務　花　子

住所　○県○市○町○番地
出生　昭和○年○月○日
（二男）
法　務　二　郎

以下余白

作成日：令和○年○月○日
作成者：住所　○県○市○町○番地
氏名　○○　○○　印

これは、令和○年○月○日に申出のあった当局保管に係る法定相続情報一覧図の写しである。

令和○年○月○日
○○法務局○○出張所

登記官　○○　○○　職印

注）本書面は，提出された戸除籍謄本等の記載に基づくものである。相続放棄に関しては，本書面に記載されない。また，相続手続以外に利用することはできない。
整理番号　S00000　1／1

※法務省 HP を参考に編集部が作成

9

申告・納税は相続開始から10か月が期限
相続税を申告・納税する

相続税の基本ルール

相続税は、各相続人が自分で申告・納税が必要かを判断しなければなりません。相続税に関して、基本的なルールを確認しておきましょう。

①期限は10か月

相続開始から10か月以内に、申告と納税をします。

②相続税が0円なら申告・納税は不要

相続税を納める人は、全相続人の10%ほどです（令和4年度）。相続税が0円であれば、申告も納税も不要です。

相続税の計算方法や財産の評価方法は、P.202〜204を参考にしてください。

③特例や控除の利用には申告が必要

小規模宅地等の特例や配偶者控除等の各種控除を利用した結果、0円になる場合は申告が必要です。相続税が

相続税の申告・納税の方法

相続税の申告には、申告が必要な相続人全員が共同で1通の申告書を作成する必要があります。申告書は、被相続人の住所地にある管轄の税務署に提出します（相続人各自での申告書提出も可能）。

申告書には数多くの様式があり、また、戸籍や遺産分割協議書（または遺言書の写し）の他、税計算のもとになる明細書や書類などの提出も必要なので、申告書作成にはかなりの時間と労力が必要です。だからといって、申告をせずにいると、延滞税や加算税が発生する恐れがあります。期限を守って申告しましょう。

なお、**期限までに遺産分割協議がまとまらない場合は、いったん法定相続分で分割した場合で計算をして申告・納税を行います。**その後、協議がまとまり次第、修正申告・納税などを行います（収めすぎていた場合は「更生の請求」をする）。

相続税の納付は、納付期限までに管轄の税務署か金融機関の窓口で、現金・一括納付が原則です。相続財産が土地や建物など不動産が多く、納付期限までに収める資金を準備できない場合などは、「延納《えんのう》（分割払い）」や「物《ぶつ》納《のう》（物で支払う）」ができます。延納、物納も申告納税期限までに申請し、許可をもらう必要があります。

【小規模宅地等の特例（しょうきぼたくちとうのとくれい）】被相続人の土地に相続人が住み続けるなど、一定の条件にある場合、土地の評価額が最大80%減額される制度。

相続税額を計算してみよう

以下に、相続税額の計算手順を示します。

Step 1 ▶ 各相続財産の評価額を出す

相続した財産を評価し、その価格を算出する（左ページ上図）。

Step 2 ▶ 課税価格の合計額を計算する…Ⓐ

Step1 の合計額と、「相続財産から引くもの・足すもの」（→ P.204）を合わせて、課税価格の合計額を計算する。

Step 3 ▶ Ⓐから基礎控除額を差し引きする…Ⓑ

基礎控除は「3000 万円＋（法定相続人数× 600 万円）」で、このⒷが「課税される遺産総額」となる。ここで残額が0円以下なら、申告・納税は不要。

Ⓑ ＞ 0 円 → 申告・納税が**必要**

Ⓑ ≦ 0 円 → 申告・納税は**不要**

Step 4 ▶ 相続人それぞれの相続税額を計算する…Ⓒ

1 いったんⒷを法定相続分に従って分割したと仮定して、各人の相続税額を計算する。各人の取得分に「相続税の速算表」（→ P.204）を見て、税率を掛け、控除額があれば引く。
2 各人の相続税額を合計して、「相続税の総額」を出す。
3 相続税額の総額に、各相続人が実際に相続した割合をかけて、各人の実際の相続税額を出す。

Step 5 ▶ Ⓒから各種控除を差し引きする…Ⓓ

配偶者控除や未成年者控除など、該当する各種控除（→ P.204）がある場合は、それを引いて、各人の最終的な相続税額を出す。ここで納税額が0円になっても申告だけは必要。

Ⓓ ＞ 0 円 → **納税**する

Ⓓ ≦ 0 円 → **申告**のみ

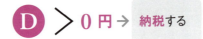

財産を評価する

相続財産のうち、「評価」をして、相続税の計算が必要なものがあります（あくまで計算上の価格なので、実際の価格とは異なることもある）。

自宅の家屋と土地	土地	路《ろ》線《せん》価《か》方式《ほうしき》か倍率方式《ばいりつほうしき》（下図）によって評価する ※原則として宅地、田、畑、山林などの地目（利用状況）ごと
	建物	固定資産税評価額
	借地権	路線価（または固定資産税評価額）×借地権割合で計算する
金融資産	預貯金	被相続人の死亡した日の預入残高＋経過利息の額（源泉徴収税相当額控除後）
	上場株式	①被相続人の死亡した日の終値、②死亡月の終値の月平均額、③死亡前月の終値の月平均額、④死亡前々月の終値の月平均額のうち、最も低い価格が評価額になる
	投資信託	その証券を、信託銀行などが被相続人の死亡の日に買い取るとした場合の買い取り価格が評価額になる
その他	ゴルフ会員権	取引相場のある会員権の場合は、取引価格の70%に相当する金額で評価する
	家財道具、骨董品など	中古市場の価格などを参考にして評価する
	生命保険	受取保険金額（非課税限度額→ P.204）
マイナスの財産	借金	被相続人の死亡の日の残額＋利息

土地を評価する

土地の評価方法には、「路線価方式」と「倍率方式」とがあります。

路線価方式

市街地の宅地など、路線価が定められている土地

「路線価」とは、国税庁が定めた、道路（＝路線）に面する宅地1㎡当たりの価格（単位は1000円）。

計算式　**路線価** × **土地面積** ＝ **評価額**

倍率方式

田畑や山林など、路線価が定められていない土地

倍率方式は、路線価が定められていない地域の評価方法。その土地の固定資産税評価額に一定の倍率を乗じて計算する。

計算式　**固定資産税評価額** × **倍率** ＝ **評価額**

※各計算式で用いる「路線価」「評価倍率表」は、国税庁ホームページなどで確認できる（年度ごとに公表される）。

相続財産から引くもの・足すもの

以下のものについて、足し引きして課税価格を計算します。

ー 引くもの

- マイナスの相続財産（借金など）
- 相続人が負担した葬儀費用
- お墓、仏具

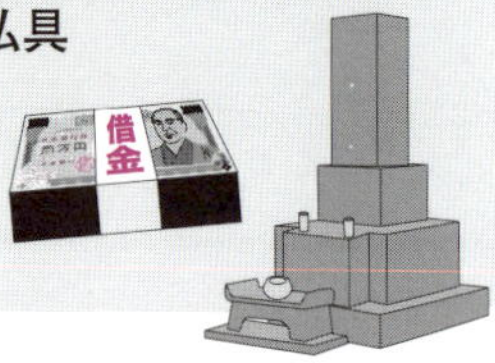

＋ 足すもの

- 生命保険金、死亡退職金（みなし相続財産）
  ※ただし、それぞれ500万円×法定相続人数までは非課税となる。
- 被相続人から、死亡前3年以内に※贈与により取得した財産（生前贈与財産）
- 「相続時精算課税制度」の適用を受けて贈与された財産のうち該当する部分

※2024年以降の贈与より、段階的に7年まで拡大

相続税の速算表（平成27年1月以降）

下記の速算表で計算した法定相続人ごとの税額の合計が、相続税の総額になります。

基礎控除後の課税財産	税率	控除額
1000万円以下	10%	-
1000万円超～3000万円以下	15%	50万円
3000万円超～5000万円以下	20%	200万円
5000万円超～1億円以下	30%	700万円
1億円超～2億円以下	40%	1700万円
2億円超～3億円以下	45%	2700万円
3億円超～6億円以下	50%	4200万円
6億円超	55%	7200万円

主な相続税控除について知ろう

相続税控除のうち、主なものには次のようなものがあります。

配偶者控除
配偶者の相続する財産が法定相続分か、1億6000万円までのどちらか高い方まで、非課税になる。

贈与税額控除
相続開始3年以内に被相続人から贈与を受けた財産があり、贈与税を支払っている場合は、その税額が相続税額から控除される。

未成年者控除
未成年者の法定相続人は、18歳に達するまでの年数1年につき、10万円が控除される。

障害者控除
法定相続人が障害者の場合は、対象者の年齢が85歳になるまでの年数1年につき10万円（特別障害者については20万円）が控除される。

相次相続控除
10年以内に2回以上の相続が続いたときには、一定の割合を相続税額から控除できる。

【相続時精算課税制度（ぞうぞくじせいさんかぜいせいど）】 一定額（2500万円）の贈与まで贈与時には課税されず（2500万円を超えると一律20%の税）、相続時にこの分を加算することで精算される贈与制度のこと。

おわりに

お布施の金額、お焼香の回数、香典の相場など、「いっそはっきり決めてくれたら悩まないのに」と感じる人も多いと思います。

お布施の金額は、お坊さんに聞いてみても「お気持ちで」と言われて困ることもあるでしょう。

お焼香の回数もまた、宗派によって1回から3回などの違いがあり、さらには「気持ちを込めれば何回でもいい」といわれることもあるので、実に曖昧で迷ってしまいます。

しかし、その曖昧さが、供養について立ち止まって考えるきっかけをつくってくれているのではないでしょうか。

先祖のお葬式のこと、これまでの法事のこと、亡くなった人とのつながり。ほんの短い時間であっても、そのようなことを考える時間を持つように導いてくれているのかもしれません。

お葬式や法要は、死と向き合って、大切な人の不在を受け入れていくための時間でもあります。そしてお墓は、故人を思い出すよりどころとなるでしょう。

故人を大切に思うのと同じくらい、自分の気持ちも大切にして、「供養する」ということを考えてみてほしいと思います。

さくいん

監修者紹介　二村　祐輔（ふたむら　ゆうすけ）

日本葬祭アカデミー教務研究室（『葬祭カウンセラー』認定認証団体）主宰。一般社団法人日本葬祭情報管理協議会（P·I·P 認証）理事。有限会社セピア（葬祭供養関連企業コンサルタント会社）代表取締役。葬祭業務の実務に約18年間携わる。独立後、関連企業の研修や企画営業の拡充策、葬祭ホール、納骨堂などの新設・開設にも関与。行政主催の葬祭セミナーを年間80件近く全国で行っている。主な著書に『マイ・エンディングノート』（日本葬祭アカデミー教務研究室）、『遺族のための葬儀・法要・相続・供養』（池田書店）、『60歳からのエンディングノート入門』（東京堂出版）などがある。

著者紹介　中村　麻美（なかむら　あさみ）

行政書士。シーズ行政書士事務所代表。行政書士の他、ファイナンシャルプランナー、宅建、葬祭カウンセラーの資格を持ち、相続や遺言に関する相談に幅広く対応している。相談者の問題を解決するために他の士業とも提携して活動し、「親身になってよく相談に乗ってくれる行政書士」として定評がある。セミナー、相談会等の活動実績多数。特に葬儀社等の顧客向けセミナーでは消費者目線の講演内容が好評を得ている。
□シーズ行政書士事務所　http://seeds-souzoku.com/

本文デザイン&組版　荒井 雅美（トモエキコウ）
イラスト　上田 英津子／おの たまみ／原田 鎮郎・森崎 達也（株式会社ウエイド）
編集協力　パケット
編集担当　小髙 真梨（ナツメ出版企画）

本書に関するお問い合わせは、書名・発行日・該当ページを明記の上、下記のいずれかの方法にてお送りください。電話でのお問い合わせはお受けしておりません。
・ナツメ社 web サイトの問い合わせフォーム
https://www.natsume.co.jp/contact
・FAX（03-3291-1305）
・郵送（下記、ナツメ出版企画株式会社宛て）
なお、回答までに日にちをいただく場合があります。正誤のお問い合わせ以外の書籍内容に関する解説・個別の相談は行っておりません。あらかじめご了承ください。

最新版《さいしんばん》 親《おや》の葬儀《そうぎ》・法要《ほうよう》・相続《そうぞく》の安心《あんしん》ガイドブック

2018年 9 月 3 日　初版発行
2025年 5 月10日　第9刷発行

監修者　二村祐輔《ふたむらゆうすけ》
著　者　中村麻美《なかむらあさみ》
発行者　田村正隆
発行所　株式会社ナツメ社
東京都千代田区神田神保町 1-52　ナツメ社ビル 1F（〒101-0051）
電話　03（3291）1257（代表）　FAX　03（3291）5761
振替　00130-1-58661
制　作　ナツメ出版企画株式会社
東京都千代田区神田神保町 1-52　ナツメ社ビル3F（〒101-0051）
電話　03（3295）3921（代表）
印刷所　株式会社リーブルテック

ISBN978-4-8163-6521-8
〈定価はカバーに表示してあります〉
〈落丁・乱丁本はお取り替えいたします〉
Printed in Japan